高等职业教育汽车检测与维修技术专业新形态教材

汽车发动机控制系统及检修

主　编　宋丽敏　张雪文
副主编　金翠辰　石梦竹
参　编　吴黄天　张　洋　黄春来
主　审　王　巍

北京理工大学出版社
BEIJING INSTITUTE OF TECHNOLOGY PRESS

内容提要

本书针对汽车检测与维修技术、汽车电子技术等相关专业的汽车发动机控制系统检修课程编写,在内容的选取上与汽车机电维修工作过程相统一。作为汽车机电维修岗位的维修或检测人员培训与学习用书,以岗位中的真实工作任务为载体,全书共由5个单元、26个任务组成,建议授课96学时。5个单元分别为电控燃油喷射系统故障检修、进气控制系统故障检修、电控点火系统故障检修、排放控制系统故障检修、共轨式柴油控制系统故障检修。每个任务分为学习目标、任务描述、相关知识、任务实施、学习小结、素养提升、任务工作单7个板块,任务工作单里包含自我测试内容,形成一个闭环式任务实施流程。

本书可供汽车检测与维修技术专业、汽车电子技术专业等高等院校汽车类专业师生使用,也适合汽车维修人员等汽车行业相关人士阅读。

版权专有　侵权必究

图书在版编目（CIP）数据

汽车发动机控制系统及检修 / 宋丽敏，张雪文主编
. --北京：北京理工大学出版社，2021.9（2021.11重印）
ISBN 978-7-5763-0325-4

Ⅰ.①汽… Ⅱ.①宋… ②张… Ⅲ.①汽车-发动机-控制系统-车辆检修-教材 Ⅳ.①U472.43

中国版本图书馆CIP数据核字（2021）第182029号

出版发行 / 北京理工大学出版社有限责任公司
社　　址 / 北京市海淀区中关村南大街5号
邮　　编 / 100081
电　　话 /（010）68914775（总编室）
　　　　　（010）82562903（教材售后服务热线）
　　　　　（010）68944723（其他图书服务热线）
网　　址 / http://www.bitpress.com.cn
经　　销 / 全国各地新华书店
印　　刷 / 河北鑫彩博图印刷有限公司
开　　本 / 787毫米×1092毫米　1/16
印　　张 / 20　　　　　　　　　　　　　　　责任编辑 / 阎少华
字　　数 / 460千字　　　　　　　　　　　　　文案编辑 / 阎少华
版　　次 / 2021年9月第1版　2021年11月第2次印刷　责任校对 / 周瑞红
定　　价 / 55.00元　　　　　　　　　　　　　责任印制 / 边心超

图书出现印装质量问题，请拨打售后服务热线，本社负责调换

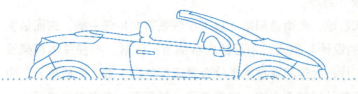 

前言
PREFACE

  我国《汽车产业中长期发展规划》提出：未来 10 年我国汽车市场将继续保持稳定适度增长，理论上将导致从业人数的进一步增加，据推算我国 2025 年汽车企业从业人数将达到 600 万人左右。同时我国实施的制造强国战略，将会促使汽车低碳化、信息化、智能化核心技术、高效内燃机、先进变速器、轻量化材料和智能控制创新发展。当前，人才培养重点应放在技能型"工匠"人才、新技术研发人才、技能降耗型人才、专业客服型人才、智能化人才和国际化人才。各种先进的控制系统在现代轿车发动机中得到了广泛的应用，这使得发动机管理与控制系统教学变得尤为重要。

  深化产教融合、校企合作，为实施"校企协同，合作育人"的人才培养模式和"岗位导向"的课程教学模式，要求汽车发动机控制系统及检修课程在授课的过程中模拟 4S 店真实的工作场景，全过程在汽车实训室上课，以真实的工作任务为载体，通过教、学、做一体的教学法，使学生掌握发动机管理系统的作用、组成、部件位置、工作原理，故障检修等基本理论与基本技能，同时注重培养学生沟通、交流、评价，自我学习等能力，并逐渐养成精益求精的工匠精神与全心全意的服务意识。

  本书为适应"线上线下混合"的教学要求而采用新的编写手法，采用二维码技术，把全书的知识点与技能点碎片化，通过微课、二维动画、三维动画、视频等数字化资源的形式表现，使学生可以随时随地地学习，提高学习兴趣。

  本书特色说明如下：

  1. 本书适合高等院校课堂教学与培训，以及网络课在线教学。

  2. 教材内容充分体现 1+X 考核标准：如工作安全、任务实施的准备工作，电控燃油喷射系统检修、电控点火系统检修、进气控制系统检修、排放控制系统检修等考核职业技能。

  3. 包含新技术：缸内直喷技术、配气正时、国 6 标准所涉及的燃油与进气排放技术。

4. 教学内容融全国技能大赛的经验。

本书由大连职业技术学院宋丽敏、湖南益阳职业技术学院张雪文担任主编，宋丽敏完成总体框架的设计、课程思政的设计与单元三～五的内容编写；张雪文担任总体框架设计及单元一任务一～四的编写工作；大连职业技术学院金翠辰担任副主编，完成单元二内容的编写；大连职业技术学院石梦竹担任副主编，完成单元一任务五～八内容的编写；大连中升集团吴黄天承担发动机电控系统检修能力与职业资格考核标准与教学内容的融通任务；北京运华科技发展有限公司1+X组织评价培训师完成教学内容与1+X证书考核的融通工作；大连鑫鼎力汽车贸易服务有限公司技术培训师张洋负责任务工单部分的内容编写；大连职业技术学院黄春来负责部分任务实施的内容编写及本书配套视频资源的整理。全书由东风南方铁岭凡河专营店总经理王巍审定。

本书可供高等院校汽车类专业师生使用，也可供汽车维修人员等汽车行业相关人士阅读。

本书慕课学习地址：泛雅超星平台：https://mooc1.chaoxing.com/course/218969093.html。

非常感谢东风南方铁岭凡河专营店总经理王巍及大连中升集团技术经理韩基平在教材体例、内容选择等方面所给予的帮助。同时，非常感谢大连中升集团技术培训部、上海通用集团人才资源培训中心的大力支持，在内容框架、职业技能与教学内容的融合等方面所给予的大力帮助。

由于编者水平有限，本书中还有许多不足的地方，恳请广大同行与读者批评指正。

编 者

目 录 CONTENTS

单元一 电控燃油喷射系统故障检修 001

任务一 发动机管理系统 001
学习目标 001
任务描述 001
相关知识 002
 一、发动机管理系统的基本知识 002
 二、发动机管理系统的基本组成 006
任务实施 008
学习小结 011
素养提升 011
任务工作单 011

任务二 OBD 故障自诊断 013
学习目标 013
任务描述 014
相关知识 014
 一、汽车故障自诊断 OBD 技术的发展 014
 二、汽车故障自诊断 OBD 的工作原理 015
 三、国 6 标准下的 OBD 技术变化 016
 四、OBD Ⅱ 系统的诊断模式 017
任务实施 020
学习小结 022
素养提升 022
任务工作单 022

任务三 电控燃油喷射系统 024
学习目标 024
任务描述 025
相关知识 025
 一、电控燃油喷射系统 025
 二、电控燃油喷射系统的分类 027
 三、电控燃油喷射控制 029
 四、发动机燃料 034
任务实施 035
学习小结 037
素养提升 037
任务工作单 038

任务四 燃油系统压力检测 039
学习目标 039
任务描述 040
相关知识 040
 一、燃油供油系统的作用与组成 040
 二、燃油供给系统的类型 040

三、燃油系统的零部件............ 042
　　四、燃油压力异常的原因分析...... 045
　任务实施........................ 046
　学习小结........................ 048
　素养提升........................ 049
　任务工作单...................... 049

任务五　燃油泵故障检修............ 051
　学习目标........................ 051
　任务描述........................ 052
　相关知识........................ 052
　　一、电动燃油泵组件的结构与
　　　　工作原理.................. 052
　　二、电动燃油泵的控制.......... 055
　任务实施........................ 060
　学习小结........................ 062
　素养提升........................ 062
　任务工作单...................... 062

任务六　喷油器故障检修............ 064
　学习目标........................ 064
　任务描述........................ 064
　相关知识........................ 064
　　一、喷油器的结构.............. 064
　　二、喷油器的分类.............. 066
　　三、喷油器的工作原理.......... 067
　　四、喷油器的控制电路.......... 067
　　五、电控喷油器的工作特性...... 069
　　六、复合喷射系统.............. 069
　任务实施........................ 070
　学习小结........................ 073
　素养提升........................ 073
　任务工作单...................... 074

任务七　缸内直喷.................. 076
　学习目标........................ 076
　任务描述........................ 077

　相关知识........................ 077
　　一、缸内直喷的概念与现状...... 077
　　二、缸内直喷系统油路
　　　　系统组成与原理............ 078
　　三、缸内直喷的主要零部件的
　　　　结构特点与工作原理........ 079
　任务实施........................ 083
　学习小结........................ 084
　素养提升........................ 084
　任务工作单...................... 085

任务八　氧传感器故障检修.......... 086
　学习目标........................ 086
　任务描述........................ 087
　相关知识........................ 087
　　一、空燃比反馈控制............ 087
　　二、氧传感器.................. 089
　任务实施........................ 095
　学习小结........................ 099
　素养提升........................ 099
　任务工作单...................... 100

单元二　进气控制系统
　　　　　故障检修................ **103**

任务一　进气压力测量.............. 103
　学习目标........................ 103
　任务描述........................ 103
　相关知识........................ 103
　　一、进气系统的组成............ 103
　　二、进气量的测量方法.......... 104
　　三、进气歧管真空度测量原理.... 105
　　四、进气歧管真空度测量
　　　　所能覆盖的内容............ 105
　任务实施........................ 106
　学习小结........................ 108

素养提升..........108
　任务工作单..........109

任务二　空气流量传感器与进气歧管绝对压力传感器故障检修..........110
　学习目标..........110
　任务描述..........110
　相关知识..........110
　　一、空气流量传感器..........110
　　二、进气歧管压力传感器..........113
　　三、空气流量传感器或进气歧管压力传感器的失效控制..........115
　任务实施..........116
　学习小结..........119
　素养提升..........120
　任务工作单..........120

任务三　温度传感器故障检修..........121
　学习目标..........121
　任务描述..........122
　相关知识..........122
　　一、温度传感器的监测种类与作用..........122
　　二、热敏电阻式温度传感器..........123
　　三、温度传感器的工作原理..........124
　　四、冷却液温度传感器的失效控制..........126
　任务实施..........126
　学习小结..........128
　素养提升..........128
　任务工作单..........128

任务四　电子节气门故障检修..........131
　学习目标..........131
　任务描述..........131
　相关知识..........131
　　一、电子节气门的相关知识..........131
　　二、电子节气门的主要元件..........133
　　三、电子节气门系统的失效保护..........136
　任务实施..........136
　学习小结..........138
　素养提升..........138
　任务工作单..........138

任务五　进气惯性增压装置故障检修..........140
　学习目标..........140
　任务描述..........141
　相关知识..........141
　　一、进气惯性增压控制系统概述..........141
　　二、进气惯性增压控制系统的类型..........141
　任务实施..........144
　学习小结..........147
　素养提升..........147
　任务工作单..........148

任务六　废气涡轮增压装置故障检修..........149
　学习目标..........149
　任务描述..........150
　相关知识..........150
　　一、废气涡轮增压系统概述..........150
　　二、废气涡轮增压系统的组成..........151
　　三、废气涡轮增压系统原理与工作过程..........154
　任务实施..........155
　学习小结..........157
　素养提升..........158
　任务工作单..........158

任务七　可变气门正时和升程控制装置检修..........161

学习目标 161
任务描述 161
相关知识 162
 一、可变气门正时与气门升程
   装置概述 162
 二、智能可变气门正时系统 163
 三、大众智能可变气门升程
   系统 165
 四、本田可变气门升程控制
   系统 169
任务实施 169
学习小结 171
素养提升 171
任务工作单 171

单元三　电控点火系统故障检修 174

任务一　微机控制点火系统 174
学习目标 174
任务描述 174
相关知识 174
 一、点火系统的作用与分类 174
 二、微机控制点火系统的
   组成及配电方式 176
 三、点火系统零部件 179
任务实施 182
任务工作单 184
学习小结 185
素养提升 185

任务二　曲轴与凸轮轴位置
   传感器 186
学习目标 186
任务描述 186
相关知识 186

 一、曲轴与凸轮轴位置传感器
   相关知识 186
 二、电磁式曲轴与凸轮轴位置
   传感器 188
 三、霍尔式曲轴与凸轮轴位置
   传感器 189
任务实施 191
任务工作单 194
学习小结 196
素养提升 196

任务三　爆震控制 196
学习目标 196
相关知识 197
相关知识 197
 一、爆震控制概述 197
 二、爆震传感器 199
 三、车速传感器 201
任务实施 202
任务工作单 204
学习小结 205
素养提升 205

任务四　点火控制系统故障
   检修 206
学习目标 206
任务描述 206
相关知识 206
 一、微机控制点火系统的
   控制内容 206
 二、点火正时控制 207
 三、通电时间控制 212
任务实施 213
任务工作单 216
学习小结 218
素养提升 218

单元四　排放控制系统故障检修 ... 219

任务一　汽车尾气与三元催化装置检修 ... 219
学习目标 ... 219
任务描述 ... 219
相关知识 ... 220
一、我国汽车排放法规 ... 220
二、汽车尾气排放与控制 ... 220
三、三元催化器 ... 223
任务实施 ... 226
学习小结 ... 229
素养提升 ... 229
任务工作单 ... 229

任务二　废气再循环控制系统检修 ... 231
学习目标 ... 231
任务描述 ... 231
相关知识 ... 232
一、废气再循环的概念 ... 232
二、EGR 率的控制策略 ... 233
任务实施 ... 233
学习小结 ... 235
素养提升 ... 235
任务工作单 ... 235

任务三　EVAP、ORVR、DMTL 控制系统故障检修 ... 237
学习目标 ... 237
任务描述 ... 238
相关知识 ... 238
一、国 6 标准新增 ORVR 加油排气回收装置 ... 238
二、燃油蒸发控制（EVAP） ... 239
三、油箱泄漏诊断模块 ... 241

四、曲轴箱强制通风系统 ... 243
任务实施 ... 245
学习小结 ... 247
素养提升 ... 247
任务工作单 ... 247

单元五　共轨式柴油控制系统故障检修 ... 249

任务一　柴油发动机电控系统 ... 249
学习目标 ... 249
任务描述 ... 249
相关知识 ... 249
一、汽油车与柴油车的区别 ... 249
二、柴油喷射系统简介 ... 250
三、柴油共轨控制技术 ... 251
四、共轨式电控燃油喷射系统的类型 ... 252
五、典型的共轨系统 ... 253
任务实施 ... 253
学习小结 ... 255
素养提升 ... 255
任务工作单 ... 255

任务二　共轨式供油系统故障检修 ... 256
学习目标 ... 256
任务描述 ... 257
相关知识 ... 257
一、共轨式燃油喷射系统的组成与原理 ... 257
二、高压油泵 ... 258
三、油轨压力控制阀 ... 261
四、电磁式喷油器 ... 262
五、压电式喷油器 ... 264

六、共轨式燃油喷射系统
其他典型零部件..................268
任务实施..............................272
学习小结..............................275
素养提升..............................275
任务工作单..........................275

任务三　共轨式电子控制系统......277
学习目标..............................277
任务描述..............................277
相关知识..............................278
一、共轨式柴油机电子
　　控制系统......................278
二、共轨式电子控制系统
　　失效控制策略..............279
任务实施..............................282
学习小结..............................285

素养提升..............................285
任务工作单..........................285

**任务四　柴油发动机辅助控制
　　　　系统............................287**
学习目标..............................287
任务描述..............................288
相关知识..............................288
一、柴油发动机起动控制..............288
二、怠速控制系统..............291
三、进气控制系统..............291
四、排放控制......................293
任务实施..............................300
学习小结..............................304
素养提升..............................304
任务工作单..........................305

参考文献..................................308

单元一
电控燃油喷射系统故障检修

任务一 发动机管理系统

◆ 知识目标
1. 掌握发动机管理系统的主要功能；
2. 掌握发动机管理系统的基本组成；
3. 了解发动机管理系统的主要优点。

◆ 能力目标
正确识别车辆的传感器、ECU 和执行器。

◆ 素质目标
1. 培养快速准确收集信息与查询资料的能力；
2. 养成善于沟通、合作、服从集体的良好习惯；
3. 具备解决问题的能力，查阅相关维修技术资料等方式获取车辆信息；
4. 具有安全意识；
5. 具有 5S 管理意识。

安全、环保、节能是当今汽车技术发展的主要方向，采用电子控制技术是解决诸多技术难题的最佳方案。为了能最大限度地提高发动机的动力性、改善经济性，同时降低汽车尾气中有害物质的排放量，由西门子公司制造的新一代 SIMOS 18.1 发动机管理系统被使用在 18 款迈腾 B8 L 的 2.0 L TSI 发动机中。主要控制特点：进气凸轮轴和排气凸轮轴可调；电子可变气门行程；带有 TSI 和 SRE 喷油器的双喷射系统（直接喷射和进气歧管喷射相结合）；自适应氧传感器控制；采用高压分配点火的点火曲面控制式点火系统；进气歧管翻板；通过外齿轮油泵进行的两段式油压调节；带有电子节气门的全电控发动机管理系统，实现

不同功率版本（162 kW 和 169 kW）。

通过教材、图书馆藏书、电子阅览室、网络等进行发动机管理系统的信息收集。收集发动机管理系统的功能、组成及优点。

一、发动机管理系统的基本知识

发动机管理系统（Engine Management System，EMS）如图 1-1-1 所示，采用各种传感器，把发动机吸入空气量、冷却水温度、发动机转速与加减速等状况转换成电信号，送入控制器。控制器将这些信息与储存信息进行比较，精确计算后输出控制信号。EMS 不仅可以精确控制燃油供给量、点火提前角和怠速空气流量等，还极大地提高了发动机的性能。

在以汽油机和柴油机为动力的现代汽车上，EMS 以其低排放、低油耗、高功率等优点获得迅速发展，且日益普及。

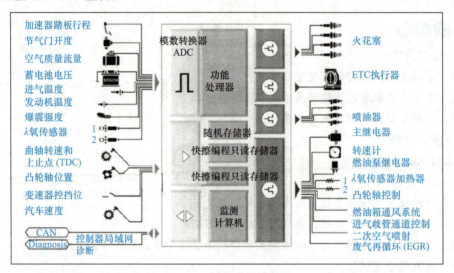

图 1-1-1　德国博世 ME-Motronic 发动机管理系统的控制原理图

以德国博世 ME-Motronic 发动机管理系统为例。ME-Motronic 发动机管理系统包含参与火花点燃发动机管理系统的所有执行器，同时还有监测装置（传感器），记录当前发动机和汽车的运行数据。这些传感器信号在中央电控单元的输入电路中进行处理后传送到 ECU 的微处理器（功能计算单元）。提供的信息主要包括加速踏板行程、发动机转速、气缸充气量、发动机和进气温度、混合气成分、车辆速度等数据。

微处理器以这些数据为基础对驾驶员的要求进行量化并做出响应，计算达到驾驶员要求所需的发动机扭矩。同时，驾驶员或自动换挡控制功能选择适当的变速比来帮助确定发动机转速。微处理器产生所需的执行器信号传输到对发动机管理系统负责的执行器中。通过确定要求的气缸充气量、相应的喷油量和正确的点火正时，系统提供最佳的混合气形成和燃烧。

（一）发动机管理系统的主要功能

发动机管理系统的主要功能是获得合适的扭矩。影响扭矩大小的因素如下：

（1）进气门关闭时进入的可供燃烧的进气量；

（2）同时进入的可供燃烧的燃油量，形成合适的空燃比；

（3）开始点燃混合气的着火点。

1. 气缸充量控制

进气门关闭后，气缸中具有的混合气称为气缸充量。它包括吸入的新鲜的空燃混合气及气缸中的残余废气。绝大部分的新鲜空气通过节气门进入，补充新鲜气体也可以从蒸发排放控制系统进入。在以电子节气门控制（ETC）为特色的德国博世发动机管理系统中，"气缸充量控制"子系统决定所要求的进气质量，并相应地调节节气门开度。残余废气包括两部分：一是排气门打开后但没有从排气门排出而留在气缸中的废气；二是（废气再循环系统的）再循环的废气。

2. 混合气的形成

在合适的空燃比形成过程中，燃油喷射控制子系统计算瞬时燃油量需求，以决定正确的喷油持续期和最佳的喷油正时（柴油）。

火花点燃发动机的运行取决于是否获得特定空气/燃油比率（空燃比）的混合气。理论上完全燃烧的最佳质量比为 14.7∶1（$\lambda=1$）。从进气歧管喷射燃油的点燃式发动机在空气不足量为 5%～15%（$\lambda=0.95～0.85$）时产生最大扭矩。但最经济的燃油消耗率来自空气过量为 10%～20%（$\lambda=1.1～1.2$）。发动机在某些工况下对燃油量的要求与暖机到正常运行温度的稳态工况对燃油的要求偏离很大。因此，必须在混合气形成设备中调整其适应性。

起动工况（等于 500 转）：进气冷，蒸发率低，冷凝作用强，附加燃油喷射，需要极浓的混合气，（异步）额外供油，空燃比为 0.2。

起动后工况：短时间供附加燃油，浓混合气，到运转稳定，空燃比为 0.2～0.6。

暖机工况：浓混合气，到温度升到规定值，空燃比为 0.6～1.0。

急速和部分负荷工况：理论混合气空燃比为 1.0～1.2。

全负荷工况：浓混合气，节气门全开时，补偿加浓。空燃比为 0.85～0.95。

加速工况：节气门急开会先造成混合气稀，要求加浓混合气。（异步）额外供油。

减速工况：断油。

对于汽油发动机的燃油消耗率来说，空燃比是最主要的决定因素。

3. 点火控制

点火子系统确定与火花点燃混合气的理想时刻精确对应的曲轴角度。该闭环控制系统的目的是提供驾驶员所要求的扭矩并同时满足废气排放、经济性、动力性、舒适性、方便性和安全性等严格的标准。

为了保证三元催化器正常工作，必须保证点火子系统能够在宽广的范围内可靠地工作，因为失燃会引起未燃混合气在三元催化器内产生后燃，导致三元催化器过热，从而损坏。

（二）发动机管理系统的子系统

发动机管理系统的子系统主要包括两大类，即电控燃油喷射控制系统（EFI）和电动点火控制系统（ESA），以及若干辅助功能，包括怠速控制系统（ISC）、进气控制系统、排放控制系统、巡航控制系统、警告提示系统、故障自诊断系统、失效保护系统和应急备用系统等，如图1-1-2所示。

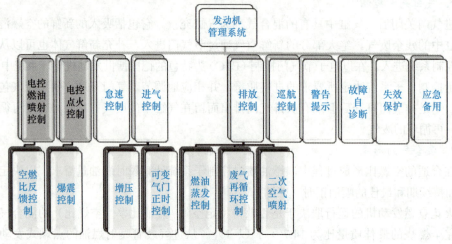

图1-1-2　发动机管理系统的子系统组成

电控燃油喷射系统根据各种传感器探测发动机和车辆的运行工况，ECU计算喷油量并驱动喷油器以喷射合适的油量。在正常驾驶中，采用理论空燃比，保障适当的功力输出、较低的燃油消耗量和废气排放水平，在其他工况，如暖机、加速、减速和高速等工况下，ECU修正喷油量，以便随时匹配最佳空气－燃油混合比。如图1-1-3所示。

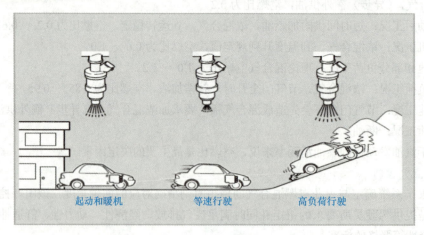

图1-1-3　电控燃油喷射系统（EFI）

电控点火系统根据各种传感器信号感知发动机工况，以及发动机的转速和负荷选择最佳点火正时控制点火，能进一步改进功率，净化废气，同时也是一种有效防止爆震的方式，如图1-1-4所示。

图 1-1-4　电控点火系统（ESA）

　　怠速控制系统可使发动机在怠速工况下，尽可能使其保持最低稳定运转，将燃油消耗量和噪声降至最小，而且当发动机在冷机时或是电力负荷增加（如空调正在使用时）等工况下，增加怠速转速，以保证发动机暖机性能与驾驶性能，如图 1-1-5 所示。

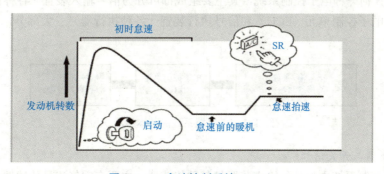

图 1-1-5　怠速控制系统（ISC）

　　故障自诊断系统不断监控各种传感器传来的信号，若探测结果与预设结果有一定的偏差，并达到一定的限值，将会输出一个相应的故障码。故障码被存储在 ECU 中并点亮故障指示灯，通过手持式检测仪，可以读取该故障码，如图 1-1-6 所示。

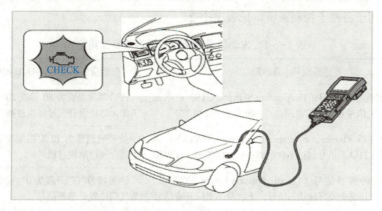

图 1-1-6　故障自诊断系统（OBD）

(三)发动机管理系统的优点

EMS 采用各种传感器,把发动机吸入空气量、冷却水温度、发动机转速与加减速等状况转换成电信号,送入控制器。控制器将这些信息与储存信息进行比较,精确计算后输出控制信号。EMS 不仅可以精确控制燃油供给量,同时也可以控制点火正时、爆震和怠速转速、排放净化等,极大地提高了发动机的性能。

通过喷油和点火的精确控制,可以降低 50% 的污染物排放;如果采用氧传感器和三元催化器,在 $\lambda=1$ 的一个狭小范围内,可以降低有毒排放物 90% 以上。在怠速调节范围内,由于采用了怠速调节器,怠速转速降低为 100～150 r/min,并使油耗进一步下降 3%～4%。如果采用爆震控制,在满负荷范围内可提高发动机功率 3%～5%,并可适应不同品质的燃油。随着世界范围内排放法规的日益严格,采用 EMS 系统已成为不可阻挡的潮流。

二、发动机管理系统的基本组成

发动机管理系统(也称电控系统)是指采用计算机等电子设备作为控制装置的自动控制系统。任何一种电子控制系统,其主要组成都可分为信号输入装置(各种传感器和开关信号)、电子控制单元(ECU)和信号执行装置(各种执行器)三大部分,如图 1-1-7 所示。

图 1-1-7　电控系统的基本组成

1. 传感器与开关信号

发动机控制系统中的信号输入装置是各种传感器,主要有空气流量传感器、曲轴位置传感器、凸轮轴位置传感器等,见表 1-1-1。传感器的功用是采集控制系统所需的信息,并将其转换成电信号通过线路输送给 ECU。在目前广泛应用的发动机管理系统中,同一传感器的信号,可应用于需要此信号的、不同功能的子控制系统。不同发动机的控制系统,其控制功能和控制所需的信息不同,使用传感器的种类也不完全相同。各种开关信号也传递给 ECU,用于各种子控制系统,见表 1-1-2。

表 1-1-1　发动机管理系统主要传感器及用途

传感器或其电路故障	失效应急系统提供 ECU 的标准信号
冷却液温度传感器(Cool Temperature Sensor,CTS):水温传感器(THW)信号超出正常范围:＜-40℃或＞140℃	按冷却液温度为 80℃或 20℃控制发动机工作,防止混合气过浓或过稀
进气温度传感器(Intake Air Temperature Sensor,IATS):进气温度传感器(THA)信号超过正常范围:＜-39℃或＞139℃	按进气温度为 20℃控制发动机工作,防止混合气过浓或过稀
节气门位置传感器信号(Throttle Position Sensor,TPS):IAT 信号只有全开或全关两种状态信号,无法提供实际开度信号	通常按节气门开度为 0°或 25°设定标准节气门位置传感器信号

续表

传感器或其电路故障	失效应急系统提供ECU的标准信号
爆燃传感器信号（Detonation Sensor，DS）：无论是否产生爆燃，ECU都无法通过该信号反馈控制点火提前角，导致发动机无法正常工作	使ECU将点火提前固定在一个适当的值
点火确认信号（IGF）：点火系统发生故障造成不能点火，ECU收不到点火器反馈的点火确认信号	此时失效保护系统使ECU立即切断燃油喷射，供发动机停止运转
凸轮轴位置传感器（Camshaft Position Sensor，CMPS）：G信号不能提供ECU对气缸的识别和确定曲轴转角基准，导致发动机失效或不能起动	若G1、G2两个信号不能输给ECU，则只能利用应急备用系统维持发动机运转
空气流量传感器（Air Flow Sensor，AFS）：ECU无法按进气量计算基本喷射时间，将引起发动机失速或不能起动	使ECU根据起动信号和节气门位置传感器信号按固定的喷射时间控制发动机工作
进气歧管绝对压力传感器（Manifold Absolute Pressure Sensor，MAPS）：在D型系统中，ECU收不到该信号无法计算基本喷油时间，将引起发动机失速或无法起动	失效保护系统使ECU按设定的固定值控制喷油量，或起动应急备用系统维持发动机运转

表1-1-2　发动机管理系统主要开关信号及用途

开关信号类型	作用
点火开关信号（Ignition Switch，IGN）	当点火开关接通"点火（IG）"挡位时，向ECU输入一个高电平信号
起动开关信号（Start Switch，STA）	当点火开关接通"起动（ST）"挡位时，向ECU输入一个高电平信号
空调开关信号（Air Conditioning，A/C）	当空调开关接通时，向电控单元提供信号
电源电压信号（UBAT）	向ECU提供蓄电池端电压信号
空挡开关信号（Neutral Safe Switch，NSW）	在装备自动变速器的汽车上，用于检测自动变速器的挡位选择开关是否处于空挡位置

2. 电子控制单元

电子控制单元（ECU）是一种综合控制电子装置，俗称"电脑"，其功用是给各传感器提供参考（基准）电压，接收传感器或其他装置输入的电信号，对所接收的信号进行存储、计算和分析处理，并根据计算和分析的结果向执行元件发出指令。发动机控制ECU的功能随车型而异，但必须以下基本功能：

（1）给传感器提供标准2 V、5 V、9 V或12 V电压，接收各种传感器和其他装置输入的信息，并将输入的信息转换成微机所能接收的数字信号。

（2）储存该车型的特征参数和运算中所需的有关数据信息。

（3）确定计算输出指令所需的程序，并根据输入信号和相关程序计算输出指令数值。

（4）将输入信号和输出指令信号与标准值进行比较，确定并储存故障信息。

（5）向执行元件输出指令，或根据指令输出自身已储存的信息（如故障信息等）。

（6）自我修正功能（学习功能）。

在维修中，如果怀疑 ECU 发生故障，可通过检测 ECU 各端子的工作参数与标准参数进行比较来确定，最好的方法是用一个已知无故障的 ECU 替代，若故障现象消失，则说明原 ECU 发生故障。ECU 发生故障一般无法修理，必须更换。

3. 执行器

执行元件是受 ECU 控制并具体执行某项控制功能的装置，见表 1-1-3。在发动机集中控制系统中，执行元件主要有喷油器、点火控制器、怠速控制阀、EGR 阀、EVAP 阀、燃油计量阀等，随着控制功能的增加，执行元件也将相应增加。

表 1-1-3　发动机管理系统主要执行器及用途

执行器类型	作用
电动燃油泵（Electric Fuel Pump）	用于供给发动机电子控制系统规定压力的燃油
电磁喷油器（Electromagnetic Injector）	用于接收 ECU 发出的喷油脉冲信号，计量燃油喷射量
怠速控制阀（Idle Speed Control Valve，ISC 或 ISCV）	用于调节发动机的怠速转速。控制内容包括两方面：一方面是在发动机正常怠速运转时稳定怠速转速，达到防止发动机熄火和降低燃油消耗的目的；另一方面是在发动机怠速运转状态下，当发动机负载增加（如接通空调器、动力转向器或液力变扭器等）时，自动提高怠速转速，防止发动机熄火
活性炭罐电磁阀（Evaporative emission Solenoid Valve，EVAP）	用于接收 ECU 的控制指令，回收发动机内部的燃油蒸气，减少碳氢化合物的排放量，从而减少排气污染
点火控制器（Ignition Control Module，ICM）和点火线圈（Ignition Coil，IC）	用于接收 ECU 发出的控制指令，适时接通或切断点火线圈初级电流，并产生高压电点着可燃混合气

4. 电控系统的开环控制与闭环控制

电子控制系统有两种基本类型，即开环控制系统和闭环控制系统。

开环控制系统的控制方式比较简单，ECU 只需根据各传感器信号对执行元件进行控制，控制的结果是否达到预期目标对其控制过程没有影响。闭环控制系统除具有开环控制的功能外，还对其控制结果进行检测，并将检测结果（反馈信号）输入 ECU，ECU 则根据反馈信号对其控制误差进行修正，所以，闭环控制系统的控制精度比开环控制系统高。

一、发动机控制系统的认知

以大众迈腾 B8 L 2.0 发动机管理系统为例，如图 1-1-8 所示，识别发动机管理系统的零部件，确认安装位置并了解其作用。

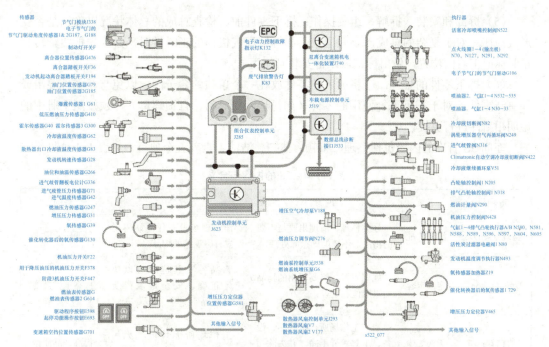

图 1-1-8　大众迈腾 B8 L 2.0 发动机管理系统的基本组成

二、工作准备

（1）人员防护：进行汽车修理时，务必穿着干净的工作服，必须戴工作帽，穿安全鞋；维修高温、高压、旋转、移动或振动零件时，一定要佩戴安全装备，并且注意不要碰伤自己或他人。

（2）车辆保护：如图 1-1-9 所示，修理作业前，须准备好散热器格栅罩、翼子板保护罩、座椅护面、地板垫、转向盘罩及挡位杆等物品。

图 1-1-9　汽车维修的车辆保护用具
（a）翼子板保护罩；（b）内室防护罩

（3）环境保护：在发动机运转的情况下工作时，应确保工作间通风，用废气排风装置排出废气。

（4）准备工具和测量仪表：开始操作前，准备好工具台、工具、专用工具、仪器仪表、耗材和更换的零件。

（5）拆卸和安装、拆解、组装操作：拆下零件前，检查总成的总体状况以确认是否变形或损坏，对于复杂的总成，要做记录。如拆解配气机构的正时带时，必须先把曲轴转到正时标记正对的位置，做出标记，以备安装时使用。

（6）拆下零件的处理：应将拆下的零件放在一个单独的盒子内，以免与新零件混淆或弄脏新零件，对于不可重复使用的零件（如衬垫、O 形圈、自锁螺母），须按照手册中的说明用新件进行更换。

车间 5S 管理的内容包括整理、整顿、清扫、清洁、素养五个项目，见表 1-1-4。

表 1-1-4　5S 的内容与含义

5S 项目	定义	说明	效果	目的
整理（seiri）	清理杂乱	分类整理、清理出要与不要的物品，不要的即撤除处理	作业现场没有任何妨碍工作或有碍观瞻的物品	降低作业成本
整顿（seiton）	定位定容	规划安置，将要留用的物品加以定位和定容	物品各安其位，可以快速、正确、安全地取得所需的物品	提高工作效率
清扫（seiso）	无污无尘	清扫工作场所，把物品、设备、工具等弄干净，并去除污源	工作场所无垃圾，无污秽，无尘垢	提高产品质量
清洁（seiketsu）	保持清洁	保持工作现场无污、无尘的状态，并防止污染源的产生	明亮清爽的工作环境	激励工作士气
素养（shitsuke）	遵守规范	使工作人员养成遵守规定、自动自发的习惯	全员主动参与，养成习惯	防止工作灾害

微课：蓄电池的充电方法

微课：万用表的使用

微课：举升机的使用

微课：电压测量

微课：掩车块的使用

学习小结

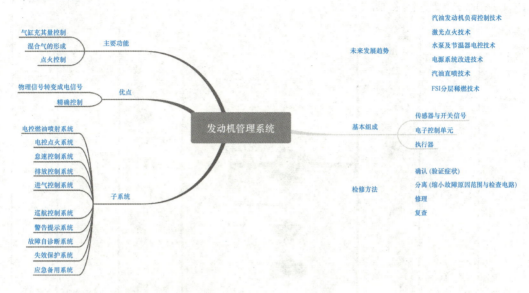

素养提升

培养团队协作、吃苦耐劳、严谨细致、专注负责的工作态度，以及对职业的认同感、责任感、荣誉感、使命感等"大国工匠"精神。

任务工作单

任务工作单1.1　发动机管理系统

单元名称	电控燃油喷射系统故障检修	学时	3	班级	
学生姓名		学生学号		任务成绩	
实训设备	大众迈腾B8 L 2.0发动机、万用表、故障诊断仪、示波器	实训场地	发动机电控实训室	日期	
任务目的	了解燃油喷射系统的基本组成、部件作用及喷油量控制的基本原理				

续表

一、资讯
1. 将下图元件的名称写在图片元件旁的空白处。

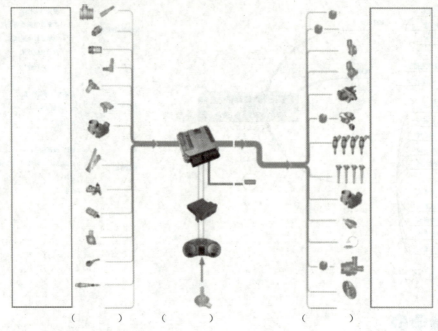

(　　)　　(　　)　　(　　)　　(　　)

2. 请回答下面的问题：
(1) 发动机管理系统的主要功能是通过控制_____，决定发动机产生多少_____。
(2) 请列举发动机在燃烧做功冲程中产生的动能的因素：
_____
_____
_____。

(3) 请列举应用在发动机控制上的子系统（至少5个）：
_____
(4) 理论上完全燃烧的最佳质量比为_____。从进气歧管喷射燃油的点燃式发动机，在空气不足量为 $\lambda=$ _____时产生最大扭矩，但最经济的燃油消耗率来自空气过量为 $\lambda=$ _____。

二、实施
请就车指出大众迈腾 B8L 或丰田卡罗拉 1ZR 发动机管理系统的零部件位置，并阐述其作用。
1. 燃油泵的英文缩写、位置与作用：
_____。
2. 喷油器的英文缩写、位置与作用：
_____。
3. 点火线圈的英文缩写、位置与作用：
_____。
4. 进气压力传感器的英文缩写、位置与作用：
_____。

续表

5. 发动机转速/曲轴位置传感器的英文缩写、位置与作用:
_____。

6. 凸轮轴位置传感器的英文缩写、位置与作用:
_____。

7. 节气门位置传感器的英文缩写、位置与作用:
_____。

8. 进气温度传感器的英文缩写、位置与作用:
_____。

9. 冷却液传感器的英文缩写、位置与作用:
_____。

10. 爆震传感器的英文缩写、位置与作用:
_____。

11. 氧传感器的英文缩写、位置与作用:
_____。

三、检查与评估
1. 检查车辆的恢复情况。
2. 请根据自己任务完成的情况,对自己的工作进行自我评估,并提出改进意见。
_____。
3. 教师对学生工作情况进行评估,并进行点评。
_____。
4. 学生本次任务成绩:_____。

任务二 OBD 故障自诊断

学习目标

◆ 知识目标

1. 熟悉 OBD 故障自诊断系统的概念与工作原理;
2. 掌握 OBD 故障自诊断系统的测试内容与诊断模式;
3. 了解 OBD 故障自诊断系统的测试方法;
4. 了解与发动机有关的传感器、执行器、电路和控制模块的检测方法。

◆ 能力目标

1. 能按操作规程正确连接与拆除发动机诊断计算机;
2. 能搜索并进入故障诊断系统;
3. 能读取与清除故障码,并能对数据流进行有效调用与分析;
4. 能对部件进行作动试验;

5. 能使用解码器检查或测试发动机控制系统的传感器、执行器、电路和动力系控制模块（PCM），确定维修内容。

◆素质目标
1. 具备快速准确收集信息与查询资料的能力；
2. 养成善于沟通、合作、服从集体的良好习惯；
3. 具备解决问题的能力，查阅相关维修技术资料等方式获取车辆信息；
4. 养成安全意识；
5. 养成5S管理意识。

一辆大众迈腾B8 L轿车EA888发动机，仪表上发动机故障指示灯亮，如何通过诊断仪读取故障码并分析其数据流查找到故障原因。

一、汽车故障自诊断OBD技术的发展

OBD（On-Board Diagnostic）技术最早起源于20世纪80年代的美国。初期的OBD技术，其目的是监测排放控制系统，一旦发现故障，OBD系统会点亮仪表板上的一个指示灯以通知驾驶员，同时在车载计算机（通常称作发动机控制单元或模块），即ECU或ECM内记录一个代码，这个代码可通过相应设备获取以便于故障排除。

1. OBD Ⅰ

美国加利福尼亚州（简称加州）空气资源委员会（CARB）于1985年采用了美国汽车工程师协会（SAE）所制定的标准，要求从1988年起所有在加州销售的车辆都必须具有基本的OBD功能。之后美国环保局（EPA）要求自1991年起所有在美国销售的新车必须满足相关OBD技术要求，这就是后来所说的OBD Ⅰ。

2. OBD Ⅱ

OBD Ⅱ在诊断功能和标准化方面都有较大的进步。美国汽车工程师协会（SAE）对故障指示灯、诊断连接口、外部设备和ECU之间的通信协议及故障码都通过相应标准进行了规范。图1-2-1所示为OBD Ⅱ数据传输诊断插头，此外，OBD Ⅱ可以提供更多的数据被外部设备读取。这些数据包括故障码、一些重要信号或指标的实时数据，以及冻结帧信息等。在此后的1998年10月13日，欧盟委托ISO组织在OBD Ⅱ基础上制定了EOBD标准，我国也于2005年4月5日在EOBD标准上制定了一套COBD标准。

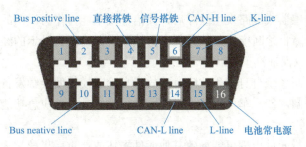

图 1-2-1　OBD Ⅱ 数据传输诊断插头

3. OBD Ⅲ

新一代的无线传输系统——OBD Ⅲ 系统，能够利用小型车载无线收发系统，通过无线蜂窝通信、卫星通信或 GPS 系统将车辆的 VIN 码、故障码及所在位置等信息自动通告管理部门。管理部门根据该车辆排放问题的等级对其发出指令，包括去何处维修的建议、解决排放问题的时限等。这些信息可在相关法规的基础上对维护不当而造成过多排放污染的车辆进行惩罚。

二、汽车故障自诊断 OBD 的工作原理

车载故障自诊断系统（OBD 系统）的组成，如图 1-2-2 所示。该系统可连续监控每个传感器、执行器及电子控制系统的工况，如果诊断到某一对象的输入信息超出预设的范围值，且这一现象在一定的时间内不会消失，故障自诊断模块便判断这一信号对应的电路或元件出现故障，并将这一故障以代码的形式存入内部存储器，同时，组合仪表上的相应故障指示灯亮，以此来通知驾驶员。如果将手持式诊断仪连接到故障诊断接口，则可交换数据，使故障码得以显示。

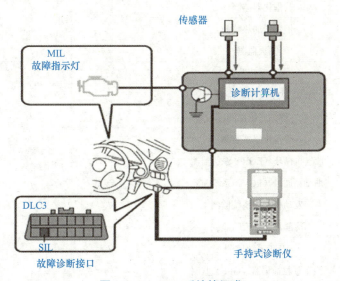

图 1-2-2　OBD 系统的组成

针对 3 种监控对象产生的故障，故障自诊断模块将采取不同的应急措施：

（1）当某一传感器或电路发生故障后，其信号就不能再作为汽车的控制参数，为了维持汽车的运行，故障自诊断模块便从其程序存储器中调出预先设定的经验值，作为该电路的应急输入参数，以保证汽车可以继续工作。

（2）当电子控制系统自身发生故障时，故障自诊断模块便会触发备用控制回路对汽车进行应急的简单控制，使汽车可以开到修理厂进行维修，这种应急功能称作故障运行，又称"跛行"功能。

（3）当某一执行元件出现可能导致其他元件损坏或严重后果的故障时，为安全起见，故障自诊断模块将会采取一定的安全措施，自动停止某些功能的执行，这种功能称为故障保险。例如，当点火电子组件出现故障时，故障自诊断模块就会切断燃油喷射系统电源，使喷油器停止喷油，防止未燃烧的混合气进入排气系统引起爆炸。

三、国 6 标准下的 OBD 技术变化

在新近出台的轻型车汽车污染物排放限值及测量方法（中国第六阶段，简称"国 6"，CN6）相对于国 5（CN5）标准，对排放系统的监控要求大幅度参考了美国的 OBD Ⅱ 的新法规，对监测的项目及其监测要求、监测条件、故障标准、亮灯和存储故障码要求等方面作了更明确和细致的规定。

1. 诊断内容的增多

诊断故障由 600 多种变成 1 000 多种，同时，监测项目由 8 项增加为 15 项。在国 5 与国 6 标准中，监测项目的变化见表 1-2-1。

表 1-2-1 国 5 标准与国 6 标准的监测项目变化

序号	监控项目	CN5	CN6	类型
1	催化器监测	√	√	加严
2	催化器加热监测	—	√	新增
3	失火监测	√	√	加严
4	蒸发系统监测	—	√	新增
5	二次空气系统监测	√	√	加严
6	燃油系统监测	√	√	加严
7	排气传感器监测	√	√	加严
8	废气再循环（EGR）系统监测	√	√	加严
9	曲轴箱通风（PCV）系统监测	—	√	新增
10	发动机冷却系统监测	√	√	加严
11	冷起动减排策略监测	—	√	新增
12	VVT 系统监测	√	√	加严
13	汽车颗粒捕集器（GPF）监测	—	√	新增
14	综合零部件监测	√	√	加严
15	对其他排放控制或排放源的监测	—	√	新增

2. OBD 监测排放极限阈值更低

排放物 OBD 监测极限值见表 1-2-2，CN6 对 NMHC+NO_x 和 PM 的 OBD 阈值进一步缩小了。

表 1-2-2　OBD 监测极限值

—	OBD 监测极限值 /（g·km^{-1}）			
	CO	NMHC	NO_x	PM
C5	1.9	0.25	0.3	0.05
C6	1.9	0.26		0.012

四、OBD Ⅱ 系统的诊断模式

OBD Ⅱ 系统可以通过解码器进行主动测试，一般有 9 种诊断模式，见表 1-2-3。每个监测过程必须在特定的运行条件下完成，这些条件包括发动机温度、发动机转速和负荷、节气门开度、发动机起动后运行时间等。诊断管理程序确定故障诊断检测的次序，当正确的运行条件具备时，决定检测的持续时间。如果条件和时间不满足要求，管理软件将等待时机运行适当的监测诊断程序。

表 1-2-3　OBD Ⅱ 解码器的诊断测试模式

诊断测试模式	名称
模式 1	当前动力系统故障数据
模式 2	动力系统冻结帧数据
模式 3	故障码
模式 4	清除故障码
模式 5	氧传感器监测结果
模式 6	非连续监测结果
模式 7	连续监测结果
模式 8	对所需系统或元件进行主动测试
模式 9	所需的车辆信息

（一）动力系统故障数据

OBD Ⅱ 系统通过该模式显示当前与排放相关的数据，如传感器输入信号、执行器工作位置和系统状态。这些数据被称作串行数据流，如图 1-2-3 所示。传感器或电路问题都是以当前的数据显示的，不能用其他数据替换。

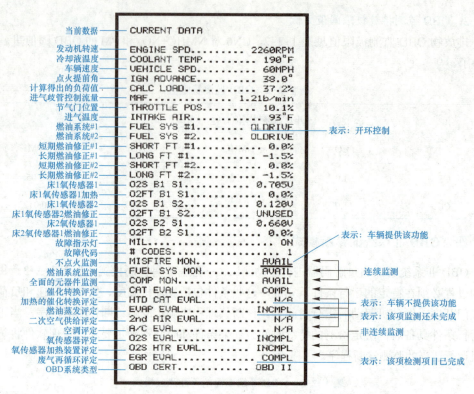

图 1-2-3　丰田车系动力系统数据流

（二）动力系统冻结帧数据

OBD Ⅱ系统需要计算机能快速留下或存储所有故障指示出现时的数据，便于用解码器提取该数据，这些被存储的数据称为冻结帧数据。

当故障指示出现时，常见强制储存的状态信息有计算的负荷值（负荷率）、发动机转速、短时间内和长时间内燃油修正次数、车速（mph）、发动机冷却液温度、进气管绝对压力、开环/闭环状态、故障码等，如图 1-2-4 所示。

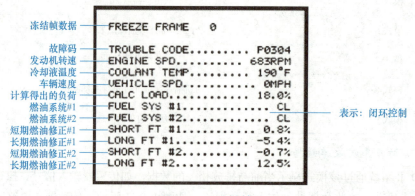

图 1-2-4　冻结帧

(三) 读取故障码与清除故障码

解码器可以调取所有存储在电控单元内与排放有关的故障码、冻结帧数据、所有被监测系统的状态、当前测试值、历史记录,此时只要发动机不工作,并且点火开关处于"ON"位置即可。

1. 故障码类型

OBD Ⅱ 系统故障码的类型分为 A、B、C、D 四类:

A 类故障码:是最严重的一类,如发动机间歇不点火、混合气过浓或过稀等会产生该类故障码。A 类故障码提醒驾驶员车辆排放系统有问题,会造成催化转换器损坏。计算机诊断程序连续一个循环即可检测到该类故障,并点亮故障指示灯。为了诊断方便,当 A 类故障码被设置时,OBD Ⅱ 系统同时储存了一个历史故障码、失效记录和一个冻结帧现场数据。

B 类故障码:是次严重的一类排放问题。在故障指示灯(Malfunction Indicator Lamp,MIL)点亮之前,这类故障应在两次连续的行驶过程中都至少发生一次。若在一次行驶过程中发生,而在下一次行驶过程中没有发生,则该故障码还未"成熟",MIL 灯不点亮。当 MIL 灯点亮的条件满足时,所存储的历史故障码、失效记录和一个冻结帧现场数据与触发 A 类故障码时完全相同。

C 类和 D 类故障码:C 类和 D 类故障码是进行与排放无关的故障测试得出的。C 类故障码点亮 MIL 灯(或其他报警灯),但 D 类故障码不点亮 MIL 灯。C 类故障码也被称为 C1 故障码,而 D 类故障码则可称为 C0 故障码。

2. 故障码含义

故障码由数字加字母等五位组成。第一位字母表示不同系统的故障码。第二位数字表示定义代码的主体,0 表示美国工程师协会(SAE)定义的故障码,所有汽车制造商都采用相同的含义,由 ISO/ASE 预先确定。第三位数字表示被检测故障的分支系统代码,由 0~8 表示。第四、五位数字表示具体故障部位。如图 1-2-5 所示为故障码含义。

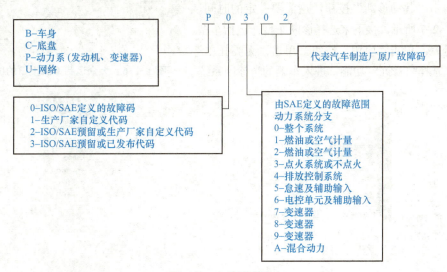

图 1-2-5 故障码含义

3. 故障码清除

一旦故障码已设置，若工作状况恢复正常，在发动机不工作，且点火开关为"ON"的状态下，利用解码器通过固定的程序，可以清除故障码。也可以不利用解码器自动清除故障码，只有在通过了 3 次连续的行驶过程，OBD Ⅱ 系统自诊断后，MIL 灯才会熄灭。经过 40 个行驶过程并不再有故障出现后，OBD Ⅱ 系统可自动清除该故障码及冻结帧数据。这 40 个暖机驱动循环是在电控单元熄灭故障指示灯后开始的。而像间歇不点火、混合气过浓或过稀这样的故障码，则需要 80 个无故障的行驶过程才能清除。

行驶过程不只是一次点火循环，而是一次暖机循环，即起动发动机，行驶车辆让冷却液温度升高至少 22 ℃（起动时温度低于 72 ℃）。

一、大众迈腾故障码的读取与清除

以大众迈腾 19 款 2.0 CUGA 发动机为例，在进入发动机电控系统后，选择测量值功能（读取动态数据流），即可读取电脑的运行数据。

1. 故障诊断仪的连接与车辆识别

首先，把经过匹配诊断计算机的无线诊断接头 VAS6150 接到车辆的 OBD 诊断接口，该诊断接口的位置如图 1-2-6 中 A 所示的位置，位于方向盘的下方，是黑色 16 针芯插头。然后，打开点火开关，诊断接头和诊断计算机之间进行蓝牙通信，就可以与控制单元进行通信了。因为两者之间相互匹配，不会被其他蓝牙设备所影响。打开显示器上大众汽车诊断应用软件，确认使用注意事项后，单击"起动诊断"按钮，这需要一定的时间，如图 1-2-7 所示。接下来选择诊断车型（包括车型、年款等），单击"应用"按钮。单击"无委托单"按钮。选择"自诊断"功能，进入车辆的自诊断系统。

图 1-2-6 大众迈腾诊断接口的位置

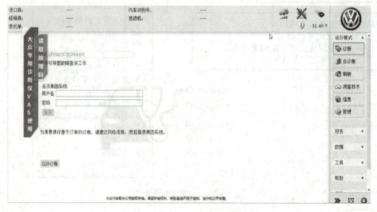

图 1-2-7 大众迈腾软件的诊断入口

2. 查询故障码和清除故障码

选择车辆自诊断功能后，首先选择系统，选择"发动机电控系统"中"故障存储器"，即可读取发动机电控系统中存储的历史与实时故障码，如图1-2-8所示。接下来通过清除故障码，重新起动车辆的办法来初步判断历史故障还是实时故障。记录下当前故障码后，选择"车辆诊断系统"进行故障码的清除操作。不能被清除的故障码或是起动车辆后重新出现的故障码则为实时故障。已经清除掉的故障码可能是历史故障，问题已经解决；或是另一种情况，还没达到故障生成的条件，一旦满足条件又重新出现的故障，即是未决故障。

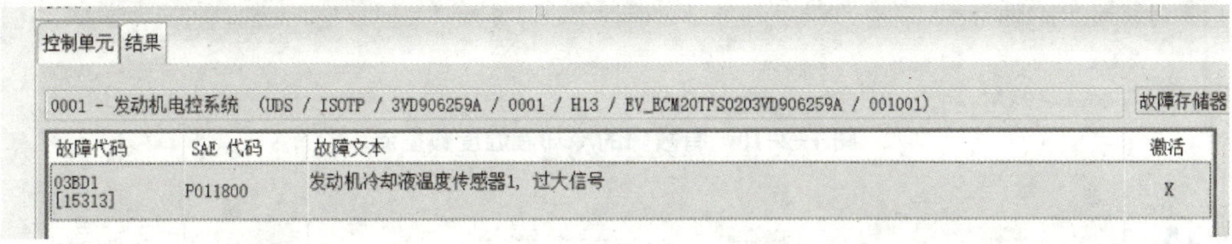

图1-2-8 冷却液温度故障码

二、大众迈腾数据流分析实施

重新选择系统"电控发动机系统"，进入"测量值"功能。

在左侧对话框中将出现所有的监测数据值项，双击想要读取的数据选项，进入右侧对话框，单击"确定"键，则出现相关数据值。

不起动发动机，点火开关置于"ON"位置，这时可以读取静态数据流，如果读取动态数据流，则要起动发动机。

选择发动机冷却液温度传感器的数据，开始时温度较低，与室温一致，随着暖机过程的进展，逐渐到正常怠速工作温度，冷却液温度为47 ℃，如图1-2-9所示。

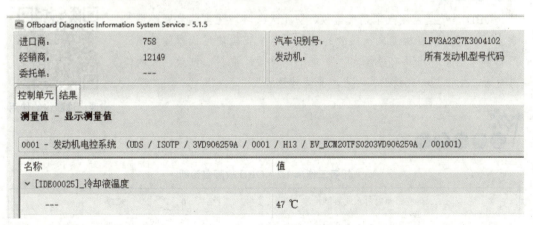

图1-2-9 正常的冷却液温度数据流

拔掉冷却液温度传感器，再观察数据流进行验证，水温值已为 −39 ℃，如图1-2-10所示，明显不符合常理，则说明出现故障。

```
Offboard Diagnostic Information System Service - 5.1.5
进口商：          758                    汽车识别号：      LFV3A23C7K3004102
经销商：          12149                  发动机：          所有发动机型号代码
委托单：          ---

控制单元 | 结果

测量值 - 显示测量值

0001 - 发动机电控系统 （UDS / ISOTP / 3VD906259A / 0001 / H13 / EV_ECM20TFS0203VD906259A / 001001）

名称                              值
▼ [IDE00025]_冷却液温度
    ---                          -39 ℃
```

图 1-2-10　有故障的冷却液温度数据流

OBD 系统是监测汽车尾气排放、防止大气环境污染的装置，培养学生环保意识。在检测尾气排放的过程中养成正确使用仪器的习惯，严格遵守国家标准及有关规定，一定不能浮躁，要耐心细致。"欲修其身者，先正其心。欲正其心者，先诚其意。"

微课：诊断仪的使用

任务工作单 1.2　OBD 故障自诊断

单元名称	电控燃油喷射系统故障检修	学时	6	班级	
学生姓名		学生学号		任务成绩	
实训设备	大众迈腾 B8 L 轿车、万用表、大众专用故障诊断仪	实训场地	整车检测车间	日期	
工作任务	一辆大众迈腾 B8 L 轿车：诊断仪的连接，故障码的读取与清除，数据流的分析				

续表

任务目的	进行故障诊断仪的操作练习,进行故障码的读取与数据流的分析。了解OBD Ⅱ 系统的功能

一、资讯

1. OBD Ⅱ（On – Board Diagnostic）是_____。
2. OBD Ⅱ 的特点是_____、_____、_____。
3. 故障自诊断是以_____、_____、_____为对象的。
4. 故障码的表示方法为_____、_____。
5. 第一代与第二代随车自诊断系统的区别主要是_____。
6. 二代随车自诊系统的主要特点是_____、_____、_____、_____。
7. 故障码的类型有哪些？它们的区别是什么？
_____。
8. P0302中的P表示_____，0表示_____。

二、决策与计划

请根据故障现象和任务要求，确定所需要的检测仪器和工具，并对小组成员进行合理分工，制订详细的诊断和修复计划。

1. 需要的检测仪器、工具：
_____。
2. 小组成员分工：
_____。
3. 诊断和修复计划：
_____。

三、实施

1. 将VAS6150或VAS5045、5055等大众专用诊断仪与发动机诊断接口连接，打开点火开关，选择车辆，进入控制单元。
2. 读取动力数据流：
暖机工作状态下：
发动机转速（r/min）：_____； 冷却液温度（℃）：_____；
歧管压力（kPa）：_____； 喷油量（g）：_____；
点火提前角（°）：_____； 短期燃油修正值（%）：_____；
长期燃油修正值（%）：_____； 燃油压力（kPa）：_____；
一列前氧传感器实测值与工作状态（V）：_____；
一列后氧传感器实测值与工作状态（V）：_____；
结论：_____。

3. 读取动力数据流：
正常怠速下：
发动机转速（r/min）：_____； 冷却液温度（℃）：_____；
歧管压力（kPa）：_____； 怠速喷油量（g）：_____；
节气门开起角度（°）：_____； 点火提前角（°）：_____；
长期燃油修正值：_____； 短期燃油修正值：_____；
一列前氧传感器实测值与工作状态（V）：_____；
一列后氧传感器实测值与工作状态（V）：_____；
燃油压力（kPa）实测值：_____；
结论：_____。

4. 读取动力数据流：
发动机在2 500 r/min：
歧管压力（kPa）：_____； 喷油量（g）：_____；

续表

节气门开起角度（°）：_____；　　点火提前角（°）：_____；
长期燃油修正值：_____；　　短期燃油修正值：_____；
一列前氧传感器实测值与工作状态（V）：_____；
一列后氧传感器实测值与工作状态（V）：_____；
燃油压力（kPa）实测值：_____。
结论：_____。

5. 选择故障存储器，读取故障码，故障码情况为_____。
6. 清除故障码，故障码情况为：_____，起动车辆故障码情况：_____。
7. 拔下水温传感器插头，读取故障码为_____。
8. 连接发动机冷却液温度传感器，检查故障指示灯是否熄灭_____。
9. 用专用诊断计算机对故障码进行清除。故障码储存清除后，检查并确认故障码被完全消除。

四、检查与评估
1. 检查车辆的恢复情况。
2. 请根据自己任务完成的情况，对自己的工作进行自我评估，并提出改进意见。
_____
3. 教师对学生工作情况进行评估，并进行点评。
_____
4. 学生本次任务成绩：_____。

任务三　电控燃油喷射系统

◆ 知识目标
1. 掌握电控燃油喷射系统的组成；
2. 了解燃油喷射系统的发展历程；
3. 掌握单点喷射与多点燃油喷射，进气歧管喷射与缸内直接喷射，同时喷射、分组喷射、顺序喷射的区别；
4. 熟悉电控系统的诊断流程与思路（拓展）。

◆ 能力目标
能够识别燃油供给系统、空气供给系统、电子控制系统的零部件及其安装位置与作用。

◆ 素质目标
1. 具备快速准确收集信息与查询资料的能力；
2. 养成善于沟通、合作、服从集体的良好习惯；
3. 具备解决问题的能力，会查阅相关维修技术资料等方式获取车辆信息；
4. 具备安全意识；
5. 具备5S管理意识。

通过教材、图书馆藏书、电子阅览室、网络等进行电控燃油喷射系统的信息收集。了解电控燃油喷射系统的由来、发展、应用、组成、各部件与控制系统的作用等；归纳总结燃油系统中的哪些部件易产生故障；分析一般情况下因油路故障造成冷起动困难或加速无力、怠速抖动等故障的检修方法与流程。解答关于汽油牌号的相关知识，阐述汽车根据哪些原因选择加注不同牌号的汽油。

一、电控燃油喷射系统

燃油喷射技术的发展历史可以追溯到 20 世纪初期，但直到第二次世界大战后，这项技术才逐渐被应用到汽车发动机上。在 20 世纪 60 年代以前，燃油喷射技术的应用仅仅局限于赛车和为数不多的豪华型轿车上，一般车用发动机仍然以化油器为主导。随着汽车数量的增大和汽车排放对大气污染的日趋严重，迫使世界汽车工业开始努力寻求各种技术途径，以降低燃油消耗和减少排放污染。1967 年，德国博世公司 K-Jetronic 燃油喷射系统的研制成功，为燃油喷射技术开创了一个新的起点，自此燃油喷射技术进入了一个较快的发展时期。

电控燃油喷射系统由三部分组成：一是燃油供给系统；二是空气供给系统；三是电子控制系统。

（一）燃油供给系统的组成

燃油供给系统的作用是向发动机提供混合气燃烧所需的燃油量。如图 1-3-1 所示，燃油系统部件从燃油箱向燃油轨供油。在这个例子中，燃油的分配是通过油箱内电子燃油泵的应用而实现的。该泵吸入燃油，并在压力下将燃油泵供向燃油轨，通过燃油管和过滤器及燃油压力调节器，燃油轨的燃油输送压力保持不变，且与安装在进气歧管的压力成正比，这实现了对燃油喷油器的压力恒定。超出需要的燃油通过燃油压力调节器返回到燃油箱。

（二）空气供给系统的组成

空气供给系统随车型不同而稍有不同。如图 1-3-2 所示，通常气流要流经空气滤清器、质量型空气流量传感器和节气门体，也要进入一个集气室，其中包含控制怠速空气的附加装置。然后空气流入进气歧管，接着进入燃烧室。

（三）电子控制系统的组成

燃油喷射系统的电控部分主要由传感器、执行器、电控模块组成，如图 1-3-3 所示。其中，电瓶电压对于电子控制系统（ECCS）的操作极为关键，任何电压波动都会影响喷射脉冲持续时间，进而影响喷油量，为了对此进行补偿，ECM 不断监视电瓶电压，并相应调节喷射脉冲持续时间。

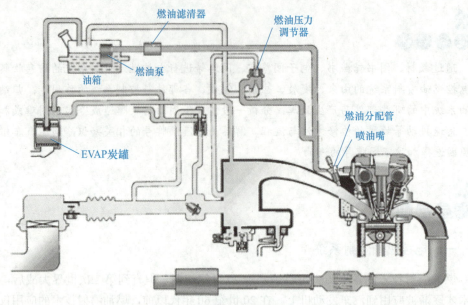

图 1-3-1 电控燃油喷射系统的组成（日产）

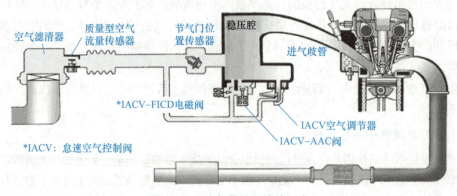

图 1-3-2 空气供给系统的组成

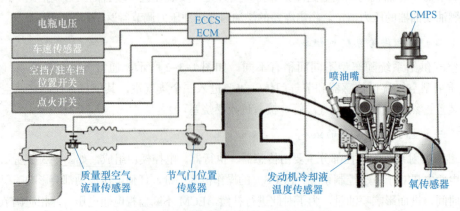

图 1-3-3 燃油喷射系统的电子控制系统

二、电控燃油喷射系统的分类

1. 连续喷射

在连续喷射方式下,燃油从燃油喷射器中连续恒定地喷射出来,而不是与进气冲程同步进行喷射。与化油器或节气门体喷射方式相比较,这种方式是可靠的,且具有较好的性能和燃油经济性。从20世纪90年代中期开始,这种喷射方式就被逐步淘汰了,这是由于对排放污染物的控制更加严格了。

2. 单点燃油喷射

单点燃油喷射(SPI)又称节气门体燃油喷射(TBI),如图1-3-4(a)所示,在节气门体处加注燃油,燃油不再连续喷射而演变成间歇式喷射。这种方式是在20世纪80年代中后期使用的,当时的车辆正处于从化油器系统向燃油喷射系统转变的过渡时期。这种喷射方式允许继续使用已有的许多零部件,譬如空气滤清器和进气歧管。当这些系统发展得更加成熟之后,各种零部件就进行了再设计,燃油的喷射位置更加靠近气缸。

3. 多点燃油喷射

多点燃油喷射(MPI)方式如图1-3-4(b)所示,已经逐渐被许多制造厂商所选用。这种喷射方式能够提供相同数量的燃油到各个气缸,使燃油在各个气缸口处喷射,减少了空气和燃油的雾气液化与开始聚集成油层所需要的时间。ECU收集了发动机温度、空气温度、发动机转速、节气门位置、进入发动机的空气流量、歧管压力和曲轴位置的信息来计算所需要的燃油数量。如果燃油的需要量更多时,喷油器就保持打开的状态更长一些。各缸的喷油器因其打开的顺序不同,又可分为顺序多点燃油喷射、分组多点燃油喷射、同时多点燃油喷射。

(1)顺序多点燃油喷射(SMPI)。顺序多点燃油喷射系统如图1-3-5所示,与多点燃油喷射(MPI)系统相类似。在这种系统中,燃油按顺序被提供给各个气缸。这就意味着燃油是在每个单独的气缸开始进入进气冲程时提供的。这种喷射方式的优点是燃油只在空气正进入气缸时才提供,能确保燃油没有机会汇聚在进气口。因为燃油是在最需要的时候才提供,所以发动机性能和燃油经济性会得到改善。

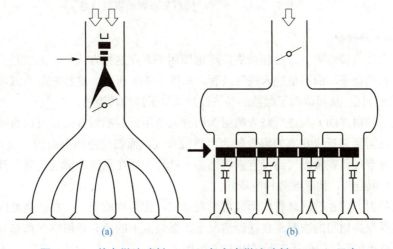

图1-3-4 单点燃油喷射(SPI)与多点燃油喷射(MPI)示意

(a) 单点燃油喷射；(b) 多点燃油喷射

（2）分组多点燃油喷射。分组多点燃油喷射如图 1-3-5 所示，将一台发动机的全部气缸根据气缸总数分组。同一组喷油器采用同时喷射方式，不同组的喷油器进行交替喷射。一般四缸发动机分为 2 组，六缸发动机分为 2 组或 3 组，八缸发动机分为 4 组。每个工作循环每组喷射 1 次或 2 次。

（3）同时多点燃油喷射。同时多点燃油喷射如图 1-3-5 所示，所有喷油器在 ECU 的同一指令下同时开始喷射和停止，其喷油脉宽相等。在同时喷射方式中，又有单循环双喷油（曲轴每转 1 圈喷油 1 次）和单循环四喷油（曲轴每转 1 圈喷油 2 次）两种。

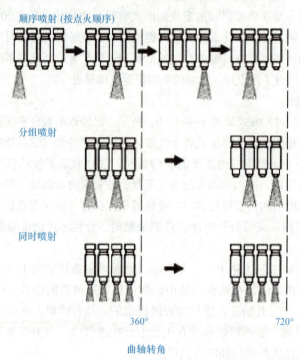

图 1-3-5　顺序、分组、同时多点燃油喷射示意

4. 缸内直接喷射

现今，汽油直接喷射方式已经被更广泛地使用了。在这种方式下，燃油是直接被喷射进入气缸中的燃烧室，而不是进入进气歧管，如图 1-3-6 所示。这种喷射方式可以形成非常稀的燃油混合比，从而改善了燃油的经济性并减少了排放污染物。

缸内直接喷射（DI）与进气歧管喷射为两种完全不同的喷射方式。缸内直喷属于分层充气运行，只需要邻近火花塞的混合气为可燃混合气，而燃烧室内剩余的空气/燃油充量可以只有新鲜空气和残余废气而没有未燃燃油。这种方法在怠速和节气门部分开启工况下提供非常稀的混合气，使燃油耗相应降低。

传统的喷射方式在进气歧管内形成可燃混合气，称为均质充气。在燃烧室内的全部空燃混合气充量保持相同的浓度。在这种情况下，燃烧室中的所有新鲜空气都参与燃烧。这种运行模式通常在节气门全开工况（WOT）采用。

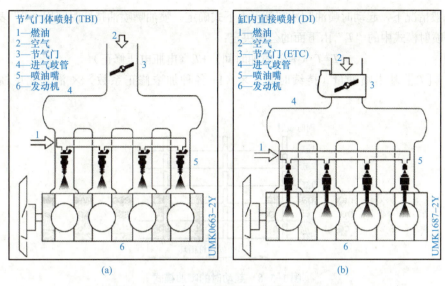

图 1-3-6 节气门体喷射与缸内直接喷射示意

（a）节气门体喷射（TBI）；（b）缸内直接喷射（DI）

三、电控燃油喷射控制

（一）燃油喷射控制内容

在大多数的电控车辆上，电控燃油喷射控制主要包括喷油量控制、喷油模式控制、燃油切断控制，如图 1-3-7 所示。

图 1-3-7 电控燃油喷射的控制内容

（二）喷油量控制

1. 起动喷油量与喷油模式控制

当点火开关初次接通时，控制模块使燃油泵继电器通电 2 s。这使燃油泵在燃油系统中建立压力。如果没接收到起动信号，则燃油泵停止供油；如果接收到起动信号，在发动机转速达到预定的转速（怠速设定转速）之前，系统则保持在起动模式。

起动时，当起动信号为"ON"时，所有气缸在发动机每转一转的同时喷射一次，此种同时喷射模式（图 1-3-8）在发动机起动过程中使用，根据各种因素如冷却液温度等决定喷油量，使发动机平稳起动。

一般情况下，起动时喷油脉冲宽度可由下式确定。喷油嘴喷油持续时间用"T_i"表示，同时，喷射模式中的"T_i"由下面的公式决定：

$$T_i = T_e（有效喷油时间）+ T_s（电瓶电压修正）$$

$T_e = [T_p]$基本喷油量（持续时间）×（1+各种加浓修正系数）×混合比反馈修正系数

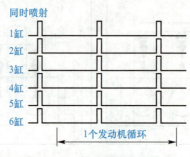

图1-3-8　起动时的喷油模式

（1）起动时基本喷油量。起动工况时，由于发动机转速低，进气脉动量大，控制模块一般不以发动机转速及进气量进行基本喷油量控制，而是根据来自发动机冷却液温度（ECT）信号输入来计算空燃比，从而确定喷油脉宽。当控制模块接收到起动信号，发动机的转速低于400 r/min时，确认为起动工况，根据冷却液温度信号决定喷油量，图1-3-9所示为起动时喷油量控制。发动机冷却液温度越低，燃油越不易雾化，喷油脉冲宽度就越长。

（2）各种加浓修正。起动过程中一直到预定的转速前，各种加浓修正主要包括起动加浓修正、进气温度修正、大气压力修正、混合比反馈修正等。起动过程中由于水温低，转速低，燃油雾化较差，一般采用较浓的混合气，以达到迅速起动的目的。另外，主要对进气温度、大气压力进行修正，其他加浓修正主要是在起动之后的喷油量控制中。

①进气温度修正：因为冷空气的密度比热空气的密度大，因此，在其他因素相同时，吸入发动机的空气质量随空气温度的升高而减少，为了避免混合气随温度升高而逐渐加浓，发动机控制模块（ECU）将根据进气温度对基本喷油脉冲宽度进行修正，即进气温度越高，喷油器的喷油脉冲宽度就越小，如图1-3-10所示。

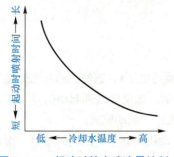

图1-3-9　起动时基本喷油量控制

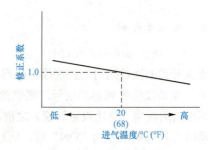

图1-3-10　进气温度修正

②大气压力修正：因为大气压力和密度随着海拔高度的增加而降低，所以，当汽车在

高原地区行驶，传感器检测到同样的空气流量（体积）时，实际进入发动机的空气质量流量降低。为了避免混合气过浓与油耗过高，应根据大气压力传感器（BARO）输入的信号，对基本喷油脉冲宽度进行修正。大气压力越低，喷油器的喷油脉冲宽度越小。

③ 电瓶电压修正：在实际工作中，蓄电池电压对开阀时间的影响较大，而对关阀时间的影响较小。无效喷油时间随蓄电池电压的降低而增大。鉴于这个原因，在发动机控制模块（ECU）计算燃油喷油时间时，要考虑蓄电池电压变化对无效喷油时间的影响，对喷油时间进行加法修正，即当蓄电池电压降低时，增加喷油脉冲宽度；当蓄电池电压升高时，减小喷油脉冲宽度。

2. 运行模式时的喷油量与喷油模式控制

起动后，在起动信号为"OFF"时采用顺序喷射，每组喷油嘴在发动机每转两转的同时喷射一次燃油（一个发动机循环），并根据每个气缸的点火顺序喷射，采用顺序喷射模式，如图1-3-11（a）所示。还有一些车型，如奇瑞A3发动机控制系统中，喷油嘴分为两组，采用分组喷射模式，即曲轴转两转，喷油嘴喷油一次，如图1-3-11（b）所示。

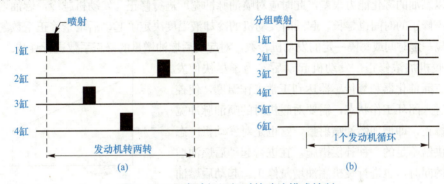

图1-3-11 发动机运行时的喷油模式控制
（a）顺序喷油模式；（b）分组喷油模式

运行模式下的喷油量控制有两种状态，即开环模式和闭环模式。在开环模式下，控制模块根据来自发动机转速（NE）、进气歧管绝对压力（MAP）和节气门位置传感器（TP）等输入信号来计算空燃比，计算基本喷油量，同时进行暖机加浓等各种加浓修正。闭环运行时，在基本喷油量的基础上，通过加热型氧传感器的信号进行空燃比反馈修正，从而使空燃比始终接近14.7∶1。

发动机运行模式下的喷油量由以下公式决定：

$T_i = 2 \times T_e$（同时喷射的有效喷油时间）$+ T_s$（电瓶电压修正）

$T_e = [T_p]$ 基本喷油量（持续时间）×（1+各种加浓修正系数）× 混合比反馈修正系数

（1）基本喷油量。基本喷油脉冲宽度是为了实现目标空燃比，利用代表发动机负荷的空气流量传感器（L型）信号或进气歧管绝对压力传感器（D型）信号，配合发动机转速信号计算出的喷油脉冲宽度，这个喷油脉宽的三维图是根据实验得出的，储存在发动机计算机中，如图1-3-12所示。传感器在发动机每个工作循环内检测的进气量越大，喷油器的喷油脉冲宽度也就越大。

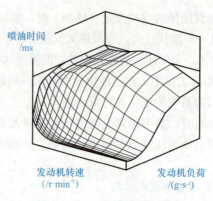

图 1-3-12 喷油特性脉谱图

（2）运行模式下的各种修正。

①起动后加浓修正：在发动机冷起动后的数十秒内，由于空气流动速度低，发动机温度低，所以燃油的雾化能力很差，此时应对喷油脉冲宽度进行修正。发动机越冷，燃油增量应越大，需修正的时间也越长。起动时发动机的冷却液温度决定了起动后增量修正系数的初期值，每隔一定时间或每隔一定的发动机转数，对起动后燃油增量的修正系数进行衰减。

②暖机加浓修正：发动机起动后，为了尽快使发动机、三元催化器和氧传感器达到正常工作温度，使控制系统进入闭环工作状态，需要对暖机时的喷油脉冲宽度进行修正，即增加燃油喷射量，这也是对发动机冷态时燃油供给不足的一种补偿措施。在进行起动后燃油增量修正的同时，也进行暖机燃油增量修正。起动后燃油增量修正在发动机完成起动后数十秒内就会结束，而暖机增量修正时间较长，一直要持续到冷却液温度达到规定值才会停止，如图 1-3-13 所示。

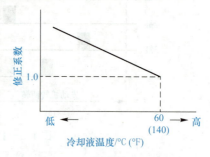

图 1-3-13 暖机加浓修正

③混合比反馈修正系数：在闭环控制中，根据氧传感器监测到的氧浓度，提供喷油量修正，保持空燃比为 14.7 : 1。在起动工况或加减速工况等开环控制时或氧传感器失效时，反馈修正系数为 1。

④高速大负荷加浓修正：汽车在节气门全开情况下大负荷行驶时，要求发动机输出大扭矩。根据扭矩随混合气浓度的变化规律，此时应将混合气浓度设定在与扭矩峰值相对应的 12 : 1～13 : 1。

⑤高温时喷油脉冲宽度的修正：一般汽车在高速行驶时，由于行驶中风冷作用且燃油一直在流动，故燃油温度不会太高，约为 50 ℃。但如果发动机熄火，燃油停止流动，此时发动机就会成为热源，使燃油温度升高，一旦达到 80 ℃～100 ℃，油箱和油管内的燃油就会出现沸腾，产生燃油蒸气，这样在喷油器喷射的燃油中，因含有蒸气而使喷油量减少造成混合气变稀。为了解决因燃油蒸气引起的混合气稀化问题，应采取高温起动时燃油喷射脉冲宽度修正的措施。一般是当冷却液温度上升到设定值（如 100 ℃）以上时，进行高温燃油增量修正。

⑥加速修正：加速修正也被称为动力增强模式。加速工况时，进气歧管压力增大，附着在进气歧管的燃油汽化速度降低，混合气变稀，所以，在加速时根据节气门开启速度，除正常燃油喷射外，通过喷射额外油量增强加速性能。控制模块根据节气门位置、发动机冷却液温度、进气歧管绝对压力和发动机转速确定所需的燃油量。

（三）燃油切断控制

1. 减速断油控制

在减速时，满足车速高于 8 km/h，发动机转速在 1 200 r/min 以上，冷却液温度在 60 ℃以上时，喷油嘴停止喷射，以限制 HC 排放物，并增强燃油经济性。为了改善减速感觉，在满足燃油切断开启条件后，首先瞬间切断对 2 个气缸的燃油供给，然后立即切断对多缸的燃油供给。同样在恢复时，在满足恢复条件后只瞬间恢复对 2 个气缸的燃油供给，然后再立即恢复对所有气缸的燃油供给。

2. 车速高时燃油切断

当车速达到或超过 180 km/h 时，切断所有气缸的燃油供给，在速度低于 180 km/h 时恢复。

3. 发动机转速高时燃油切断

当发动机转速达到或超过 6 500 r/min 时，切断所有气缸的燃油供给，在发动机转速低于 6 200 r/min 时，恢复燃油供给。

4. 车速为 0 km/h 时（没有车速信号输入）燃油切断

当下列发动机转速或更高转速和大负荷工况持续大约 11 s 或更长时间时，对所有气缸的燃油供给切断。不同车型燃油切断的最高转速见表 1-3-1。

表 1-3-1 不同车型燃油切断的最高转速

2WD·M/T	2WD·A/T	4WD·M/T	4WD·A/T
4 650 r/min	4 350 r/min	5 400 r/min	4 700 r/min

5. 在过热时燃油切断

当冷却液温度传感器输出电压大约为 0.35 V 或更低，以及 0.06 V 或更高状况持续一定时间，这时判断为过热，在发动机转速大约为 2 000 r/min 或更高时，燃油供给被切断。

当检测到过热时，故障指示灯将点亮。一旦出现过热，即使冷却液温度降低后返回正常值且燃油供给在发动机转速大约为 2 000 r/min 或更高时切断后，故障指示灯仍然保持点亮。关闭点火开关一次，取消燃油切断模式，但是故障指示灯仍然保持点亮，要使警告灯不再亮起，关闭灯光程序，可以通过删除自诊断结果实现。自诊断结果删除只能在完成过热原因调查后进行。

6. 在选择 N → D（A/T）车型时燃油切断

当挡位从 N 挡变为 D 挡时，冷却液温度为 35 ℃ 或更高，车速为 8 km/h 或更低，发动机转速约为 2 600 r/min 或更高，所有气缸燃油供给被切断。燃油供给将在转速低于 2 200 r/min 时恢复。

7. 除溢油模式

如果发动机溢油，将加速踏板踩到底，然后转动发动机曲轴，以清洁发动机。当 TP 传感器处于节气门全开（WOT）时，控制模块将减小喷油器脉冲宽度以提高空燃比。只要节气门停留在全开位置并且发动机转速低于预定值,控制模块将保持这一喷油器比率。如果节气门未保持全开,控制模块将返回到起动模式。

四、发动机燃料

(一) 发动机燃料

发动机燃料绝大部分来自石油产品,少部分来自非石油产品。石油燃料的产物主要有汽油、柴油、液化石油气、压缩天然气;非石油燃料主要有农作物产品、乙醇、甲醇、工业产氢等。

汽油的英文名为 Gasoline(美)/Petrol(英),外观为透明液体,可燃,主要成分为脂肪烃和环烷烃类,以及一定量的芳香烃,即主要是由 200 多种碳氢化合物组成的混合物。

汽油具有较高的辛烷值(抗爆性),并按辛烷值的百分比高低分为 89 号、90 号、92 号、93 号、95 号、97 号、98 号等牌号。2012 年 1 月起,汽油牌号 90 号、93 号、97 号修改为 89 号、92 号、95 号。

(1) 对于汽油而言,抗爆性是其主要的性能指标。
(2) 抗爆性的好坏一般用辛烷值来表示,辛烷值越高,抗爆性越好。
(3) 在我国汽油的牌号用汽油的辛烷值标定。如 92 号汽油就是辛烷值为 92%。
(4) 电喷发动机必须使用无铅汽油,否则会引起三元催化器损坏。

2017 年 10 月 27 日,世界卫生组织国际癌症研究机构公布的致癌物清单初步整理参考,发动机尾气、汽油被列入 2B 类致癌物清单。

(二) 汽油牌号的选择

以正常条件下发动机不发生爆燃为前提,选择适当牌号的车用汽油。传统强调的根据按压缩比的高低选择汽油的关系已越来越模糊,因为影响发动机爆燃的因素除压缩比外,还有其他因素,且当今汽车发动机结构正趋于完善,电控系统可自动调节点火提前角,使发动机的点火提前角工作在最佳值,消除了爆震。

(三) 汽油的燃烧

1. 正常燃烧

点燃式发动机的正常燃烧过程从点火开始,火焰会平顺地传播到整个燃烧室,正常燃烧时火焰的传播速度为 72 ~ 145 km/h,它受到空燃比、燃烧室压力及燃烧温度的影响,如图 1-3-14 所示。

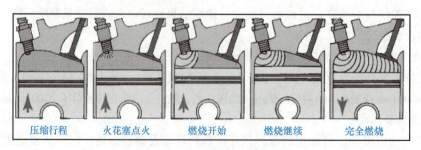

图 1-3-14　正常燃烧过程示意

2. 爆震燃烧

爆震燃烧示意如图 1-3-15 所示。如果可燃混合气部分自燃，而不是靠电火花点燃，点燃式发动机的燃烧过程将会出现爆燃现象，火焰传播速度将会提升近 10 倍，接近声速。过高的火焰传播速度会造成温度和压力的急剧升高，可能会损坏活塞、气缸垫或缸盖等。

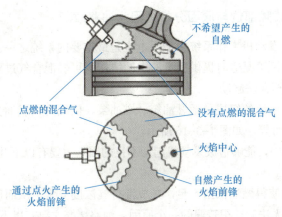

图 1-3-15 爆震燃烧示意

爆燃的原因如下：

（1）点火过早；

（2）使用燃料不正确，辛烷值过低；

（3）压缩比过高，如采用了较薄的气缸垫；

（4）混合气在缸内分布不均匀；

（5）积炭或冷却系统有故障，导致散热效果变差等。

讨论：可不可以在高等级的汽油中加注低等级的汽油？

在新型的车辆中使用较低级别的汽油并不会造成发动机的直接损坏，因为在大多数发动机控制系统中都配备了爆震传动器。如果因使用了汽油牌号不对而造成爆震，会被传感器感知并传送给发动机控制模块，然后延迟点火直到爆震消失。但随着发动机点火时间的延迟，发动机的输出扭矩会降低，油耗增加。所以，应尽量使用厂商推荐的汽油牌号。

讨论：加乙醇汽油对发动机性能的影响有哪些？

多数情况下，汽油中的乙醇含量为 10% 或以下，对发动机的影响甚微，甚至毫无影响，但是因为乙醇的加入会轻微地增加汽油的蒸发性，可能会偶尔产生怠速不稳或熄火现象，尤其是天气炎热时，这种情况有时也会在车辆行驶短暂停止后出现，因为发动机的热量会使燃油蒸发产生气阻。

一、发动机电控系统故障的检修流程——以加速无力故障现象为例

现代电子控制的发动机是一个复杂的综合体，发动机燃烧（能起动）必须满足以下三个条件：

(1)恰当的可燃混合气浓度;
(2)足够的点火能量与电压、正确的点火时刻;
(3)正常的气缸压缩压力。

上述条件任何一项不满足,发动机将不能起动或起动不良。

二、加速无力故障部位与原因分析(因为油路故障)

燃油供给系统是发动机工作系统中最根本也是最重要的系统之一。如果燃油供给系统失常,不能根据发动机工况适时提供适量的燃油,使得可燃混合气过稀或过浓,从而会导致发动机运转不良甚至无法起动。

通常,燃油供给系统的组成包括燃油箱、燃油泵、供油管、燃油分配管、喷油器、燃油压力调节器、回油管等,如图1-3-16所示。

在燃油供给系统中,能够造成发动机起动不良的因素主要有以下几方面。

1. 滤清器堵塞

油路堵塞和破裂使得燃油供给不足,造成混合气浓度异常,从而使发动机无法正常运转,这是造成发动机无法起动很普遍的一个原因。油路堵塞主要有以下几个地方:

(1)油泵滤网堵塞:由于燃油不够洁净,油箱长时间没有清洗,导致油箱底部沉积物过多。

(2)燃油滤清器堵塞:这里要有两方面的原因,一方面是燃油脏的问题;另一方面是燃油滤清器本身质量问题,滤纸透过性差。

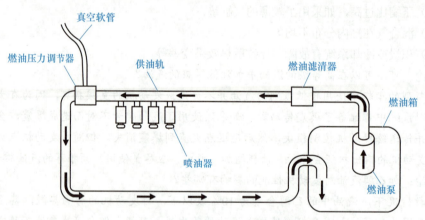

图1-3-16 带有回油管路的燃油供给系统的组成

2. 油管破裂、变形

油管破裂、变形会造成燃油的大量泄漏,从而导致供油不畅,油压不足,也易使发动机起动不良。

3. 燃油泵故障

(1)燃油泵电路故障:油泵继电器工作不良或损坏、油泵本身损坏或工作不良、控制电路有断路或短路现象,这些会使燃油泵不供油或供油不足,使发动机无法起动或运转时逐渐熄火。

（2）油泵单向阀卡死：这会使油泵停转后，燃油倒流，系统油压下降，导致下次起动困难。

4. 喷油器故障

（1）喷油器线圈老化、断路或短路：这会使喷油器无法动作，出现不喷油现象。

（2）喷油器针阀卡死：这会造成喷油量过少或过多，从而导致起动不良。

（3）喷油器堵塞：喷油孔径小，一段时间后，燃油中杂质易使喷油器孔堵塞。

（4）喷油器漏油：喷油器密封圈密封不严发生漏油，导致混合气过浓，热起动困难。

5. 燃油压力调节器故障

（1）压力高/低：由于燃油压力调节器内部弹簧疲劳（或断裂）、卡死使其丧失油压调节功能，使过多燃油回流到油箱或使燃油不能正常回流到油箱，造成系统油压过低或过高，混合气过浓或过稀，从而引起起动不良。

（2）泄漏：由于燃油压力调节器内部膜片破裂，使燃油经调节器上的真空管直接进入进气歧管，造成怠速不稳，严重时可能出现无法起动的情况。

6. 燃油箱故障

燃油箱内无油或燃油箱开关未打开。

除以上的故障部位外，还有其他如进气流量传感器、冷却液温度传感器、进气温度传感器、氧传感器等故障。

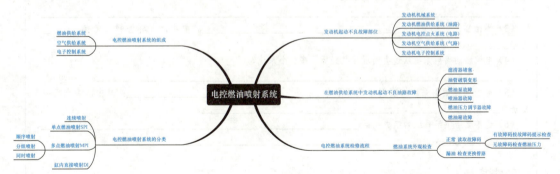

燃油喷射的发展历程需要同学们努力学习。学生毕业后要积极投身于相关行业，推动技术革新，为祖国的建设添砖加瓦。

微课：电控燃油喷射系统的组成与分类

任务工作单 1.3 电控燃油喷射系统

单元名称	电控燃油喷射系统故障检修	学时	3	班级	
学生姓名		学生学号		任务成绩	
实训设备	大众迈腾 B8 L、万用表、故障诊断仪、示波器	实训场地	发动机电控实训室	日期	
任务目的	了解电控燃油喷射系统的基本组成、部件作用及喷油量控制的基本原理				

一、资讯

1. 完成下面发动机电控系统的基本组成。

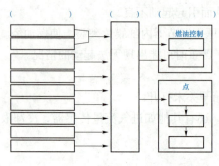

2. 请回答下面问题：
（1）发动机电控可以改善_____、_____、_____和_____性能。
（2）请列举应用在发动机上的电控系统（至少5个）：
_____。
（3）燃油控制方法有_____、_____。其中，开环控制工况有_____。
（4）电控燃油喷射系统从过去到现在共经历了多少个系统？
_____。
（5）电控燃油喷射系统按喷射方式可分为_____、_____；其中，多点喷射又可分为_____、_____、_____。
（6）通常燃油供给系统的组成包括_____、_____、_____、_____、_____、_____、_____、_____等。

二、实施

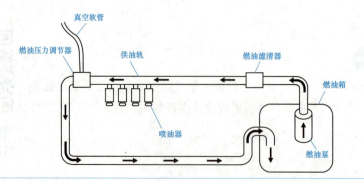

续表

1. 如上图所示，在燃油供给系统中，能够造成发动机起动不良的因素主要有以下几方面：
_____
_____
_____。

2. 请绘制出燃油系统的一般检修流程。

三、检查与评估
1. 检查车辆的恢复情况。
2. 请根据自己任务完成的情况，对自己的工作进行自我评估，并提出改进意见。
_____。
3. 教师对学生工作情况进行评估，并进行点评。
_____。
4. 学生本次任务成绩：_____。

任务四　燃油系统压力检测

◆知识目标
1. 掌握燃油压力调节器及燃油滤清器的作用、结构、原理、特性；
2. 掌握带回油燃油供给系统与无回油燃油供给系统的区别；
3. 熟悉电控系统的诊断流程与思路（拓展）。

◆能力目标
1. 能正确安装油压表；
2. 能按照规范正确对燃油系统进行压力卸除；
3. 能按照正确操作规范进行燃油供给压力的检查；
4. 能正确记录、分析各种检测结果并做出故障判断。

◆素质目标
1. 培养快速准确收集信息与查询资料的能力；
2. 养成善于沟通、合作、服从集体的良好习惯；
3. 具备安全、5S 管理和环保意识。

对一辆大众迈腾 B8 L 轿车的发动机进行系统油压压力测试，判断燃油压力是否异常。

一、燃油供油系统的作用与组成

燃油供油系统的目的与作用是用电动汽油泵从燃油箱抽取燃料，然后以调节的压力（或足够的压力）向供油歧管提供经过滤清的燃料，再由喷油器根据来自 ECU 的控制信号，向进气歧管内进气门上方喷射定量的汽油。系统对燃油供给系统的控制主要表现为对燃油泵的控制和监测。

燃油系统的部件主要有燃油箱、燃油泵、输油管（供油管和回油管）、燃油滤清器、燃油压力调节器、燃油导轨及喷油器等（图 1-4-1）。

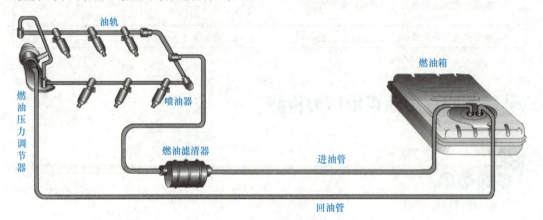

图 1-4-1　燃油系统的组成

二、燃油供给系统的类型

（一）带回油管路的燃油供给系统

如图 1-4-2 所示，在带回油管路的燃油供给系统中，过量的燃油通过燃油压力调节器上的回油管回送给燃油箱，保持燃油轨中的油压与进气歧管内的气压差值恒定，从而保证喷油器喷油时喷口两端的压差恒定。这样喷油量的多少就只取决于喷油时间的长短，而与燃油压力大小无关。

（二）不带回油管路的燃油供给系统

与带回油管路的燃油供给系统相比，不带回油管路的燃油供给系统的区别主要表现在以下几方面：

（1）燃油压力通常比较高；

（2）燃油压力相对于进气歧管而言是变化的。

不带回油管路的燃油供给系统可分为机械式无回油供油系统与电子式无回油供油系统。

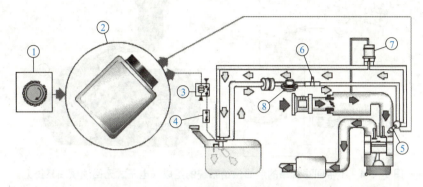

图1-4-2 带回油管路的燃油供给系统的组成

1—CKPS传感器；2—ECM；3—油泵继电器；4—惯性断油开关；5—喷油器；6—测油压接口；
7—油压调节器；8—脉动阻尼器

如图1-4-3所示，机械式无回油供油系统将燃油直接送至燃油分配管，取消了到油箱的回油管，经发动机加热的燃油不回送燃油箱。这样有助于降低燃油箱温度，从而避免了大量燃油蒸气生成，减轻了EVAP系统的压力，但是取消了回油管不表示系统油压就不用调节了，而是把油压调节器放在了油箱里，或油泵的出口处，或是在燃油滤清器里进行油压调节。以别克君威2.4发动机的燃油泵为例，涡轮式电动燃油泵通过燃油滤清器和供油管向燃油喷射系统提供高压燃油，当燃油泵提供燃油时的流量超过了燃油喷射系统的需求，燃油压力调节器作为燃油泵模块的一部分，保持至燃油喷射系统的正确燃油压力。

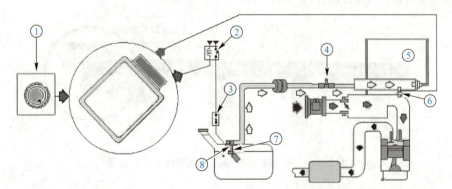

图1-4-3 不带回油管路的燃油供给系统的组成（机械式无回油供油系统）

1—CKPS传感器；2—油泵继电器；3—惯性断油开关；4—测油压接口；5—脉动阻尼器；6—喷油器；
7—燃油泵组件；8—油压调节器

如图1-4-4所示，电子式无回油供油系统最大的特点是系统压力不是依靠机械油压调节器调整，而是通过调节电动油泵的转速进行控制。

发动机电脑通过油轨上的压力及温度传感器，并参考发动机当前工况计算出发动机所需油压，然后通过驱动模块以脉宽调制方式控制油泵的转速。

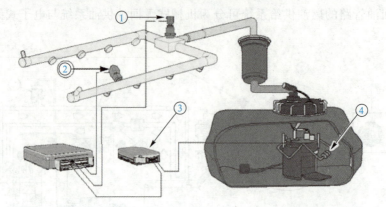

图 1-4-4　不带回油管路的燃油供给系统的组成（电子式无回油供油系统）
1—燃油压力传感器；2—燃油温度传感器；3—燃油泵控制模块；4—燃油泵组件

三、燃油系统的零部件

1. 燃油压力调节器

燃油压力调节器的主要功用：使系统油压（供油总管内油压）与进气歧管压力之差保持常数，一般为 250～400 kPa。这样，从喷油器喷出的燃油量便只取决于喷油器的开启时间。因为发动机所要求的燃油喷射量是根据 ECU 加给喷油器的通电时间长短来控制的，如果不控制燃油压力，即使加给喷油器的通电时间相同，当燃油压力高时，燃油喷射量也会增加；当燃油压力低时，燃油喷射量也会减少。为了使系统油压与进气歧管压力差保持稳定，燃油压力调节器所控制的系统油压应能随进气歧管压力的变化而变化。该种燃油压力调节器一般安装在燃油分配管的一端，如图 1-4-5 所示。

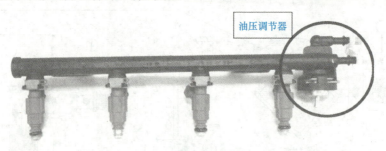

图 1-4-5　有回油系统燃油压调节器的安装位置

燃油压力调节器是一个金属壳体，中间通过一个卷边的膜片将壳体内腔分成两个小室：一个室是弹簧室，内装一个带预紧力的螺旋弹簧作用在膜片上，弹簧室由一真空软管连接至进气歧管；另一室为燃油室，直接与燃油导轨相通。当进入燃油室的油压超过预定的数值时，燃油压力就将膜片上顶，克服弹簧压力，使膜片控制的阀门打开，燃油室内的过剩燃油通过回油管流回到燃油箱中，从而使供油总管及压力调节器燃油室的油压保持在预定的油压值上，如图 1-4-6 所示。

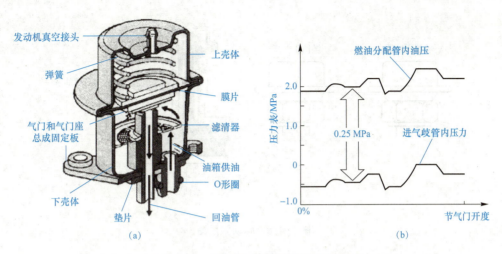

图 1-4-6 燃油压力调节器的工作原理

燃油压力调节器的另一作用是将燃油压力控制在一个恒定的压力值上。采用该种燃油压力调节器的燃油系统属于单管路、无回油系统,且燃油压力调节器位于燃油箱内,如图 1-4-7 所示。

为保证喷油器适当喷油,发动机 ECU 根据进气歧管真空的变化,计算每次喷射时间内的燃油喷射量。这种不带回油管路的燃油供给系统的燃油压力为 300～347 kPa,比带回油管路的燃油供给系统的油压高。

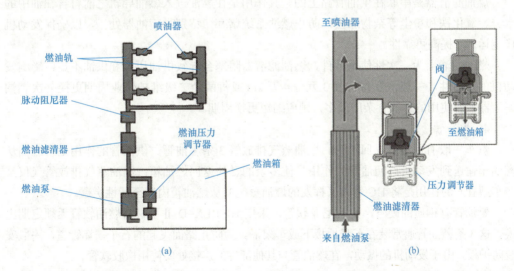

图 1-4-7 无回油系统燃油压力调节器的安装位置与工作原理
(a)安装位置;(b)工作原理

2. 脉动阻尼器

部分燃油喷射式发动机的燃油供给系统中,在输油管的上游端或直接在电动燃油泵上装有脉动阻尼器,其功用是衰减喷油器喷油时引起的燃油压力脉动,使燃油系统压力保持稳定。其结构如图 1-4-8 所示。

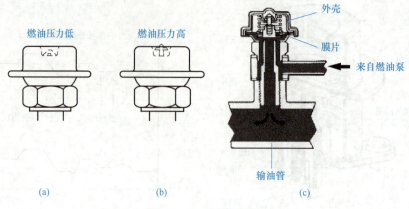

图 1-4-8 脉动阻尼器

脉动阻尼器的气室是密封的,相当于一个空气弹簧,而且全部输油量通过阻尼器流向油轨。当燃油压力升高时,气室容积变小而燃油容积扩大,使油压升高峰值减小,外壳会鼓起;反之,油压降低时,气室容积变大而燃油容积减小,又使油压降幅减小,外壳会凹陷。

3. 燃油滤清器

燃油滤清器为柱状,在 2 轮驱动车型上采用树脂制成,在 4 轮驱动车型上采用金属不锈钢冲压件制成。这两种类型都为燃油箱内装式。在过滤面积上,2 轮驱动车型等于或大于 1 000 cm^2,4 轮驱动车型为 500 cm^2。

燃油滤清器是串联在供油管路上的。其作用是在燃油进入燃油导轨之前将含在油中的水分、氧化铁和粉尘等杂物除去,防止燃油系统堵塞(特别是喷油器处),以确保发动机稳定运行,提高可靠性。

燃油滤清器为一次性使用零件,燃油滤清器阻塞会导致供油压力和供油不足,影响发动机的动力性。一般汽车每行驶 3 万~4 万 km 或每两个二级维护作业周期更换一次燃油滤清器,若使用的燃油含杂质较多,则应缩短更换周期。

4. 燃油管

汽车一般有供油管、回油管、燃油蒸气排放管 3 条燃油管。供油管的作用是将燃油从燃油箱输送到发动机;回油管的作用是使多余的燃油返回燃油箱;燃油蒸气排放管(仅某些车型有)的作用是将 HC 气体(挥发的燃油蒸气)从燃油箱内送至活性炭罐。

燃油管有钢质的硬管,也有尼龙软管,采用 HIPREX-D Ⅱ 型材料燃油软管无须定期更换。这 3 条燃油管通常装在车身地板下或车架下。为防止路面飞起的石子损坏管道,一般安装防护板。由于发动机的振动,在燃油管与其他部件的连接处要使用橡胶软管。

5. 燃油箱

燃油箱用于存储汽油,通常用防腐金属或聚乙烯制成。燃油箱一般安装在底盘后部靠近后桥的位置,发生交通事故时,车架纵梁和车身能够有效地保护燃油箱。燃油箱上部安装了加油口,用带阀门的盖子进行封闭,采用全密封式加油口盖的燃油箱系统拥有独立的压力阀和真空阀,可以保持和释放燃油箱内部的压力,防止燃油箱内产生的真空阻碍燃油的供应或使燃油箱产生变形。由于车辆行驶中产生的振荡有可能导致燃油外溢,所以在燃油箱内部装有隔板。燃油箱内部上表面一般安装燃油液位传感器,用来检测燃油液面的高度，当液面过低时，给予驾驶员警示信息。燃油箱内部下表面安装有辅助油箱，里面装有电动燃油泵，其泵出的燃油经进油管通过燃油滤清器进入燃油导轨。为了能够排除燃油箱内部的杂质，部分燃油箱底部还装有放油螺塞。

燃油箱都有一个或多个单向阀，通常安装在回油管、蒸发通用管或燃油箱盖上。单向阀可以使燃油在车辆侧翻或碰撞时不发生泄漏，以免引发更大的隐患。有些车辆除装有翻滚泄漏保护装置外，还装备了燃油泵自动停止装置，当车辆发生交通事故时，燃油泵会自动停止工作。另外，现代汽车燃油泵通常基于发动机转速信号或机油压力信号工作，如果发动机熄火，燃油泵就会停止运转。

国5与国6标准油箱对比如图1-4-9所示。

对比项	油箱材料	油箱总成
技术路线	应用多层材料，以减小渗透排放	新型油箱工艺及管路布置，以减小渗透排放，满足油气回收功能
国5	单层氟化材料 高密度聚乙烯 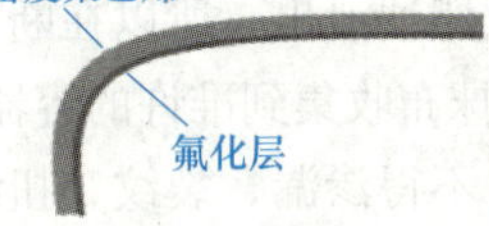 氟化层	油箱阀门及管路均外置 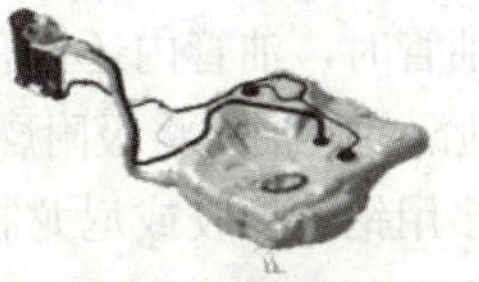
国6	多层材料 高密度聚乙烯 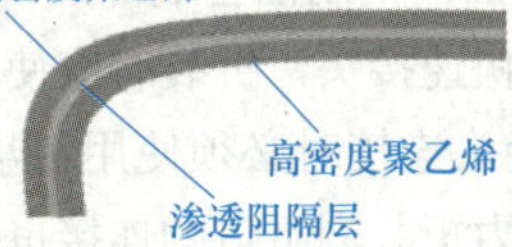 高密度聚乙烯 渗透阻隔层	方案1：两片式油箱工艺内置阀门和管路 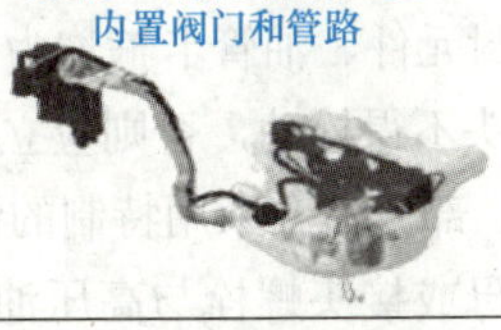 方案2：传统油箱工艺双料(PE+PA)低渗透阀门和接头

图1-4-9 国5与国6标准油箱对比

四、燃油压力异常的原因分析

1. 无燃油压力的原因

外部燃料系统泄漏，油管堵塞、扭结或受挤，燃油泵或燃油泵止回阀故障，燃油泵电路故障，导线锈蚀或松动。

2. 燃油压力过低的原因

外部燃料系统泄漏，油管堵塞、扭结或受挤，燃油压力调节器故障，燃油泵或燃油泵止回阀故障。

3. 燃油压力过高的原因

回油管堵塞、扭结或受挤，燃油压力调节器故障，真空泄漏（特别是在接头处），PCM或相关电路故障。

注意：至燃油压力调节器的真空软管泄漏会造成燃油轨压力上升。

4. 燃料系统泄漏类型

外部燃料系统泄漏，燃油轨泄漏，喷油器信号对地短路，喷油器泄漏，燃油压力调节器故障。

在维修燃油系统前，拆卸燃油箱盖并释放燃油系统压力，以防人员受伤。释放燃油系统压力后，在维修燃油管路、喷油泵或接头时，会溢出少量燃油。为了避免伤人，在断开连接前用抹布包住燃油系统部件，这样做可以吸附泄漏的燃油。当断开连接后，将抹布放入准许的容器内。

一、注意事项

（1）燃油供给系统中存有高压汽油，因此，任何涉及燃油管路拆卸的工作都应首先卸压并准备好消防设备，作业区应通风良好、断绝火源，作业时要仔细小心，避免泄漏的汽油引发火灾。

（2）在拆卸油管时，油管内还会有少量燃油泄出，所以在断开油管前，应用抹布将拆卸处罩住，吸附泄漏的燃油，将吸附燃油的抹布收集到准许的容器中。

（3）燃油管多用钢、橡胶或尼龙制造，不得渗漏、裂纹、扭结、变形、刮伤、软化或老化，否则应立即更换。

（4）所有密封元件、油管卡箍均为一次性零件，维修时应予以更换。

（5）油管接头不得松动，否则应立即紧固；钢制油管端部的喇叭口应密封良好无渗漏，否则应重新制作。部分轿车采用特制的油管快速接头，拆装时应使用专用工具。

（6）连接螺母或接头螺栓与高压油管接头连接时必须使用新垫片并涂上一薄层机油，先用手拧上接头螺栓，再用工具拧紧到规定力矩。喇叭口的连接也一样。

（7）安装喷油器时可先用汽油润滑其密封元件，以利于顺利安装，不可使用机油、齿轮油或制动油。喷油器安装后应可在其位置上转动，否则说明密封圈扭曲，应重新装配。

（8）不能通过燃油箱加油管放出油箱中的燃油，会损坏燃油箱加油管定位部件，正确方法是首先释放系统油压，卸下油箱，然后用手动泵油装置从燃油箱上的维修孔抽出燃油。不得将燃油放入开口容器，否则会导致失火或爆炸。

（9）燃油系统维修后，不能立即起动发动机运行，应仔细检查有无漏油处。可接通点火开关2 s，再关闭点火开关10 s，这样反复几次看有无漏油，还可夹住回油管，使系统油压上升，在这种状态下检查和观察燃油系统是否有漏油部位，确认无漏油部位后才能正式起动发动机。发动机起动后使发动机怠速运转，再仔细检查有无漏油部位，此后才能关上发动机罩正常运行。

二、燃油压力测试工作流程

（一）燃油供给系统压力的卸除

汽油喷射发动机为便于再次起动，在发动机熄火后，燃油供给系统内仍保持较高的残余压力。在拆卸燃油供给系统内的任何元件时，都必须首先释放燃油供给系统的压力，以免系统内压力油喷出，造成人身伤害或火灾。燃油供给系统压力卸除的方法如下：

（1）松开油箱上的加油盖，释放油箱中的蒸气压力。

（2）起动发动机，维持怠速运转，在运转中拔去燃油泵继电器或熔断丝，也可拔下燃油泵导线插头，直至发动机自行熄火。

（3）再次起动发动机3～5次，利用起动喷射卸除油管中的残余压力。

（4）关闭点火开关，装上油泵继电器，或熔断丝，或电动油泵导线插头。

（二）燃油供给系统压力的预置

在拆开燃油供给系统进行维修后，为避免首次起动发动机时因系统内无压力而导致起动时间过长，应预置燃油供给系统残余压力。燃油供给系统压力预置可通过反复打开和关闭点火开关来完成。

（三）燃油供给系统压力的检测

通过检测燃油供给系统压力，可诊断燃油供给系统是否有故障，进而根据检测结果确定故障性质和部位。检测时，需用专用油压表和管接头，检测方法如下：

拆下蓄电池负极搭铁线，安装汽车专用的燃油压力表。燃油压力表一般安装于汽油滤清器的出油口或燃油分配管的进油口处（图1-4-10），带测压口的车辆可将燃油压力表连接至测压口处，重新装复蓄电池负极搭铁线、电动燃油泵继电器和电动燃油泵导线插头。

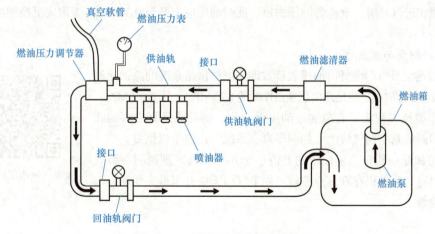

图1-4-10 燃油压力表的安装位置

1. 检测静态油压

拔下电动燃油泵继电器，用导线将电动燃油泵继电器的供电端子短接；打开点火开关（不起动发动机）使电动燃油泵运转，此时的燃油压力应符合技术要求，一般应在0.3 MPa左右摆动。

静态油压偏高多是由于回油管变形或燃油压力调节器损坏造成的。

静态油压偏低多是由于油泵进油滤网脏堵、电动燃油泵内部磨损、电动燃油泵限压阀损坏、汽油滤清器脏堵、燃油压力调节器调压弹簧过软或喷油器喷孔卡滞常喷油造成的。

2. 检测油泵最大供油压力

用包有软布的钳子将回油软管夹住，此时油压表读数即为油泵最大供油压力，其值应符合车型技术要求，一般为工作油压的 2～3 倍，即 0.5～0.75 MPa。

油泵最大供油压力偏高是由于油泵限压阀卡滞造成的，应更换电动燃油泵。

油泵最大供油压力偏低是由于燃油滤清器堵塞、油泵进油滤网脏堵、电动燃油泵内部磨损、油泵限压阀关闭不严或调压弹簧过软造成的。

3. 检测燃油供给系统保持压力

松开油管夹钳，恢复静态油压，取下油泵继电器跨接线使油泵停止运转，并等待 30 min，此时油压表读数即为燃油供给系统保持压力，应符合车型技术规定。

保持压力过低是由于电动燃油泵止回阀关闭不严、油压调节器回油口关闭不严或喷油器滴漏造成的。

保持压力检测完毕后再次复查静态压力，如果静态压力仍然偏低应更换油压调节器。

4. 检测怠速工作压力

发动机怠速运转时油压表读数即为燃油供给系统的怠速工作压力，一般为 0.25 MPa 或符合车型技术规定。怠速工作油压偏高多是由于燃油压力调节器真空管错装、漏装或漏气造成的。此时，应先检视真空管安装是否正确、是否存在漏气部位，必要时予以更换。

5. 燃油压力调节器测试

检测怠速工作压力时，拔下燃油压力调节器上与进气歧管连接的软管，用一个合适的橡胶帽堵住进气歧管，观察燃油压力值，此时油压应上升至 0.3 MPa，否则应更换燃油压力调节器。

6. 检测急加速压力

急加速至节气门全开时油压表读数即为燃油供给系统的急加速油压，一般急加速时油压应迅速由怠速工作时的 0.25 MPa 上升至 0.3 MPa，或符合车型技术规定。若急加速油压无变化，则可能是真空管插在了有单向阀的真空储气罐上（如刹车真空系统），应予以恢复。

微课：燃油压力检测

若急加速油压与怠速油压的差值小于 0.05 MPa，则说明在节气门全开时进气系统仍存在真空节流（如节气门无法开至最大角度），应予以检修。

国 6 比国 5 的标准提升了一倍，这就造成很多零部件的结构与材料发生了变化，如燃油箱和燃油蒸发系统的变化，同学们应该在我国的薄弱环节，如材料的开发上努力，将我国建设成制造强国。

任务工作单 1.4　燃油压力检测

单元名称	电控燃油喷射系统故障检修	学时	4	班级	
学生姓名		学生学号		任务成绩	
实训设备	景程 2.0 发动机、通用专业燃油压力检测仪、油压表、万用表、故障诊断仪、示波器	实训场地	发动机电控实训室	日期	
实训任务	对燃油系统压力进行测试，判断燃油压力是否正常				
任务目的	能按正确的操作步骤进行燃油压力测试，判断结论，并分析原因。能够通过燃油压力测试检查燃油泵和燃油压力调节器的工作情况				

一、资讯

1. 燃油供给系统有几种形式？分别是什么？
_____。
2. 带回油式燃油供给系统的燃油压力是多少？_____。
不带回油式燃油供给系统的燃油压力是多少？_____。
3. 电子式无回油供油系统的组成都有哪些？
_____。
4. 脉动阻尼器的作用是_____。
5. 燃油滤清器的作用是_____。
6. 燃油箱上一般有 3 根油管，分别是_____、_____和_____。
7. 燃油压力调节器的作用是_____
有回油式供油系统的燃油压力调节器安装在_____，无回油式的燃油压力调节器安装在_____。
8. 在拆卸燃油系统内任何元件时，都必须先_____。方法是_____。
9. 检测燃油供给系统压力时，燃油压力表一般安装_____。
10. 为什么需要在燃油压力与进气歧管真空之间保持恒定的压力差？
_____
_____
11. 在下面绘制出燃油压力调节器的结构简图和带回油管路的燃油供给系统的组成示意图，并分析其工作过程。

燃油压力调节器的结构简图	带回油管路的燃油供给系统压力测试结构示意图
工作过程分析	工作过程分析

续表

二、决策与计划

请根据故障现象和任务要求,确定所需要的检测仪器、工具,并对小组成员进行合理分工,制订详细的诊断和修复计划。

1. 需要的检测仪器、工具:_____。
2. 小组成员分工:_____。
3. 诊断和修复计划:_____。

三、实施

1. 保险丝的额定值是多少?_____A。
2. 在你工作的车辆上燃油泵保险丝在什么位置?_____。
3. 起动发动机有燃油泄漏吗?是/否_____。
4. 油泵继电器检测:拔下油泵继电器,测量继电器线圈的阻值,测量值为_____。
5. 卸压:起动发动机,拔下油泵保险或继电器,过一会发动机_____。然后反复起动发动机几次,使残余油压消除。
6. 安装油压表:进行系统测量时,油压表应安装在下图中的什么位置?还可以安装在什么位置?有什么不同?
_____。

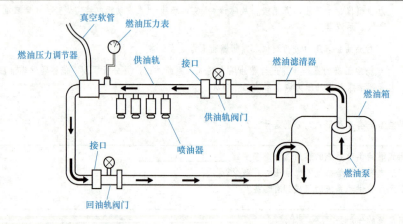

7. 燃油系统油压检测:

静态油压检测	油泵最大供油压力检测	怠速油压检测	加速油压检测	保持油压检测
检测方法: 拔下电动燃油泵继电器,用导线将电动燃油泵继电器供电端子短接;打开点火开关(不起动发动机)使电动燃油泵运转。此时的燃油压力应符合技术要求,一般应在0.3 MPa左右摆动	检测方法: 用包有软布的钳子将回油软管夹住,此时油压表读数即为油泵最大供油压力,其值应符合车型技术要求,一般为工作油压的2~3倍(0.50~0.75 MPa)	检测方法: 发动机怠速运转时油压表读数即为燃油供给系统的怠速工作压力,一般为0.25 MPa或符合车型技术规定	检测方法: 急加速至节气门全开时油压表读数即为燃油供给系统的急加速油压,一般急加速时油压应迅速由怠速工作时的0.25 MPa上升至0.3 MPa,或符合车型技术规定	检测方法: 发动机熄火后,等待30 min,此时油压为保持油压
油压值:				
结论:(油压正常吗?故障原因是什么?)				

续表

8. 燃油压力调节器测试：拔下燃油压力调节器上与进气歧管连接的软管，用一合适的橡胶帽堵住进气歧管，观察燃油压力值_____，判断油压调节器工作是否正常。

9. 将点火开关置于"ON"位置，燃油泵应该工作_____s。

10. 为什么需要在燃油压力与进气歧管真空之间保持恒定的压力差？
_____
_____
_____。

四、检查
故障排除后，进行以下检查。
1. 起动发动机，检查起动情况：_____。
2. 检查怠速情况：_____。
3. 检查加速情况：_____。

五、评估
1. 请根据自己任务完成的情况，对自己的工作进行自我评估，并提出改进意见。
_____。
2. 教师对学生工作情况进行评估，并进行点评。
_____。
3. 学生本次任务成绩：_____。

任务五　燃油泵故障检修

◆ 知识目标
1. 掌握燃油泵的作用、结构、原理、特性；
2. 掌握燃油泵的控制电路。

◆ 能力目标
1. 能正确识读与分析燃油泵电路；
2. 能正确选择检测和诊断设备（如万用表、故障诊断仪等）对燃油泵引起的故障进行诊断；
3. 能正确记录、分析各种检测结果并做出故障判断。

◆ 素质目标
1. 培养快速准确收集信息与查询资料的能力；
2. 养成善于沟通、合作、服从集体的良好习惯；
3. 具备5S管理意识。

任务描述

对一台景程 2.0 发动机的燃油压力做检测，燃油压力不足，油管与油路无漏油现象，故对其燃油泵进行检修，判断是否因为燃油泵故障而造成燃油压力不足。

相关知识

油箱里的燃油泵不是单独工作的，它与油位传感器等组成了燃油泵组件。以别克君威 2.4 发动机的燃油泵为例，如图 1-5-1 所示，一般燃油泵组件由燃油泵、燃油油位传感器、燃油箱压力（FTP）传感器组成。

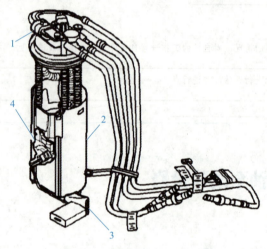

图 1-5-1　燃油泵组件的组成

1—燃油箱压力（FTP）传感器；2—燃油泵和传感器总成；
3—燃油泵滤网；4—燃油油位传感器

一、电动燃油泵组件的结构与工作原理

1. 电动燃油泵

（1）电动燃油泵的作用。电动燃油泵是电控燃油喷射发动机的基本部件之一。它一般由小型直流电动机驱动，其作用是将燃油从燃油箱中吸出，加压后输送到管路中，和燃油压力调节器配合建立合适的系统压力。

（2）电动燃油泵的结构与工作原理。电动燃油泵按安装形式可分为油箱外置型和油箱内置型两种。

无论是油箱内置型还是油箱外置型电动燃油泵，其结构基本是相同的，都是由泵体、电动机和外壳等部分组成的，如图 1-5-2 所示。电动机通电即带动泵体旋转，将燃油从进油口吸入，流经电动燃油泵内部，再从出油口压出，给燃油系统供油。燃油流经电动燃油泵内部，对电动机的电枢起到冷却作用。电动燃油泵的电动机部分包括固定在

外壳上的永久磁铁和产生电磁力矩的电枢及安装在外壳上的电刷装置等组成了一个不可拆卸的总成。

燃油进入燃油泵前要先经过燃油滤网,过滤燃油中的杂质。燃油滤网最好定期清洗,若滤网太脏就会使燃油系统压力降低,喷油器喷油量不足,导致汽车高速行驶或急加速时动力不足、加速困难。此外,如果燃油在滤网处堵塞,说明油箱中的沉积物或水分过多,最好拆下整个油箱进行彻底的清洗。

燃油泵的附加功能由安全阀和单向阀完成。

①安全阀可以避免燃油管路出现阻塞时压力过高而造成油管破裂或燃油泵损坏。

②单向阀的设置是为了发动机熄火后密封油路,使燃油管路中保持一定的压力,以便发动机下次起动(特别是热起动)更加容易。

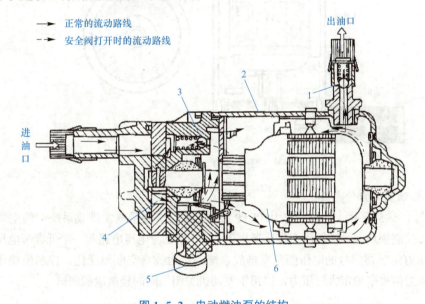

图 1-5-2　电动燃油泵的结构

1—单向阀；2—外壳；3—安全阀；4—泵体；
5—电连接器；6—永磁电动机

(3) 涡轮泵。现代汽油机燃油泵多采用涡轮泵(图 1-5-3)。泵的燃油输送和压力升高完全是由液体分子之间动量转换实现的。涡轮泵的特点是结构简单,燃油输出脉动小。当涡轮与电动机一起转动时,由于转子的外圆有很多齿槽,在其前后利用摩擦而产生压力差,重复运转则泵内产生涡流而使压力上升,由泵室输出。这种泵由于使用薄型叶轮,所以所需扭矩较小,可靠性高。此外,由于不需消声器所以可小型化,因此,这种燃油泵被广泛应用于轿车上。

2. 燃油油位传感器

如图 1-5-4 所示,燃油油位传感器由一个浮子、钢丝浮子臂和陶瓷电阻板组成。浮子臂的位置指示燃油液面。燃油油位传感器包含一个可变电阻器,该电阻器的阻值随浮子臂的位置而改变。发动机控制模块通过车载网络总线技术(GMLAN)串行数据电路将燃油液面信息发送至车身控制模块。车身控制模块将 GMLAN 信息发送至仪表板组合仪表。此信息供仪表板组合仪表中的燃油表和燃油液面过低警告灯在必要时使用。控制模块还通过监测燃油液面输入信号进行各种诊断。

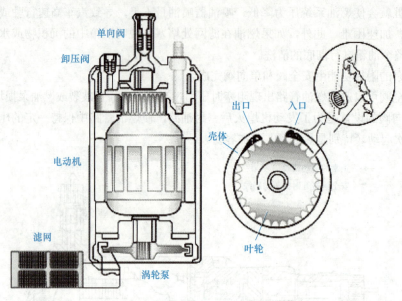

图 1-5-3 涡轮泵

3. 燃油箱压力传感器

如图 1-5-5 所示,燃油箱压力(FTP)传感器用于测量蒸发排放系统中的空气压力或真空度。控制模块向燃油箱压力传感器提供一个 5 V 参考电压电路和一个低参考电压电路。燃油箱压力传感器信号的电压随蒸发排放系统的压力或真空度而变化。控制模块还利用该燃油箱压力信号来确定大气压力,以用于发动机关闭期间的轻微泄漏测试。

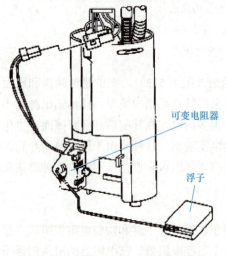

图 1-5-4 油位传感器

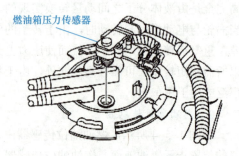

图 1-5-5 燃油箱压力传感器

二、电动燃油泵的控制

ECU 在点火开关开启后激活燃油泵 1～2 s，以提高发动机起动性能。ECU 从凸轮轴位置传感器接收到一个发动机转速信号获知发动机正在运转，并导致油泵工作。如果在点火开关开着的时候没有接收到发动机转速信号，则发动机停转。ECU 会停止油泵的运行，并防止电池放电，因而提高了安全性。ECU 没有直接驱动燃油泵，它控制燃油泵继电器的开/关，燃油泵继电器控制燃油泵的运行。

（一）电动燃油泵动作的控制

电动燃油泵只有在发动机起动和运转时才工作。在打开点火开关时，为建立系统油压，电动燃油泵往往会运行一段时间，以便发动机能顺利起动。而在其他情况下，即使点火开关接通，只要发动机没有转动，电动燃油泵就不工作。电动燃油泵工作的控制，通常是指对燃油泵继电器的控制。继电器触点闭合，电动燃油泵通电工作；继电器触点断开，电动燃油泵停止工作。电动燃油泵的动作一般是由发动机控制模块控制的。别克君威 2.4 发动机燃油泵的工作电路如图 1-5-6 所示。

当点火开关接通时，控制模块起动燃油泵继电器。除非控制模块检测到点火参考脉冲，否则 2 s 内控制模块将断开燃油泵继电器。只要能检测到点火参考脉冲，控制模块将使燃油泵继电器继续保持在起动状态。如果点火参考脉冲消失而点火开关仍然接通，控制模块将在 2 s 内断开燃油泵继电器。

这种控制方式提高了别克汽车在特殊情况下的安全性。就搭铁控制方式而言，一旦车辆发生事故，如果燃油泵继电器线圈的搭铁回路有与车体短路之处，燃油泵就会不受控制地泵油，从而增加了失火的危险性。别克汽车燃油泵所采用的供电控制，事故中只要发动机停止工作，或动力系统控制模块因事故断电或关闭点火，则无论燃油泵继电器的电路是否有短路性故障，燃油泵都不会工作。

（二）电动燃油泵转速的控制

燃油泵在发动机低速或中、小负荷下工作时，需要的供油量相对较小，此时燃油泵也应低速运转，这样可减少油泵的磨损、噪声及不必要的电能消耗；而在发动机高转速或大负荷下工作时，需要供油量也相对较大，此时油泵应高速运转，以增加油泵的泵油量。一般油泵转速控制分低速和高速两级。

一般采用的转速控制方式有以下两种：利用串联电阻器控制燃油泵的转速；利用燃油泵控制模块（FPCM）控制油泵的转速。

1. 串联电阻式燃油泵速度控制

发动机低速，中、小负荷工作时：发动机 ECU 中的晶体管 VT2 导通，燃油泵继电器线圈通电，使触点 A 闭合，如图 1-5-7（a）所示。由于将电阻串联到燃油泵电路，所以，燃油泵两端电压低于蓄电池电压，燃油泵低速运转。

发动机高速、大负荷工作时：发动机 ECU 中的晶体管截止 VT2，燃油泵继电器触点 B 闭合，直接给燃油泵输送蓄电池电压，燃油泵高速运转，如图 1-5-7（b）所示。

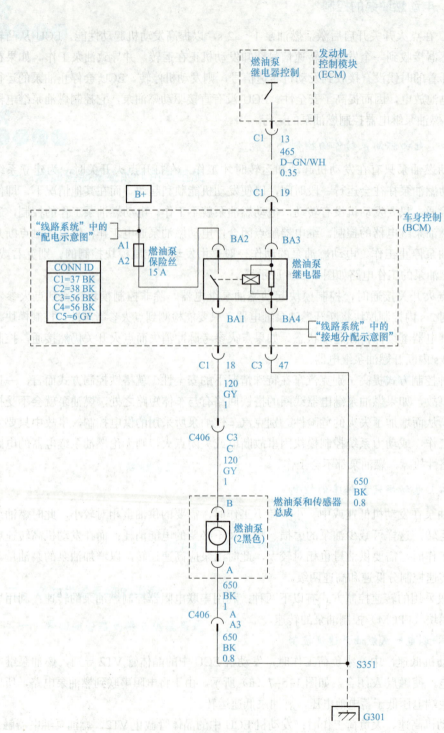

图 1-5-6 别克君威 2.4 燃油泵动作控制电路

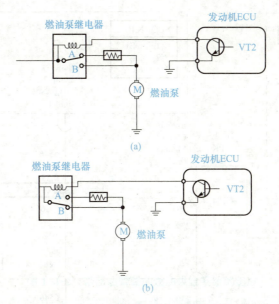

图 1-5-7 燃油泵的速度控制过程
（a）低速控制；（b）高速控制

2. 燃油泵控制模块式燃油泵速度控制

燃油泵控制模块安装在汽车底盘，燃油箱附近，如图 1-5-8 所示。图 1-5-9 所示为凯迪拉克 5.7 的燃油泵控制电路，当发动机在起动阶段或高转速、大负荷下工作时，ECU 向燃油泵控制模块（FPCM）的 C（油泵控制）端子输入一个约 100% 的高占空比信号，此时，燃油泵控制模块的 B 端子向油泵电机供应最大的电压（相当于蓄电池电压），使燃油泵高速运转。发动机起动后，在怠速或小负荷下工作时，发动机控制模块向燃油泵控制模块的 C 端输入较低的占空比信号，此时，燃油泵控制模块的 B 端子向油泵电机供应低于蓄电池的电压（约 9.5 V），使燃油泵低速运转。在发动机中等负荷工作时，发动机控制模块向燃油泵控制模块的 C 端输入一个较适合的占空比信号，此时，燃油泵控制模块的 B 端子向油泵电机供应低于蓄电池的电压，高于 9 V 的电压，使燃油泵在适合的速度运转。

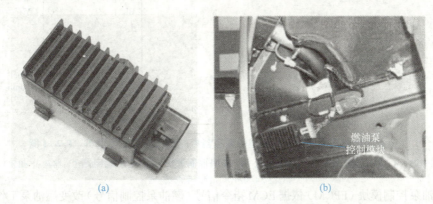

图 1-5-8 燃油泵控制模块的安装位置
（a）燃油泵控制模块；（b）燃油泵控制模块安装位置

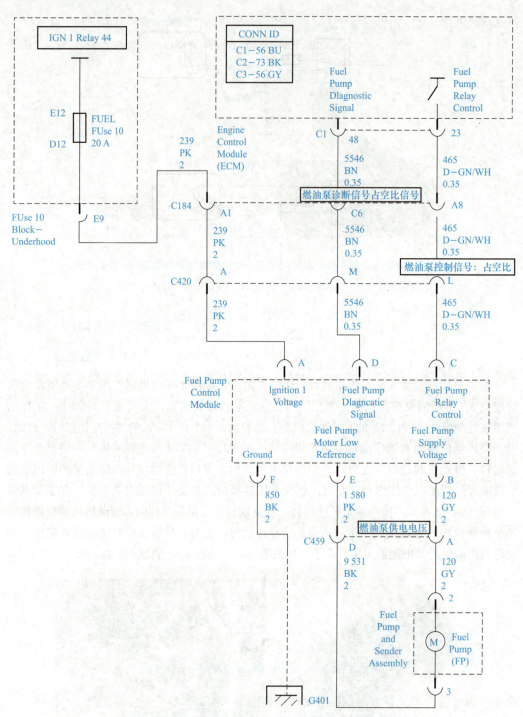

图 1-5-9　凯迪拉克 5.7 模块控制燃油泵转速控制电路

燃油泵控制模块（FPCM）依据 ECM 指令信号（燃油泵控制信号）改变燃油泵工作电压。该指令信号为 128 Hz 的 PWM（脉冲宽度调制占空比）信号，根据燃油系统需求，其占空比信号在 10%～100% 变化。占空比信号对应的油泵电压见表 1-5-1。

表 1-5-1 占空比信号对应的油泵电压

占空比信号 /%	100	92	85	78	67
油泵电压（蓄电池电压）/V	14.1	13	12.4	11.5	9.5

当点火开关第一次打开到"ON"时，FPCM 给泵施加 500 ms 时间的最大电压。一旦发动机起动，在怠速时 FPCM 提供大约 9.5 V 的电压，当燃油量需求大时，此电压可增加到系统电压。

FPCM 通过"燃油泵诊断信号"电路与 ECM 通信，这也是 128 Hz 的 PWM 信号，以占空比为 10% 的高信号来报告燃油泵系统电路错误故障，占空比为 90% 的低信号表示系统正常。例如，占空比信号为 89.3%（约为 90%）表示系统正常，不同的占空比代表不同的故障码（DTC）。油泵诊断占空比信号对应的故障说明见表 1-5-2。

表 1-5-2 油泵诊断占空比信号对应的故障说明

DTC	说明	故障位置	占空比 /%	故障说明
P0231	燃油泵控制电路低电压	FPSCM 与燃油泵间的电路	50	燃油泵开路
P0232	燃油泵控制电路高电压	FPSCM 与燃油泵间的电路	60	燃油泵短路
P0628	燃油泵速度控制电路低电压	ECM 与 FPSCM 之间，提供的 PWM 的信号	80	ECM 输入开路或短路（或处在诊断模式）
P0629	燃油泵速度控制电路高电压		80	ECM 输入开路或短路（或处在诊断模式）
P1251	燃油泵速度控制模块性能	ECM 与 FPSCM 之间，提供的 PWM 的信号	10	FPSC 泵输出驱动故障
			40	FPSC 内部故障（待定）
P1252	燃油泵速度控制模块内部电路		20	FPSC 泵输出故障（ECM 默认为 90% 输出）
			30	FPSC RFI 滤芯故障
P1253	燃油泵速度控制反馈电路低电压	FPSCM 与 ECM 之间的诊断电路	100	未用—假设故障
P1254	燃油泵速度控制反馈电路高电压	FPSCM 与 ECM 之间的诊断电路	0	未用—假设故障
P0627	燃油泵速度输出电路		70	ECM 未知输出

燃油泵控制模块（FPCM）可根据系统需要改变燃油泵转速，其益处如下：
（1）减少燃油泵运转噪声；
（2）节省能源；
（3）延长燃油泵寿命；
（4）有自诊断功能。

一、电动燃油泵的检修

1. 电动燃油泵电阻的检测

测量电动燃油泵电源端子和搭铁端子间的电阻，即为电动燃油泵直流电动机线圈的电阻，其阻值应为 0.2～3 Ω，否则应更换电动燃油泵。

2. 电动燃油泵工作状态检查

将电动燃油泵与蓄电池相连（正、负极不得反接），并使电动燃油泵尽量远离蓄电池，每次通电时间不得超过 10 s（时间过长会烧坏电动燃油泵电动机的线圈）。如果电动燃油泵不转动，则应予以更换。

3. 电动燃油泵供油量的检查

按安全操作规程拆除燃油分配管上的进油管，将拆开的进油管放入一个大号量杯，用跨接线将电动燃油泵与蓄电池相连，此时电动燃油泵工作，泵送出高压汽油。

记录电动燃油泵工作时间和供油体积，供油量应符合车型技术要求。一般经汽油滤清器过滤后的供油量为 0.6～1 L/（30 s）。

检测电动燃油泵供油量时，应充分认识此项操作的危险性，操作现场应通风良好、断绝火源并准备好灭火器材。

4. 电动燃油泵进油滤网的维护

电动燃油泵在进油口处设有一个进油滤网，用来过滤汽油中直径较大的杂质和胶质，保护油泵电动机。杂质和胶质较多时会影响电动燃油泵的泵油量，严重时会导致电动燃油泵无法吸油，此时需清洗电动燃油泵滤网和燃油箱。电动燃油泵滤网破损后应更换电动燃油泵总成。

二、电动燃油泵的控制电路检修

不同车系电动燃油泵控制电路各有差异，因此检查的方法、步骤各不相同，但检查的基本方法和思路相同。下面以别克景程 2.0 为例对燃油泵控制电路的检测过程加以说明。

1. 参考信息

电动燃油泵控制电路示意图参照景程 2.0 发动机，如图 1-5-10 所示。

2. 检测过程

（1）在点火开关接通，发动机不运转的情况下，使用故障诊断仪输出控制功能指令燃油泵继电器接通和断开若干次。应听到或感觉到继电器"咔嗒"声，电动燃油泵应随每个指令接通和断开。如果燃油泵持续运转，则测试继电器是否有故障、电动燃油泵的电源电压电路是否对电压短路。

（2）关闭点火开关，从发动机舱内电气中心拆下燃油泵继电器。

（3）接通点火开关、关闭发动机，将测试灯可靠接地，探测燃油泵继电器的控制电路。使用故障诊断仪指令先接通后断开燃油泵继电器。测试灯应随每个指令启亮或熄灭。

如果测试灯没有启亮和熄灭，则测试燃油泵继电器控制电路是否开路、电阻过高或对地短路，发动机控制模块是否有间歇性故障或接触不良，或者发动机控制模块本身有故障。

如果对于每个指令测试灯都一直亮着,则测试燃油泵继电器中的控制电路是否对电压短路,发动机控制模块是否有间歇性故障或接触不良,或者发动机控制模块本身有故障。

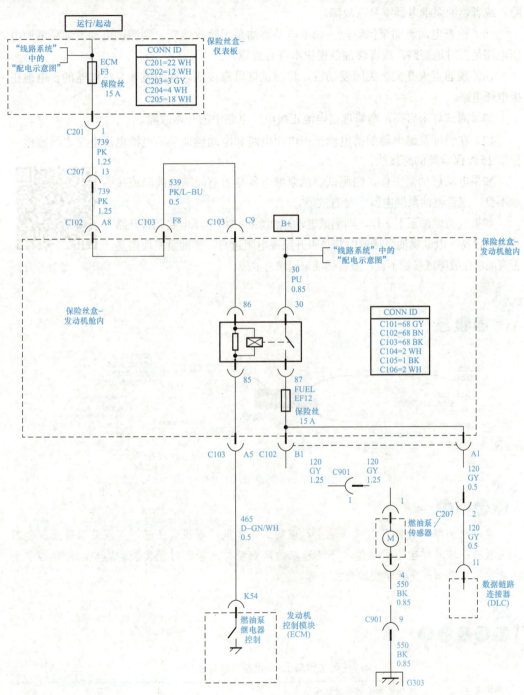

图 1-5-10　景程 2.0 发动机燃油泵控制电路

(4)将测试灯连接在燃油泵继电器的控制电路和接地电路之间。使用故障诊断仪指令先接通,然后断开燃油泵继电器。

如果测试灯没有启亮和熄灭，则修理电动燃油泵接地电路的开路或电阻过高故障。

如果测试灯的确启亮和熄灭，则测试燃油泵继电器是否有间歇性故障和接触不良故障，或者燃油泵继电器本身有故障。

（5）检查电动燃油泵保险丝。如果电动燃油泵保险丝熔断，则测试电动燃油泵电源电压电路是否对地短路，或者燃油泵模块本身有故障。

（6）接通点火开关、关闭发动机，将测试灯可靠接地，探测燃油泵继电器的蓄电池正极电压电路。

如果测试灯未启亮，则修理蓄电池正极电压电路中的开路故障。

（7）在燃油泵继电器的蓄电池正极电压电路和电动燃油泵的电源电压电路之间连接一根带 15 A 保险丝的跨接线。

如果电动燃油泵工作，则测试燃油泵继电器是否有间歇性故障或接触不良，或者燃油泵继电器本身有故障。

如果电动燃油泵不工作，则测试电动燃油泵的供电电压电路是否开路或电阻过高，电动燃油泵接地电路是否开路或电阻过高，燃油泵模块盖是否有间歇性故障或接触不良，或者燃油泵模块有故障。

微课：燃油泵检修

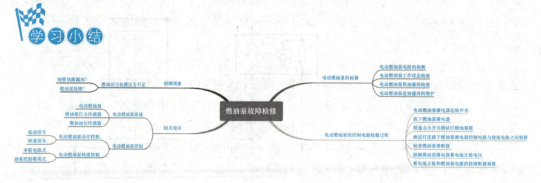

电动燃油泵的检修可以培养学生严谨的工作作风，增强责任感，实现爱岗敬业和爱国主义教育；培养学生追求卓越、不断进取的职业精神，紧跟时代发展的脚步，传递给学生终身学习的理念，提升学生的专业素养。

任务工作单 1.5　燃油泵故障检修

单元名称	电控燃油喷射系统故障检修	学时	4	班级	
学生姓名		学生学号		任务成绩	
实训设备	景程 2.0 发动机、万用表、TECH Ⅱ故障诊断仪、带保险的测试灯	实训场地	发动机电控实训室	日期	

续表

工作任务	对别克景程 2.0 发动机燃油泵进行零件与电路检测
任务目的	掌握燃油泵的工作原理，能通过提供的信息对燃油泵部件本身及其电路进行检修

一、资讯
1. 电动燃油泵有 3 种结构形式，分别是_____、_____和_____。
2. 电动燃油泵转速控制方式有 2 种，分别是_____和_____。
3. 燃油箱上一般有 3 根油管，分别是_____、_____和_____。
4. 观察景程或 AJR 发动机电动燃油泵的控制电路，并分析其工作过程。
简述燃油泵的工作过程：
_____

二、决策与计划
请根据故障现象和任务要求，确定所需要的检测仪器和工具，并对小组成员进行合理分工，制定详细的诊断和修复计划。
1. 需要的检测仪器、工具：_____。
2. 小组成员分工：_____。
3. 诊断和修复计划：_____。

三、实施
（一）燃油泵动作检测
1. 发动机熄火，拔下燃油泵上的插头，测量插座上端子"3"与"6"之间的电阻，阻值为_____，标准值是_____，结论为_____。
2. 观察燃油泵滤网的堵塞情况，进行燃油泵动作试验，用蓄电池与燃油泵端子正确对接，观察燃油泵的动作情况。
（二）油泵电路检测
1. 燃油泵电压检测：拔下燃油箱上油泵插头，起动发动机，测量插头上"3"与搭铁之间电压，实际测量值为_____。若电压不正常，应进一步检查_____和_____。测量"6"与搭铁之间电压，实测值为_____，标准值应为_____。
2. 燃油泵保险检测：拔下控制盒中燃油泵的保险，用万用表检测保险的阻值，测量值为_____。
3. 燃油泵继电器检测：拔下燃油泵继电器，测量继电器线圈的阻值，测量值为_____。
4. 燃油液位传感器检测：拔下传感器插头，点火开关置于"ON"，测量插头上"1"和搭铁之间的电压，测量值为_____。插上传感器插头，点火开关置于"ON"，用探针测量插头上"4"和搭铁之间的电压，测量值为_____。
5. 拔下燃油继电器，用万用表电压挡测量保险丝盒里的 C103 上的"C9"端子电压，测量值为_____。用试灯测量"A5"端与搭铁之间的通断情况，结果为_____。
结论：_____。

四、检查
故障排除后，进行以下检查。
1. 起动发动机，检查起动情况：_____。
2. 检查怠速情况：_____。
3. 检查加速情况：_____。

五、评估
1. 请根据自己任务完成的情况，对自己的工作进行自我评估，并提出改进意见。
_____
2. 教师对学生工作情况进行评估，并进行点评。
_____
3. 学生本次任务成绩：_____。

任务六 喷油器故障检修

◆知识目标

1. 掌握喷油器的作用、结构、原理、特性；
2. 正确识读喷油器电路图。

◆能力目标

1. 能使用万用表、故障诊断仪、试灯、示波器等对喷油器控制电路进行检测；
2. 能按照正确操作规范进行喷油器的更换；
3. 能按照工作计划自主检修喷油器引起的故障；
4. 能根据环保要求，正确处理对环境和人体有害的辅料、废气液体和损坏零部件。

◆素质目标

1. 培养快速准确收集信息与查询资料的能力；
2. 养成善于沟通、合作、服从集体的良好习惯；
3. 具备 5S 管理和环保意识。

一台景程 2.0 发动机由于缺缸造成发动机抖动，排除点火系统故障，对其喷油器进行检修，判断是否因为燃油器故障而造成缺缸现象。

电磁喷油器简称喷油器，俗称喷嘴，是电喷发动机喷射系统执行机构中的一个关键部件，其功用是根据发动机 ECU 发出的喷油脉冲信号，将计量精确的燃油喷入节气门附件的进气歧管。

一、喷油器的结构

喷油器主要包括进油管接头、电接头、电磁线圈、衔铁、针阀等，结构如图 1-6-1 所示。若因进气歧管的几何尺寸难以布置，该喷油器的喷射点可向前推进 20 mm 以获得最佳位置。

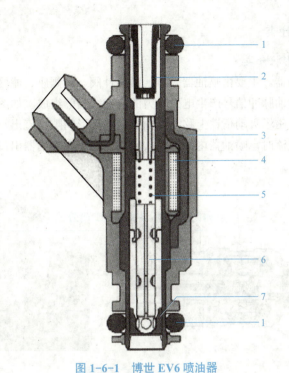

图 1-6-1 博世 EV6 喷油器

1—O 形圈；2—滤网；3—有电接头的壳体；4—电磁线圈；5—回位弹簧；
6—有电磁衔铁的针阀；7—带孔板的阀座

喷油器因利用进气歧管和周围大气的压力差提高空燃混合气的混合程度，从而装有空气导套。喷油嘴空气流经喷孔板周围的空气导套。空气被加速到很高的速度流经狭窄的通道，强化了空燃混合气中燃油的雾化，如图 1-6-2 所示。

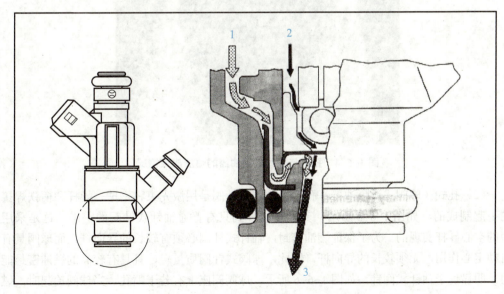

图 1-6-2 辅助空气导套的 EV6 型喷油器

1—空气；2—燃油；3—空燃混合气

二、喷油器的分类

1. 按喷油口的形状分类

（1）轴针式喷油器。主要由喷油器壳体、喷油针阀、针阀座、滤网、套在针阀上的衔铁、电插头及根据喷油脉冲信号产生电磁吸力的电磁线圈等组成。如图1-6-3所示，当电磁线圈通电时，产生磁场吸动衔铁上移，燃油从精密环形间隙中流出，油束如图1-6-4所示。当电磁线圈无电流时，喷油器内的针阀被回位弹簧压在喷油器出口处的密封锥形阀座上，防止燃油的泄漏。

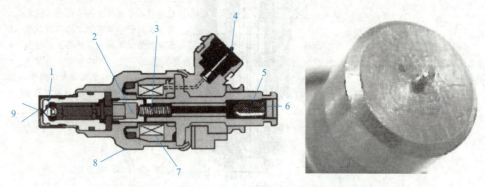

图1-6-3　轴针式喷油器

1—喷油针阀；2—衔铁；3—回位弹簧；4—电接头；5—滤网；
6—进油口；7—电磁线圈；8—壳体；9—喷油

图1-6-4　孔式与轴针式喷油器的喷油油束情况

（2）孔式（球阀式）喷油器。孔式喷油器的针阀是用激光束将钢球、导杆和衔铁焊接在一起制成的，如图1-6-5所示，其质量减轻到只有普通轴针式针阀的一半，这是采用短的空心导杆实现的。为了保证燃油密封，轴针式针阀必须有较长的导向杆，而球阀具有自动定心作用，无须较长的导向杆，因此，球阀式针阀质量轻，且具有较高的燃油密封能力，明显优于轴针式阀针，如图1-6-6所示。球阀阀座上有若干喷孔，当球阀抬起时，燃油从喷孔中呈雾状喷出，如图1-6-4所示。

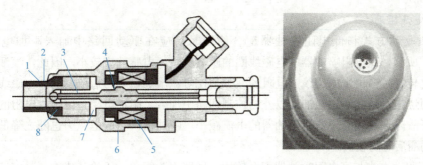

图 1-6-5 孔式喷油器

1—喷孔；2—阀座；3—阀针；4—衔铁；5—电磁线圈；
6—喷油器壳体；7—挡块；8—护套

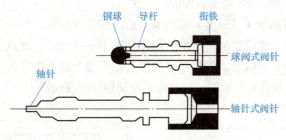

图 1-6-6 轴针式与球阀式阀针的比较

2. 按喷油器电磁线圈阻值大小分类

喷油器按阻值的大小，可分为高阻型（13～18 Ω）和低阻型（1～3 Ω）两种喷油器。

三、喷油器的工作原理

喷油器由电磁线圈控制，而电磁线圈电流的通断是由 ECU 控制的。ECU 根据传感器反馈的信号进行处理，发送电信号到喷油器，该电信号确定了喷油器开启和喷射汽油的时间，这个时间的间隔称为喷油器的"脉冲宽度"，喷油器吸动及下降时间为 1～1.5 ms。喷油器电磁线圈通电后产生磁场，在磁场作用下柱塞克服弹簧力而被吸起，带着阀体离开阀座，汽油则在压力下从喷嘴口喷出；当电磁线圈断电时，磁场消失，柱塞在弹簧力作用下下移，阀体顶着阀座封闭了喷嘴口，使汽油被密封。为了保证喷油的精确度，针阀与阀座都要求有很高的加工精度，而且阀体的升程微小，只有 0.1 mm 左右。由于有压力调节器作用，喷油器前方是油路的高压力，后方是进气歧管的低压力，压力差形成了负压力，保证燃油形成雾状喷射到进气门附近。

四、喷油器的控制电路

喷油器的驱动方式可分为电压驱动和电流驱动两种方式。

电流驱动方式只适用于低阻值喷油器，一般应用在单点喷射（节气门体喷射）系统。电压驱动方式对高阻值和低阻值喷油器均可使用，一般应用于多点喷射系统。

1. 电压驱动

电压驱动方式与低电阻喷油器配合使用时，应在驱动回路中加入附加电阻，如图 1-6-7 所示。低电阻喷油器中电磁线圈的匝数较少，电感效应较小，因此，喷油器的响应特性比较好。但由于电磁线圈电阻的减少会使电流增加，容易造成喷油器电磁线圈因温度过高而烧损，因此，在喷油器以外的控制回路中加入了附加电阻。但附加电阻的加入不但增加了故障点，还会使流过喷油器的电流减小，喷油器产生的电磁力也随之降低，喷油器开启的滞后时间较长。

电压驱动方式与高电阻喷油器配合使用，回路更为简单，无论从成本还是安装方面考虑都更加有利。在发动机工作中，当发动机控制模块（ECU）根据传感器信号确认喷油时，便会向喷油器的电磁线圈提供搭铁信号，接通喷油器电磁线圈的驱动电路。发动机控制模块每输出一次喷油脉冲信号，喷油器便喷油一次。

由于在发动机控制模块（ECU）切断喷油器的搭铁回路时，喷油器电磁线圈两端会产生很高的感应电动势，使喷油波形产生尖峰，如图 1-6-8 所示。此反向电压与电源电压一起加在发动机控制模块（ECU）的功率三极管上，可能会将其击穿而损坏。因此，通常在喷油器的驱动回路中设有消弧回路，用来保护发动机控制模块。

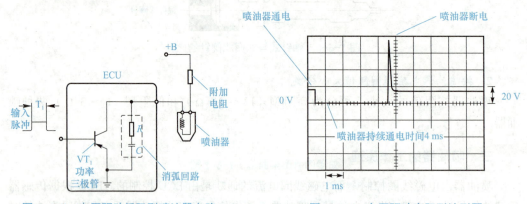

图 1-6-7 电压驱动低阻型喷油器电路　　图 1-6-8 电压驱动高阻形波形图

2. 电流驱动

电流驱动型喷油器的控制回路中没有附加电阻，低电阻喷油器直接与蓄电池连接，因而回路阻抗小，当发动机控制模块（ECU）向喷油器提供搭铁信号后，喷油器电磁线圈内的电流很快上升，针阀便会快速打开，如图 1-6-9 所示。如果喷油器长时间大电流通电，就有可能烧损喷油器的电磁线圈，因而在电流驱动方式的回路中，增加了电流控制回路，当发动机控制模块以一个较大的电流（约 8 A）使电磁线圈打开后，它能控制回路中的工作电流，用一个较小的电流（约 2 A）使喷油器针阀保持在完全打开的位置，或用脉冲电流保持喷油器针阀的有效开度，如图 1-6-10 所示。

电压驱动方式中的喷油器驱动电路较简单，但因其回路中的阻抗大，喷油器的喷油滞后时间长。其中，电压驱动高阻型喷油器的喷油滞后时间最长，电压驱动低阻喷油器次之，电流驱动的喷油器最短。

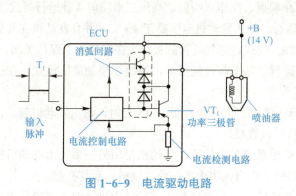
图 1-6-9 电流驱动电路

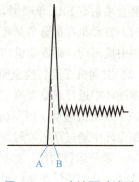
图 1-6-10 电流驱动波形

五、电控喷油器的工作特性

由于喷油器针阀的机械惯性和电磁线圈的磁滞性，所以在发动机控制模块接通喷油器的搭铁回路后，从喷油器电磁线圈获得搭铁信号到针阀达到最大升程状态，需要一定的时间，这段时间称为喷油器的开阀时间 T_O。当发动机控制模块"认为"应当结束喷油时，就会切断喷油器的驱动回路，从搭铁信号消失到针阀回到关闭状态也需要一定的时间，这段时间称为喷油器的关阀时间 T_C。

由此可以看出，喷油器的喷油动作并不和发动机控制模块发出的喷油脉冲信号同步，而是稍有滞后。通常情况下，喷油器的开阀时间比关阀时间长，将喷油器的这种特性定义为喷油器的工作特性。$(T_O - T_C)$ 的时间，即喷油器不喷油的时间，称为无效喷油时间，如图 1-6-11 所示。

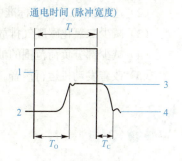

图 1-6-11 喷油器工作特性

1—触发脉冲；2—针阀升程；3—针阀全开位置；4—针阀全关位置

六、复合喷射系统

新 2.0 TSI 发动机具有双喷射系统，如图 1-6-12 所示。一种方法是使用 TSI 高压喷射系统在气缸内进行直接喷射；第二种方法是使用进气歧管燃油喷射系统（SRE）。进气歧管燃油喷射会显著减少细微碳烟颗粒的排放。

图 1-6-12 直喷/歧管喷射双喷射系统

复合喷射有 SRE 单喷射、高压单喷射、高压双喷射、高压三重喷射 4 种运行模式。

(1) 发动机在部分负荷范围下运行。如果发动机温度高于 45 ℃，并且发动机在部分负荷范围中被驱动，则发动机切换到 SRE 模式。进气歧管翻板在大多数情况下保持关闭。

(2) 发动机在高转速全负荷下运行。基于高性能需求，系统切换到高压模式。在进气和压缩循环中进行双重直喷。

(3) 发动机起动。当发动机处于冷态且冷却液温度低于 45 ℃时，每次发动机起动，就在压缩循环中通过高压喷射系统进行三重直喷。

(4) 紧急运行功能。如果任一喷油系统发生故障，发动机使用另一系统由发动机控制单元驱动，从而确保车辆仍可继续行驶。组合仪表中的红色发动机指示灯亮起。

(5) 暖机和催化转换器加热。在此阶段，在进气和压缩循环中进行双重直喷。点火点有一定的延迟。进气歧管翻板关闭。

(6) 发动机在低转速全负荷下运行。基于高性能需求，系统切换到高压单喷模式。

双喷射系统的特点如下：

(1) 将高压燃油系统的压力增至 150～200 bar；
(2) 达到新 EU6 排放标准中有关微粒质量和微粒数量的限值；
(3) 减少二氧化碳废气排放量；
(4) 减少部分负荷范围的油耗；
(5) 改善发动机运行声音。

一、喷油器常见故障

喷油器易损故障可分为机械故障和电路故障两种。

(一) 机械故障

机械故障表现为喷油器由于黏滞、堵塞、泄漏而引起机械动作失效，造成发动机的运转出现损坏性工况，严重影响汽车的正常使用。

1. 喷油器黏滞

该故障是在发动机 ECU 发出喷油信号，喷油器的电磁线圈通电后产生磁吸力，由于针阀与阀座的间隙被残存的黏胶物阻塞，致使吸动柱塞升起的动作发涩，达不到规定的针阀开启速度，影响正常的喷油量。喷油器发生黏滞故障后，发动机出现怠速不稳、起动困难、加速性能变差等症状。产生喷油器黏滞的主要原因是使用了劣质汽油，劣质汽油中的石蜡和胶质将会在短期内引起喷油器黏滞，造成发动机早期故障发生。

2. 喷油器堵塞

该故障可分为内部堵塞和外部堵塞两种状况。内部堵塞原因是汽油中混入杂质和污物堵塞喷油器内部的运动间隙，使喷油器机械动作失效。外部堵塞原因是喷油器外部的喷射口被积炭和污物堵塞，造成喷油器喷射工作失效。

3. 喷油器泄漏

该故障可分为内部泄漏和外部泄漏两种状况。内部泄漏的原因是喷油器在使用中早期磨损，造成喷油器在压力油路的施压状态下，不断向进气歧管内泄漏汽油。当喷油器发生内部泄漏后，发动机耗油量明显增加，而且发动机动力性变差，排放的HC值增高。另外，由于喷油器内部泄漏造成喷射雾化不好，引起发动机运转不平稳，混合气燃烧不完全，排气时冒出黑烟。外部泄漏的部位处于喷油器和压力油管连接处时，汽油泄漏在进气歧管外部，油滴在气缸体上，遇热后在发动机罩内蒸发，一旦出现电路漏电火花，随时都会引起火灾。喷油器发生外部泄漏后，会引起发动机起动困难、怠速熄火、动力性下降、耗油量猛增、运转喘抖和加速困难。

（二）电路故障

喷油器自身的电路故障主要表现在电磁线圈上，可以归纳为线圈断路、线圈短路和线圈老化。

1. 电磁线圈断路

电磁线圈烧断喷油器，燃油喷射工况中断，造成发动机无法运转。造成线圈烧断的原因主要是维修中盲目改动线路，造成接线错误，从而将线圈绝缘层烧坏。另外，在清洗喷油器的维护中，由于操作者不熟悉电磁线圈电阻值的知识，错误地将低阻值喷油器直接接到蓄电池电源上，导致线圈载流量超过限度，发热烧蚀线圈漆包线的绝缘层，严重的甚至烧断线圈的导线。

2. 电磁线圈短路

喷油器电磁线圈发生短路故障，即未经发动机ECU而直接搭铁。短路故障发生后，只要接通点火开关，喷油器就一直喷油。在起动发动机时，由于油量过多，造成火花塞被淹而无法起动。即便发动机勉强能起动，发动机运转工况也会异常恶化，燃油消耗量过高，混合气过浓，产生爆燃而引起发动机喘抖，造成机械部件磨损加剧。另外，过量的汽油还会在排气设施中燃烧，废气排放超限，严重冒黑烟，HC值极高，甚至损坏三元催化器。产生喷油器电磁线圈短路的主要原因是维修中接线错误，导线连接器周围过脏。

3. 电磁线圈老化

喷油器电磁线圈老化是指线圈阻抗值增加，造成脉冲控制电流在老化的线圈上受阻，导致线圈产生的电磁吸力不足，影响喷油的喷射效果。当线圈老化出现后，发动机起动困难、怠速不稳、加速性能变差。通常，老化属于自然规律，电磁线圈也如此，但是短期内电磁线圈发生老化大多是由异常原因造成的故障。产生线圈老化的异常原因是喷射系统中的脉冲电流控制值偏高，电流过大而引起发热，导致线圈过早出现老化。其故障根源是发动机控制系统工作状态失常。

二、电磁喷油器的检测

1. 检测喷油器是否工作

发动机怠速，用手触摸喷油器，应有振动感；用螺钉旋具接触喷油器，应有"嗒嗒"声。若各缸喷油器工作声音清脆均匀，则各喷油器工作正常；若某缸喷油器的工作声音很小，则该缸喷油器工作不正常——可能是针阀卡滞，应做进一步的检查；若听不见某缸喷油器的工作声音，则该缸喷油器不工作，应检查喷油器及其控制线路。

另外，还可通过检查喷油器的工作声音和发动机转速之间的关系来检查喷油器的工作情况，其具体方法为：发动机热机时，使发动机转速达到 2 500 r/min 以上，听喷油器的喷油声音（应该有喷油声音）。放开油门后，在短时间内喷油声音应停止，发动机转速随即迅速下降到低于 1 400 r/min，接着，喷油声音又恢复，转速上升到 1 400 r/min。否则应检查喷油器或 ECU 的喷油信号。

2. 测量喷油器电阻

喷油器电路如图 1-6-13 所示。关闭点火开关，断开喷油器，用数字万用表测量每个喷油器的电阻，低阻值喷油器应为 2～3 Ω，高阻值喷油器应为 11～18 Ω，同一车上的喷油器电阻差值不准大于 3 Ω，否则应更换喷油器。

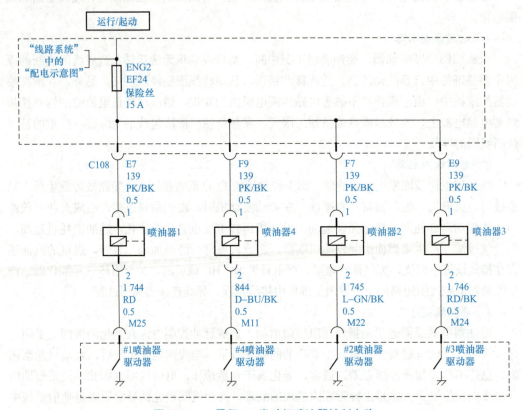

图 1-6-13 景程 2.0 发动机喷油器控制电路

注意：低阻喷油器不能直接与蓄电池连接，必须串联一个 8～10 Ω 的附加电阻。若为低阻喷油器，则还应检测串联电阻是否正常。

3. 检查喷油器的控制电路

（1）测量供电电压：12 V。

（2）测量控制信号：将发光二极管串联 330 Ω 电阻做试灯，拔下喷油器连接器，将试灯接在连接器插头上，运转发动机，试灯应闪亮。不亮则表明电路断路，一直亮表明电路短路。

三、喷油器的测试

先拔下各喷油器的导线连接器,从车上拆下主输油管,再从主输油管上拆下喷油器,连接喷油器、油压调节器、进油管、检查用的软管及专用的软管接头等。

微课:喷油器检修

1. 喷油量的检查

用连接线连接检查连接器的端子 B 与 FP,将蓄电池与喷油器连接好;通电 15 s,用量筒测出喷油器的喷油量,并观察燃油雾化情况。每个喷油器测试 2~3 次。标准喷油量为 70~80 cm³(15 s),各喷油器之间的喷油量允差为 9 cm³。如果喷油量不合标准,则应清洗或更换喷油器。

2. 检查漏油情况

在检测喷油量后,脱开蓄电池与喷油器的连接线,检查喷油器喷嘴处有无漏油。要求每分钟漏油不多于一滴为正常。否则需清洗或更换喷油器。

喷油器是电喷发动机上的重要部件,如果喷油器出现故障将会导致汽车电喷发动机常出现起动困难、急速不稳、加速不良等故障现象。及时对发动机喷油器进行检修对于保证汽车的正常行驶起到至关重要的作用。

3. 喷油雾化的检查

如图 1-6-14 所示,检查喷油器雾化情况的好坏。

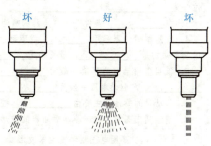

图 1-6-14 喷油雾化情况

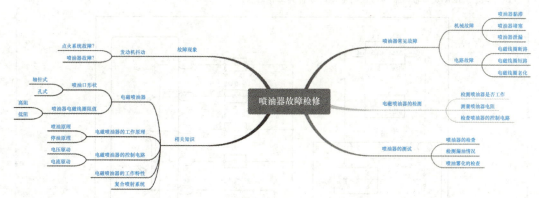

电磁喷油器控制精度更高,因此要培养学生的工匠精神,专注创新,精益求精。

任务工作单 1.6 喷油器故障检修

单元名称	电控燃油喷射系统故障检修	学时	4	班级	
学生姓名		学生学号		任务成绩	
实训设备	1ZR发动机、万用表、故障诊断仪、示波器	实训场地	发动机电控实训室	日期	
工作任务	对别克景程汽车的喷油器进行检修				
任务目的	进行喷油器的检修,掌握喷油器工作原理,能独立查找资料进行喷油器检修				

一、资讯
1. 喷油器的英文拼写为_____,作用是_____。
2. 喷油器按喷油口的结构分为孔式与_____;其中,孔式按结构又分为_____和_____两种;按电阻大小分为_____和_____,电阻分别是_____和_____;按供油部位分为_____和_____。
3. 在_____条件下,喷油器的喷油量完全取决于通电时间。
4. 低阻型喷油器采用_____驱动;高阻型喷油器采用_____驱动。其中,电磁线圈动作响应时间最短的是_____,最长的是_____。
5. 低阻型喷油器的阻值一般为_____,驱动电压一般为_____;高阻型喷油器的阻值一般为_____,驱动电压一般为_____。
6. 起动时的喷油量主要由_____控制,起动后的喷油量由_____组成。
7. 请绘制出高阻型电压驱动喷油器的波形,并解读。

高阻电压驱动喷油器波形	波形解读

8. 下图为1ZR发动机喷油器的控制电路,分析其工作过程。

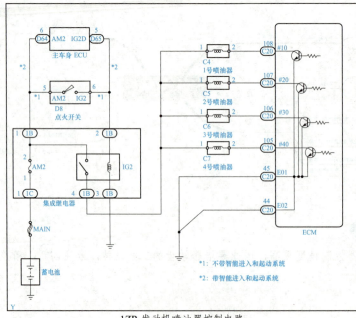

1ZR发动机喷油器控制电路

续表

工作过程分析：
_____
_____
_____。

二、决策与计划
请根据故障现象和任务要求，确定所需要的检测仪器和工具，并对小组成员进行合理分工，制订详细的诊断和修复计划。
1. 需要的检测仪器、工具：_____。
2. 小组成员分工：_____。
3. 诊断和修复计划：_____。

三、实施
1. 通过诊断仪进行喷油脉宽的认识：
将诊断测试设备与车辆连接，读取有关喷油脉宽、空气流量计或进气歧管绝对压力传感器的数据流，填入下表：

诊断测试设备	怠速	2 000 r/min	在怠速时实施制动	在 1 500 r/min 实施制动
喷油脉宽 /ms				
MAF/MAP 信号 /V				

2. 喷油器工作情况检查
（1）听诊法。在发动机工作时，用手触试或用听诊器检查喷油器针阀开闭时的振动声响，如果感觉无振动或听不到声响，说明喷油器或其电路有故障。结论为_____。
（2）检查堵。点火开关置于"OFF"，装油压表，拔下喷油器连接器，逐个给喷油器脉冲供电，若油压不下降，则说明_____。实际检查结果是_____。
（3）检查泄漏。夹住进、回油管，测量保持油压，若保持油压过低，则说明喷油器_____。实际检查结果是_____。
（4）检查喷油器的喷油量、雾化状态。结论为_____。
3. 检查喷油器的控制电路
（1）检测喷油器电阻：点火开关置于_____，拔下连接器，用万用表测量连接器插座_____间的电阻，应为_____，测量值是_____。
（2）检测电源线：点火开关置于_____，用万用表测量连接器插头_____间的电压，应为_____；测量值是_____。
（3）检测控制线：将二极管试灯接于_____间，起动发动机，测试灯应_____。实际测量结果是_____。
结论：_____。
4. 检查喷油器的控制信号波形
起动发动机，用示波器测量 ECU 相应接脚间的电压信号波形。

正确波形	实测波形

续表

通过上述检查，得出以下结论：
（1）_____
（2）_____
（3）_____
5. 列出因喷油器导致的 5 个故障现象：
_____

四、检查
故障排除后，进行以下检查。
1. 起动发动机，检查加速情况：_____。
2. 检查怠速情况：_____。
3. 检查排放情况：_____。

五、评估
1. 请根据自己任务完成的情况，对自己的工作进行自我评估，并提出改进意见。
_____
2. 教师对学生工作情况进行评估，并进行点评。
_____
3. 学生本次任务成绩：_____。

任务七　缸内直喷

◆ 知识目标
1. 掌握缸内直喷的概念；
2. 了解缸内直喷与进气歧管喷射的区别与特点；
3. 掌握缸内直喷高、低压油路工作原理；
4. 掌握缸内直喷的主要零部件的结构特点与作用。

◆ 能力目标
1. 能在维修缸内直喷高压油路时按正确操作规范卸压；
2. 能按正确操作规范安装与维修高压油泵；
3. 能正确运用诊断计算机对高压油路故障进行诊断；
4. 能根据环保要求，正确处理对环境和人体有害的辅料、废气液体和损坏零部件。

◆ 素质目标
1. 培养快速准确收集信息与查询资料的能力；
2. 养成善于沟通、合作、服从集体的良好习惯；
3. 具备 5S 管理意识。

一辆大众迈腾 B8L 汽车的发动机为缸内直喷,从燃油箱进入的低压油经高压油泵加压,供给油轨,喷油器安装在气缸内,直接将燃油喷入气缸。现今,在电控汽车上非常流行采用缸内直喷技术,几乎各大汽车厂纷纷开发出缸内直喷技术。这种技术以省油、动力强劲著称,但同时也存在燃油牌号高、泄漏、零部件昂贵等诸多问题。

一、缸内直喷的概念与现状

汽油缸内直喷技术(Spark Ignition Direct Injection,SIDI 或 Gasoline Direct Injection,GDI)是指在火花塞点火之前将汽油直接喷射到燃烧室,喷入燃烧室的高压汽油与空气形成良好的混合气,缸内喷射系统也需要非常高的喷射压力来克服燃烧室内高压空气的阻力。

缸内直喷就是将燃油喷嘴安装于气缸内,直接将燃油喷入气缸内与进气混合。喷射压力进一步提高,使燃油雾化更加细致,真正实现了精准地按比例控制喷油并与进气混合,并且消除了缸外喷射的缺点。同时,喷嘴位置、喷雾形状、进气气流控制,以及活塞顶形状等特别的设计,使油气能够在整个气缸内充分、均匀地混合,从而使燃油充分燃烧,能量转化效率更高。

目前,实际安装的车用缸内直喷汽油机的低压燃油系统和高压燃油系统都采用按需调节燃油系统,如图 1-7-1 所示。所用的缸内直接喷射都取消了"分层"充气工作模式(压缩行程喷射、稀混合气),只有"均质"一种模式(进气行程喷射、$\lambda=1$ 的混合气)。这样可以不使用昂贵、且易损坏的存储型氮氧化物催化转化器,也能使排放达标。

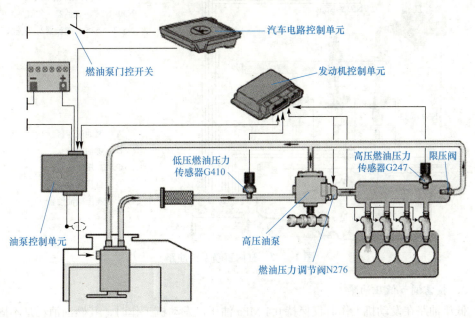

图 1-7-1 缸内直喷汽油机第二代燃油系统

缸内直喷系统具有以下优点：

（1）空燃比可以控制在40∶1（极稀）到14.7∶1之间；

（2）燃油消耗率更低（最高可减少35%）；

（3）二氧化碳排放更少（减少12%～25%）；

（4）更高的功率输出，升功率和压缩比（约12∶1）变大；

（5）燃烧稳定性更好，怠速转速更低，怠速时减少40%的燃油消耗；

（6）使冷起动性能和节气门响应性得到提高。

二、缸内直喷系统油路系统组成与原理

（一）低压油路

1. 低压燃油系统结构变化

与传统的进气道燃油喷射系统相比，其低压油路增加了燃油泵门控开关、燃油低压压力传感器和油泵控制单元。燃油泵门控开关能在打开驾驶员侧车门时燃油泵即开始工作，车门开关信号被送至发动机控制单元，燃油泵被触发2 s。燃油泵提前工作是为了迅速形成高压以缩短起动时间。有些汽车还装有碰撞燃油切断装置，它通过燃油泵继电器断开燃油泵。

缸内直喷系统油路如图1-7-2所示。

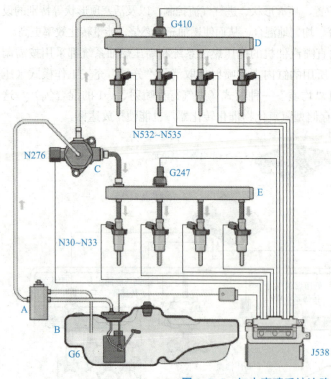

G6—燃油系统增压泵
G247—燃油压力传感器
G410—低压燃油压力传感器
J538—燃油泵控制单元
N276—燃油压力调节阀
N30~N33—喷油器，气缸1~4
N532~N535—喷油器2，气缸1~4

A—燃油滤清器
B—燃油箱
C—高压燃油泵
D—低压燃油油轨
E—高压燃油油轨

图1-7-2　缸内直喷系统油路

2. 按需调节低压油路

低压油路在发动机工作时仅保持0.4 MPa油压，发动机工作时，其燃油消耗是不固定的，因此，燃油低压压力传感器时刻将燃油压力信号发送至发动机控制单元，发动机控制

单元根据此信号向燃油泵控制单元发送一个脉冲宽度调制信号。燃油泵控制单元根据这个指令，为电动燃油泵送去的脉冲宽度调制电流，形成闭环控制。不需要燃油压力调节器，通过加在油泵上的不同电压（不是 12 V），使低压油路在发动机工作时保持 0.4 MPa 油压，在易气阻状态则使油压保持在 0.5 MPa。

（二）高压燃油系统

1. 高压油路系统结构

第二代高压油路系统如图 1-7-3 所示，它由高压油泵、燃油压力调节阀、燃油压力传感器、燃油分配管、喷油器、压力限制阀及低压回油燃油管等组成。

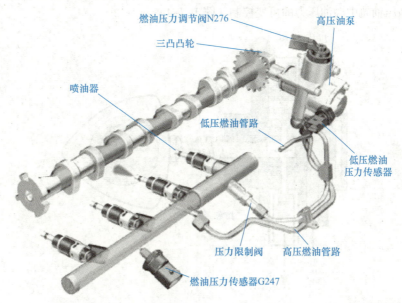

图 1-7-3　第二代高压油路系统组成

2. 按需调节高压油路

第二代和第三代高压燃油系统结构和工作原理相近，都采用按需调节高压油路。目前常用的是第三代高压燃油系统。发动机在不同工况时喷射压力是不同的，为 4～10 MPa。例如，大众途观（Tiguan）怠速时喷射压力是 4 MPa，高速时喷射压力是 9 MPa。因为是按需调节的高压油路压力，燃油分配管中的油压始终处于最佳压力。

燃油分配管处装有高压燃油压力传感器，此传感器时刻向发动机控制单元发送一个当前的压力信号。这样，发动机控制单元就在高压油泵的每次泵油过程中，提前或错后地控制着燃油压力调节阀，使高压油泵的泵油量时而小一点、时而大一点，从而使燃油分配管中的油压始终处于发动机控制单元要求的压力。

如果因为高压油泵等发生故障使高压油路中油压大于 14 MPa，应将燃油分配管上的限压阀打开，以防压力过高。

三、缸内直喷的主要零部件的结构特点与工作原理

由 2010 年起，国内销售的大众、通用等缸内直喷汽油汽车，大多采用第三代高压泵。

第二代高压泵与第三代高压泵相差不大,都是由单柱塞和排气凸轮轴上的凸轮驱动的,不同的是限压阀不在燃油分配管上,而在高压油泵上。

(一)缸内直喷主要零部件

1. 高压油泵和压力调节阀

高压油泵集成了电磁式压力调节阀,高压油泵为单腔柱塞泵,附加在凸轮轴上的凸轮驱动柱塞做往复运动,将低压燃油压缩为高压燃油。加压后的燃油压力高达20 MPa。

ECM 根据凸轮轴位置传感器信号和曲轴位置传感器信号控制电磁阀的开闭周期,并使其与凸轮3个凸角位置同步,以调整高压油泵在各个柱塞行程中向高压油轨泵油的时间,从而实现高压油轨中燃油压力的可变控制(图1-7-4)。

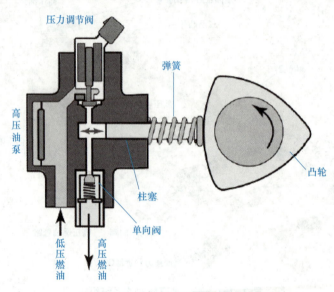

图 1-7-4 高压油泵和压力调节阀

2. 高压燃油压力传感器

高压燃油压力传感器安装在油轨末端,如图1-7-5所示,用来检测高压油轨中燃油的压力,并向ECM输送电压信号。当燃油压力高时,信号电压增大;当燃油压力低时,信号电压降低。

如果燃油(高压)压力传感器发生故障,此时高压燃油系统中的压力也靠低压油泵,高、低燃油系统中压力相同,压力均为0.7 MPa(或0.6 MPa,视车型不同而不同),这几乎与传统进气道喷射压力相同。因此,发动机扭矩和功率急剧降低。

3. 喷油器

喷油器安装在气缸盖上,如图1-7-6所示,其直接将燃油喷射进燃烧室。喷油器有一个长而细的端头,这种结构可以使高压燃油得到冷却。它的末端加工有精密的喷孔(一般为6个),以保证喷射后的燃油呈圆锥形的雾状。

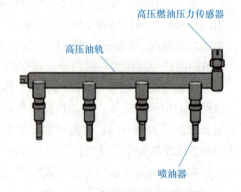

图 1-7-5 高压燃油压力传感器

由于气缸压缩压力比较高，喷油器的开启需要足够的能量。因此，ECM 向每个喷油器提供单独的高电压。ECM 通过其内部的升压电容给喷油器提供一个 65 V 的开启电压，喷油器开启之后，ECM 给喷油器提供一个 12 V 的电压，维持喷油器的工作。喷油器有一个安装卡夹，只要拆卸就需要进行更换。

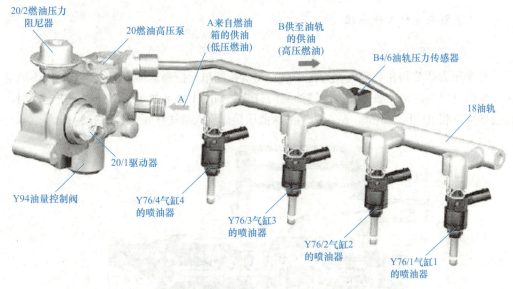

图 1-7-6　喷油器

4. 燃油压力调节阀故障运行模式

燃油压力调节阀断电时，调节阀的阀门是关闭的，燃油压力则会上升，直至高压油泵的限压阀打开（图 1-7-7）。此时，发动机控制单元使喷油时间和高压相匹配，同时发动机进入故障运行模式，通过对进气量调节，发动机转速也被限制在 4 000 r/min（或 3 000 r/min，视车型而不同）。

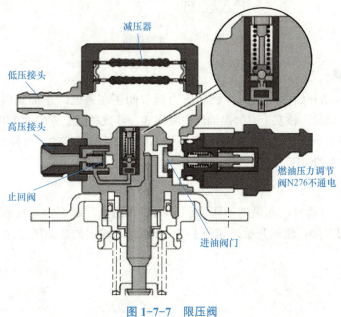

图 1-7-7　限压阀

5. 高压油管

高压油管安装在高压油泵和油轨之间，采用不锈钢材料制造。高压油管一旦拆卸就需要更换，否则有可能导致高压油管漏油，安装时一定不要使用含有硅树脂的润滑管路接头，以防其密封圈受到污染而失效。

（二）缸内直喷工作原理

1. 进油行程

燃油压力调节阀在整个进油行程中由发动机控制单元控制。燃油压力调节阀线圈通电所产生的电磁场，将克服弹簧力使进油阀门打开。如图1-7-8所示，当柱塞向下运动时，将会导致泵腔里的压力下降，从而使燃油从低压接口流入泵柱塞腔。

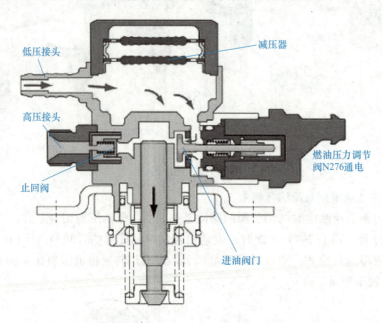

图1-7-8 进油行程

2. 回油行程

柱塞向上运动开始的一瞬间，燃油压力调节阀还在通电，进油阀门继续打开，如图1-7-9所示。此时，柱塞上方的燃油流向减压腔，导致柱塞上方的油压并不升高。一旦燃油压力调节阀不通电，则回油行程结束，所以，回油量是可控的。可控回油的作用是按需调节高压油路中的油压。

3. 输油行程

当柱塞向上运动时，如果燃油压力调节阀不再通电，那么由于柱塞压力比弹簧力大，则进油阀门关闭，输油开始，如图1-7-10所示。输出的燃油压力为5～14 MPa。

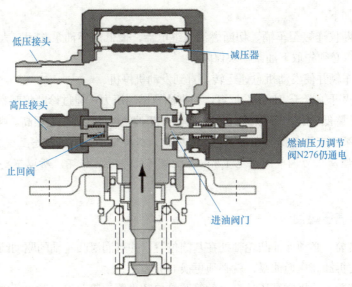

图 1-7-9 回油行程

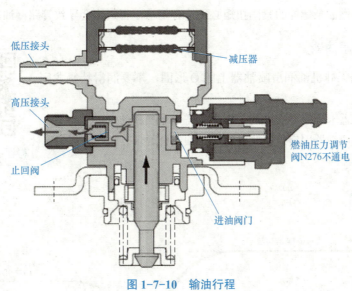

图 1-7-10 输油行程

一、缸内直喷维修注意事项

高压燃油泄漏能造成皮肤和眼睛的严重伤害,因此,拆下高压油路的部件前,务必对燃油系统卸压。

操作步骤如下:

(1) 将诊断仪连接至车辆,切断燃油泵继电器,使低压燃油泵关闭。大众汽车因为有门控装置,所以必须先取下油泵模块保险。

(2) 起动车辆并使发动机怠速运转,直到发动机停机。

(3) 将点火开关置于"OFF"位置,检查油轨燃油压力,通过诊断仪观察数据流油压,其数值应大幅度降低(由 50 bar 降至 8 bar 以下),如果油轨燃油压力仍然很高,则重复步骤(2)。

注意:如果没有诊断仪,在拆下高压油管前,保持发动机停机状态至少 2 h。

警告:向燃油压力调节阀供电 1 s 以上就有可能导致其损坏,所以不要期望人工给燃油卸压。

二、安装高压燃油泵

(1) 安装前,必须保证凸轮轴处在基圆位置,并且润滑凸轮轴的驱动凸轮;

(2) 只要拆卸高压燃油泵,就必须更换 O 形圈;

(3) 安装前不要拆卸高压油泵上的管路接口防尘罩,管路接口防尘罩能阻止污物进入管路;

(4) 高压燃油泵螺栓的紧固扭矩必须符合要求,否则将会导致管路漏油。

三、维修喷油器

(1) 使用无硅机油润滑喷油器上的 O 形圈,不要润滑特氟龙密封圈;

(2) 喷油器卡环是一次性的,拆卸后需要更换新的卡环;

(3) 紧固喷油器固定螺栓时的扭矩必须符合要求。

微课:缸内直喷技术

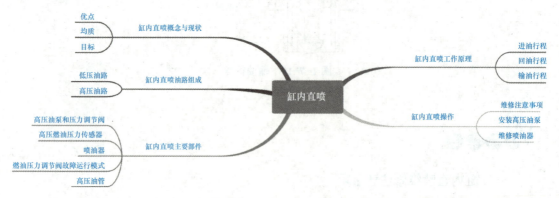

缸内直喷直接将燃油喷入气缸内与进气混合,以降低油耗;同学们要注重保护环境,

重视低碳，节约能源。

任务工作单

任务工作单 1.7　缸内直喷

单元名称	电控燃油喷射系统故障检修	学时	4	班级	
学生姓名		学生学号		任务成绩	
实训设备	大众迈腾B8L发动机、万用表、故障诊断仪、示波器	实训场地	发动机电控实训室	日期	
工作任务	对大众迈腾汽车缸内直喷部件进行检修				
任务目的	对缸内直喷的高压燃油泵和喷油器进行检修，掌握高压燃油泵和喷油器工作原理，能独立查找资料进行检修				

一、资讯

1. 缸内直喷技术英文拼写为_____，其作用是_____。

2. 缸内直喷就是将燃油喷嘴安装于_____，直接将燃油喷入_____与进气混合。喷射压力进一步_____，使燃油雾化更加细致，真正实现了精准地按比例控制喷油并与进气混合，并且消除了缸外喷射的缺点。

3. 缸内直喷具有哪些优点？

_____；
_____；
_____；
_____；
_____。

二、决策与计划

请根据故障现象和任务要求，确定所需要的检测仪器和工具，并对小组成员进行合理分工，制订详细的诊断和修复计划。

1. 需要的检测仪器、工具：_____。
2. 小组成员分工：_____。
3. 诊断和修复计划：_____。

三、实施

1. 高压燃油系统卸压

操作步骤：	注意事项：

续表

2. 维修喷油器

（1）检测喷油器电阻：点火开关置于_____，拔下连接器，用万用表测量连接器插座_____间的电阻，应为_____，测量值是_____。

（2）检测电源线：点火开关置于_____，用万用表测量连接器插头_____间的电压，应为_____，测量值是_____。

（3）检测控制线：将二极管试灯接于_____间，起动发动机，测试灯应_____。

实际测量结果是_____。

结论：_____。

四、检查

故障排除后，进行以下检查。

1. 起动发动机，检查加速情况：_____。
2. 检查怠速情况：_____。
3. 检查排放情况：_____。

五、评估

1. 请根据自己任务完成的情况，对自己的工作进行自我评估，并提出改进意见。
_____。
2. 教师对学生工作情况进行评估，并进行点评。
_____。
3. 学生本次任务成绩：_____。

任务八　氧传感器故障检修

◆ 知识目标

掌握氧传感器的作用、结构、原理、特性。

◆ 能力目标

1. 正确识读氧传感器的控制电路；
2. 能使用万用表、故障诊断仪、示波器等对氧传感器及控制电路进行检测；
3. 能按照工作计划自主检修氧传感器引起的故障；
4. 能根据环保要求，正确处理对环境和人体有害的辅料、废气液体和损坏零部件。

◆ 素质目标

1. 具备快速准确收集信息与查询资料的能力；
2. 养成善于沟通、合作、服从集体的良好习惯；

3. 具备 5S 管理意识。

一台景程 2.0 发动机出现以下故障现象：排气时冒黑烟、故障灯闪亮，怀疑是氧传感器故障，判断其氧传感器是否损坏，如果是，对氧传感器进行检修。

一、空燃比反馈控制

（一）空燃比反馈控制（闭环控制）

为了达到排放法规的要求，现代汽车发动机多装有三元催化器。三元催化器安装在排气管的中段，它能将排气中 3 种主要的有害成分——一氧化碳（CO）、碳氢化合物（HC）和氧化氮（NO）转化为无害成分——水（H_2O）、二氧化碳（CO_2）和氮气（N_2）。三元催化器转换效率与混合气空燃比有关，如图 1-8-1 所示，在理论空燃比的一个窄小范围内，三元催化器转换效率最高，为此必须采用空燃比闭环控制系统，将空燃比精确控制在理论空燃比附近。

空燃比闭环控制系统主要由氧传感器、ECU、喷油器等组成，如图 1-8-2 所示。在排气管中安装氧传感器，检测排气中氧含量，并将其转换成电信号，反馈给 ECU，ECU 由此判断混合气空燃比，修正喷油器的喷油量，控制空燃比收敛于理论值 14.7，实现空燃比闭环控制，保证三元催化器转换效率最高，使发动机达到最佳的排放性能。

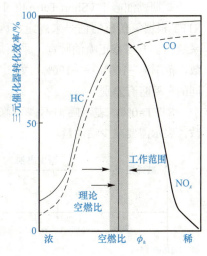

图 1-8-1 三元催化器的工作效率与空燃比的关系

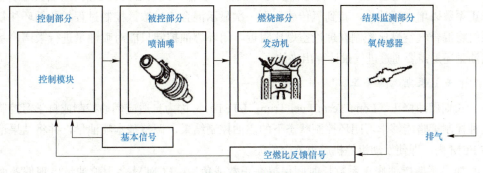

图 1-8-2 空燃比闭环控制工作原理

所以，采用氧传感器的最终目的是提高发动机的排放性能。当ECM不根据氧传感器信号对喷油量进行修正时，称为开环控制。

1. 开环控制工况

在开环（Open Loop）中，ECM只根据编入的数值（ROM-后面还有更多说明）工作，不响应氧传感器信号。该活动周期称为"打开"，通常出现在起动工况、重载工况、减速工况、发动机冷起动工况及氧传感器出现故障时。

2. 闭环控制工况

在闭环（Closed Loop）中，ECM根据氧传感器的反馈工作，控制喷油嘴脉冲持续时间，在发动机处于工作温度（暖机）、节气门位置开关打开和氧传感器处于良好工作状态时，才能进行闭环控制。

（二）短期燃油修正

短期燃油修正（Short Term Fuel Trim，STFT）是ECM内部的程序，用于修正喷油脉宽，STFT根据氧传感器信号来确定，因为氧传感器不能直接测出混合气空燃比，所以，ECM系统为了方便修正喷油脉宽，采用短期燃油修正系数。在诊断仪器上，该系数为一个百分数，范围为-100%～+100%，如图1-8-3所示。短期自适应的最大调整权限是±33%，不同的车型略有差别。

STFT=0%，表示喷油不需要修正；STFT为正数，表示需要增加喷油量；STFT为负数，表示需要减少喷油量。

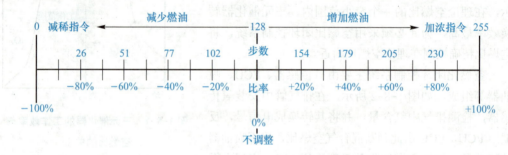

图1-8-3 短期燃油修正

当氧传感器显示混合气过浓时，ECM将持续减小短期燃油修正系数以减少喷油量，当喷油量减少到一定程度后，氧传感器会显示混合气过稀，此时ECM又会持续加大短期燃油修正系数以增加喷油量，直到氧传感器再一次显示混合气过浓。控制过程如此循环往复，最终将混合气空燃比控制在理论空燃比附近。闭环燃油控制只能对喷油量进行微调，基本喷油量还是需要通过进气量计算出来的。

（三）长期燃油修正

长期燃油修正（Long Term Fuel Trim，LTFT）又称为自适应燃油控制或自学习控制。这种控制策略能够学习闭环控制状态下的燃油控制结果，调整基本喷油量，并将结果记录在ECM内，即使发动机停机后也不会丢失。

如果短期燃油修正系数长时间保持在正数或负数，ECM就会因喷油量出现偏差而调整基本喷油量，使 STFT 回到 0%，此时调整喷油量的幅度就是长期燃油修正系数。长期燃油修正系数无论在开环还是闭环状态都适用。长期燃油修正系数也用百分比来表示，范围为 −100%～+100%，如图 1-8-4 所示。长期自适应的最大调整权限是 ±33%。

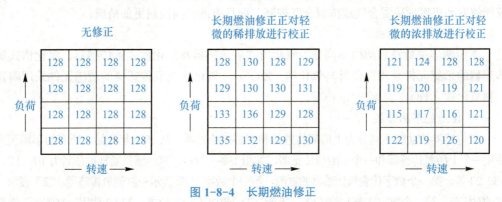

图 1-8-4　长期燃油修正

当氧传感器显示混合气浓时，短期燃油修正系数 SHRTFT1 持续减小，喷油脉宽减少，混合气变稀，直到氧传感器重新开始切换。然后，长期燃油修正系数数值减小，其目的是使 SHRTFT1 重新回到以 0% 为基准的切换状态。

（四）短期、长期燃油修正的特点

短期燃油修正和长期燃油修正的数值可以帮助维修人员判断混合气过浓或过稀是由燃油喷射系统内部故障引起的，还是由相关传感器故障造成的。ECU 控制长期燃油修正微调的权限为 −25%～+20%，短期燃油微调的权限为 −27%～+27%，如果短期燃油修正或长期燃油修正的数值超过 ±10%，将警告有潜在故障。短期、长期燃油修正的特点如下：

（1）在闭环工况下起作用。

（2）ECU 通过对喷油量进行微调来控制空燃比。

（3）短期燃油修正是 ECU 依据氧传感器的电压信号进行喷油量的修正。

（4）长期燃油修正是 ECU 通过对短期燃油修正（长时间修正的趋势）的计算得来的，其目的是尽可能地使短期燃油修正的数值接近 0%，如果长期燃油调整的数值超过 5%，则表示发动机系统有故障，应进行检查。

（5）OBD Ⅱ 系统需经过两个发动机驱动循环才能置出有关燃油修正的故障码。短期燃油修正值是临时存储的，关闭点火开关后自动消失。长期燃油修正值是被存储在记忆单元中，并被用于确定基本喷油量，对开环和闭环中喷油器的喷射量控制都有影响。

（6）燃油修正的方向与故障码是相反的。如燃油混合气实际上过稀，而故障码 P0171 意味着 ECU 正向浓的方向修正燃油混合气。

二、氧传感器

（一）氧传感器的结构与类型

1. 按检测范围不同分类

氧传感器按检测范围不同分为窄型氧传感器和宽型氧传感器。窄型氧传感器即老式氧传感器，简称为氧传感器（Exhaust Gas Oxygen Sensor，EGO），只能检测理论空燃比附近的混合气，偏离此范围，其反应灵敏性降低；宽型氧传感器即新式氧传感器，简称空燃比氧传感器或A/F氧传感器，能检测空燃比从23至11范围内的混合气，且检测精度高，不仅能使发动机实现稀混合气或浓混合气控制，而且喷油量的控制更加精确。

2. 按材料和结构分类

氧传感器按材料和结构不同分为氧化锆式氧传感器和氧化钛式氧传感器。氧化锆式氧传感器的敏感元件采用陶瓷材料氧化锆（ZrO_2），氧化钛式氧传感器的敏感元件采用陶瓷材料氧化钛（TiO_2）。

3. 按功能不同分类

氧传感器按功能不同分为上游氧传感器和下游氧传感器。从1996年开始，所有的车辆至少使用一个上游氧传感器和一个下游氧传感器，如图1-8-5所示。氧传感器通常被命名为1/1、1/2、1/3、2/1等。第一个数字代表氧传感器的缸侧，第一个数字"1"表示一缸侧氧传感器，"2"表示一缸的对应侧；第二个数字代表上游（1）、下游（2）或中间（3）位置，如1/2代表一缸侧的下游氧传感器。上游和下游氧传感器的操作是相似的，但由于物理状态的差异，尽量不进行互换。

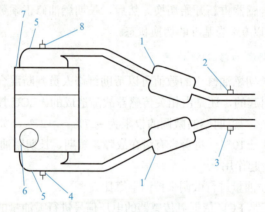

图1-8-5　氧传感器安装位置

1—催化转化器；2—氧传感器2/2；3—氧传感器1/2；4—氧传感器1/1；5—排气歧管；
6—1号气缸；7—发动机；8—氧传感器2/1

上游氧传感器安装在三元催化器前面，用于检测混合气空燃比，控制喷油量；下游氧传感器安装在三元催化器后面，用于检测经过三元催化器转换后的排气成分，监测三元催化器的转换效率。

4. 按传感器是否有加热装置分类

氧传感器按传感器是否有加热装置分为加热型氧传感器和非加热型氧传感器。加热型氧传感器内有一个起预热作用的加热元件，可在发动机起动后的20～30 s内迅速将氧传感器加热至工作温度；非加热型氧传感器内没有加热元件，只能靠排气加热，这种传感器必须在发动机起动运转数分钟后才能达到工作温度，从而开始工作。

（二）氧化锆式氧传感器

1. 氧化锆式氧传感器的安装位置

氧化锆式氧传感器安装在排气管或排气歧管上，如图1-8-6所示。传感器敏感部位伸入排气管。氧传感器的位置越靠近燃烧室，燃油控制的精度就越高，这主要是由尾气气流的特性（如尾气的流动速度、排气通道的长度和传感器的响应时间等）决定的。

图 1-8-6　氧化锆式氧传感器及其安装位置

2. 氧化锆式氧传感器的结构与工作原理

氧化锆式氧传感器的敏感元件是氧化锆陶瓷管（固体电解质），也称锆管，锆管内侧通大气，外侧通废气。锆管的内、外表面覆盖一层铂薄膜电极，起催化作用。铂薄膜外覆盖一层多孔陶瓷层，陶瓷层外加有带槽口的套管，以防止铂薄膜被废气腐蚀，并保证废气与锆管接触。氧化锆式氧传感器固定在有安装螺纹和六方形的钢制外壳内，通过安装螺纹拧装在氧传感器安装孔中。氧化锆式氧传感器的信号线由锆管内、外两侧引出，接线端有一个金属护套，其上开有一个小孔，使锆管内侧与大气相通，如图1-8-7所示。

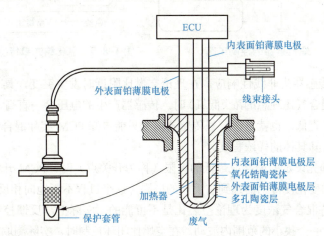

图 1-8-7　氧化锆式氧传感器的结构

锆管的陶瓷体是多孔的，渗入其中的氧气在温度超过 300 ℃时发生电离，由于锆管内、外侧的氧含量不一致，存在氧浓度差，因而氧离子从大气侧向废气侧扩散，从而使锆管成为一个微电池，在两铂极间产生电压，即氧传感器输出的信号电压。锆管内、外两侧氧浓度差越大，两铂极间电压就越大。

氧传感器的控制电路如图 1-8-8 所示，加热器为正温度系数的电阻，当传感器温度增加时，加热元件的阻值也增加，通过加热元件的电流降低，使加热器保持在最适宜的工作温度（500 ℃～ 600 ℃）。加热器一般使氧传感器在 30 s 内即可达到正常工作温度。加热器的供电是从点火电压通过保险丝供电，控制模块内的低侧驱动器给加热器的低压控制电路提供接地，控制模块监测加热器的电流消耗以确定是否有故障出现。

3. 氧化锆式氧传感器的工作特性

氧化锆式氧传感器的输出特性如图 1-8-9 所示。当混合气的实际空燃比小于理论空燃比时，即发动机以较浓的混合气运转时，排气中氧含量少，但 CO、HC、H_2 等含量较多。这些气体在锆管外表面的铂催化作用下与氧发生反应，将耗尽排气中残余的氧，使锆管外表面氧气浓度变为 0，这就使锆管内、外侧氧浓度差加大，两铂极间电压突增，输出电压接近 1 V。反之，当混合气的实际空燃比大于理论空燃比，即发动机以较稀的混合气运转时，排气中氧含量多，锆管内、外侧氧浓度差小，两铂极间电压骤减，输出电压几乎为 0。

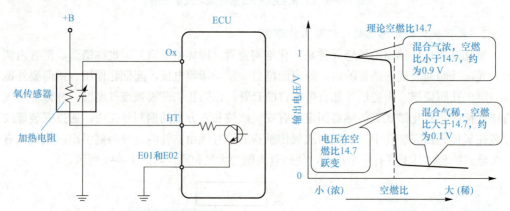

图 1-8-8 氧传感器的控制电路　　图 1-8-9 氧化锆式氧传感器的输出特性

氧化锆式氧传感器为非线性响应，在理论空燃比附近时发生突变，具有明显的开关变化特性。在实际混合气比理想的浓（低氧）时，传感器产生的电压会一直高，而在稀（高氧）的时候，电压会一直低。也就是说，氧传感器信号只能告知 PCM 实际混合气对比理论值是稀是浓，但不能告知具体的稀浓程度。

当电压超过预先设定的最高或最低的极限（称为开关点）时，PCM 开始增加或减少燃油，直到氧含量的变化使传感器达到它反向的极限，这个过程不断地向相反方向重复。

要准确地保持混合气浓度为理论空燃比是不可能的。实际上，反馈控制只能使混合气在理论空燃比附近一个狭小的范围内波动。在空燃比闭环控制时，实际测取的氧传感器信号波形如图 1-8-10 所示。它是一种近似的低频数字信号，高电平接近 1 V，低电平接近 0 V，一般为 0.1～0.8 V 且不断变化，信号变化快慢（一般要求发动机在 2 500 r/min 时，每 10 s 内变化 8 次以上）反映了氧传感器的灵敏性。人们通常通过氧传感器信号的高低电平数值和信号的变化快慢来评价氧传感器的性能。

（三）空燃比（A/F）氧传感器

现代汽车为了省油都趋向于稀薄燃烧，也就是空燃比为 10～20，相当于过量空气系数为 0.686～1.405。因此，原有的氧传感器就无法适应了，于是宽型氧传感器诞生了。宽型氧传感器也叫作空燃比氧传感器。

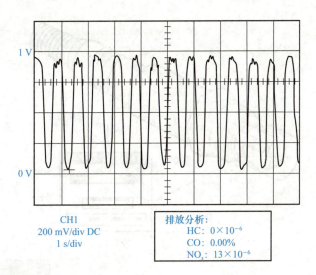

图 1-8-10 氧化锆式氧传感器的波形

1. 空燃比氧传感器的结构与工作原理

宽型氧传感器装在三元催化器之前。测量端主要由单元泵、扩散通道、测量室、外界空气通道、加热器等组成,如图 1-8-11 所示。更换宽型氧传感器时,必须将线与插头同时更换。测量时,通过单元泵工作,可将尾气中的氧吸入测量室,单元泵工作所用电流 I_p,即为传递给控制单元的电信号,控制 U_C 电压值在 450 mV 附近。

测量室两侧的电极,上面一侧暴露在扩散通道的尾气中作为信号端,下面一侧暴露在参考空气中作为参考电极,在氧浓差效应作用下,信号电压 U_C 与传统氧传感器一样,会随废气中氧的含量的变化而变化。ECU 通过改变泵送电流 I_p 大小及方向来保持感应室的参考信号电压 U_C 输出为 0.45 V,从而得到 I_p 与空燃比 A/F 值相对应的图表,如图 1-8-12 所示。

当混合气过稀时,测试室中氧的含量较高,U_C 电压值下降。为能使其尽快恢复到 450 mV,ECM 加大喷油量,同时减少单元泵的工作电流,如图 1-8-13 所示,使泵入测试室的氧含量减少。单元泵的工作电流传递给控制单元,将其折算成 A/F 值。

当混合气过浓时,U_C 电压值大于 450 mV,控制单元增大单元泵的工作电流,使单元泵旋转速度增加,增加泵氧速度,从而恢复电压值到 450 mV。

2. 空燃比氧传感器的工作特点

(1) 空燃比氧传感器的工作温度接近 650 ℃,比常规氧传感器的工作温度 400 ℃ 高得多,加热电流也大得多。

(2) 混合气越稀或越浓,氧传感器电流越大,且泵送电流的方向也随空燃比而变化。当空燃比小于 14.7 时,泵送电流方向为负向,当空燃比大于 14.7 时,泵送电流方向为正向。

(3) 常规氧传感器在理论空燃比附近,其输出电压常会急剧变化,相比而言,空燃比氧传感器所施加的是恒定电压,几乎和氧浓度成正比,可提高空燃比的探测精度。

(4) 空燃比氧传感器内有一个能连接发动机 ECU 的 AF+ 和 AF− 端头,且有恒定电压的电路。所以,空燃比氧传感器的输出条件限制其不能使用电压表,而应使用手持式测试仪进行探测。

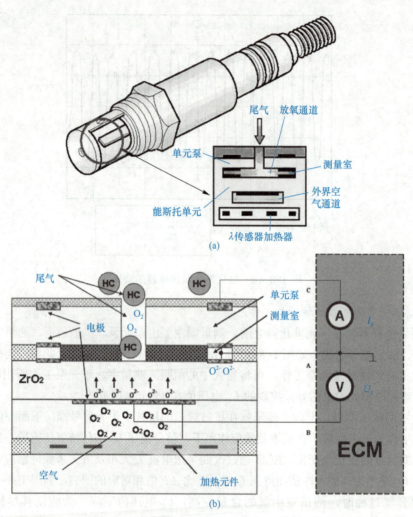

图 1-8-11 宽型氧传感器的结构与工作原理

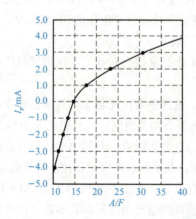

图 1-8-12 泵送电流与空燃比（A/F）的关系

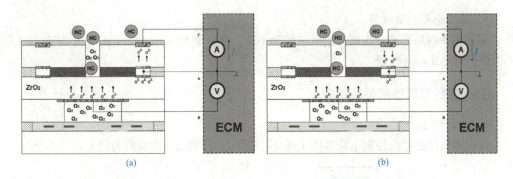

图 1-8-13 混合气浓与混合气稀时的泵送电流的变化
（a）混合气浓；（b）混合气稀

一、氧传感器的常见故障现象

氧传感器一旦出现故障，电子燃油喷射系统的计算机就不能得到排气管中氧浓度的信息，因而不能对空燃比进行反馈控制，会使发动机油耗和排气污染增加，发动机出现怠速不稳、缺火、喘振等故障现象。因此，必须及时地排除故障或更换。

1. 氧传感器中毒

铅、硅等杂质会使氧传感器和三元催化器中毒，使氧传感器输出信号电压发生变化，不能正常工作。氧传感器中毒是经常出现且较难防治的一种故障，尤其是经常使用含铅汽油的汽车，即使是新的氧传感器，也只能工作几千千米。另外，氧传感器发生硅中毒也是常有的事。一般来说，汽油和润滑油中含有的硅化合物燃烧后生成的二氧化硅，硅橡胶密封垫圈使用不当散发出的有机硅气体，都会使氧传感器失效，因而要使用质量好的燃油和润滑油。修理时要正确选用和安装橡胶垫圈，不要在传感器上涂敷制造厂规定使用以外的溶剂和防粘剂等。

2. 积炭

由于发动机燃烧不充分，在氧传感器表面形成积炭，或氧传感器内部进入了油污或尘埃等沉积物，会阻碍或阻塞外部空气进入氧传感器内部，使氧传感器输出的信号失准，ECU 不能及时修正空燃比。产生积炭，主要表现为油耗上升，排放浓度明显增加。此时，若将沉积物清除，就会恢复正常工作。

3. 氧传感器陶瓷碎裂

氧传感器陶瓷硬而脆，用硬物敲击或用强烈气流吹洗，都可能使其碎裂而失效。因此，处理时要特别小心，发现问题应及时进行更换。

4. 加热器烧断

对于加热型氧传感器，如果加热器烧断，就很难使氧传感器达到正常的工作温度，从而导致其失去作用。

5. 氧传感器线路故障

氧传感器线路断路、短路、搭铁或接触不良，都会使ECU接收到的信号不准确，以至不能进行空燃比闭环控制。

二、跃变型氧传感器的检修

1. 参数信息

跃变型氧传感器的控制电路如图1-8-14所示（以景程2.0发动机为例）。

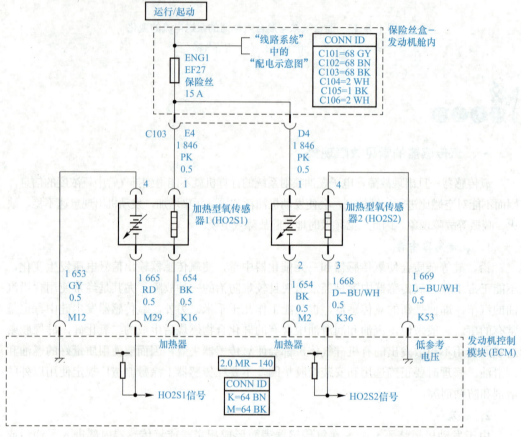

图1-8-14 景程2.0发动机氧传感器的控制电路

各数据参数（以景程2.0发动机为例）见表1-8-1。

表1-8-1 故障诊断仪数据

故障诊断仪参数	参数值范围/单位	典型数据值
氧传感器1/加热型氧传感器1	0～1 006 mV	400～800 mV 变化
氧传感器2/加热型氧传感器2	0～1 006 mV	400～800 mV 变化
长期燃油调节（FT）	-100%～+100%	0%

续表

故障诊断仪参数	参数值范围/单位	典型数据值
长期燃油调节平均值	-100% ~ +100%	0%
环路状态	Open Loop/Closed Loop（开环/闭环）	Closed Loop（闭环）
短期燃油调节平均值	-25% ~ +25%	-3% ~ +3%
短期燃油调节	-25% ~ +25%	-3% ~ +3%

2. 检测实施

（1）拆下氧传感器观察其颜色判断故障。拆下氧传感器，如有破损应立即更换。观察氧传感器顶尖部位的颜色判断故障，如图 1-8-15 所示。淡灰色顶尖：这是氧传感器的正常颜色；白色顶尖：硅污染，必须更换氧传感器；棕色顶尖：铅污染，如果严重，则必须更换氧传感器；黑色顶尖：积炭，在排除发动机积炭故障后，一般可以自动清除氧传感器上的积炭。

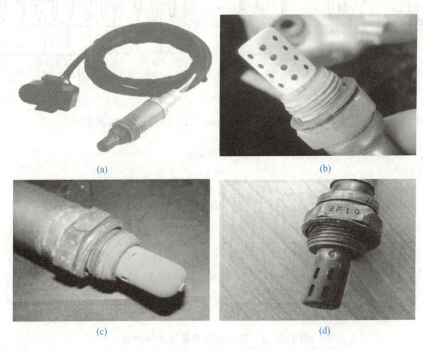

图 1-8-15 观察氧传感器顶尖部位的颜色判断故障
（a）正常颜色；（b）硅污染；（c）铅污染；（d）积炭

（2）前、后氧传感器加热器电阻的检查。拔下氧传感器线束插头，用万用表电阻挡测量氧传感器接线端中加热器电源端与控制搭铁之间的电阻，其阻值为 4 ~ 40 Ω。

（3）前氧传感器反馈电压及响应时间的测量。数字万用表置于直流电压"DC"量程，在发动机运转期间，用万用表测试前氧传感器信号端的电压，读取最小值及最大值。随着反馈控制的进行，氧传感器的反馈电压将在 0.45 V 上下不断变化，好的氧传感器应能被检测到小于 0.3 V、高于 0.8 V 的信号电压。在正常情况下，监测氧传感器信号电压从 300 mV 到 600 mV（混合气从稀到浓）和从 600 mV 到 300 mV（混和气从浓到稀）跃变所经历的时间，10 s 内反馈电压的变化次数应不少于 8 次。

（4）后氧传感器反馈电压的测量。数字万用表置于直流电压"DC"量程，在发动机运转期间，用万用表测试后氧传感器的信号电压，电压应比前氧传感器的峰值小，并且反应速度低，如与前氧传感器一致，则说明催化器故障。

（5）氧传感器波形检测。

①前氧传感器波形如图 1-8-16 所示（怠速与 2 500 r/min 工况下）。

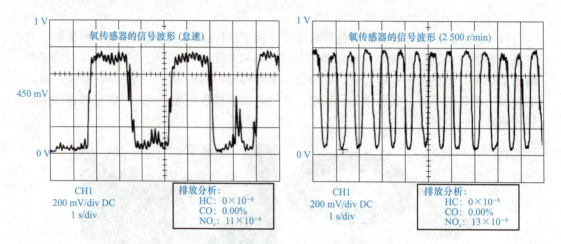

图 1-8-16　怠速与 2 500 r/min 工况下的前氧传感器波形

②前、后氧传感器波形对比如图 1-8-17 所示。

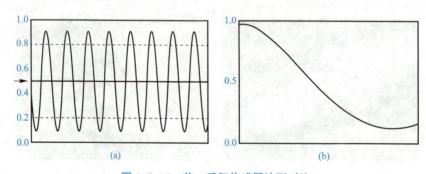

图 1-8-17　前、后氧传感器波形对比
（a）前氧传感器波形；(b) 后氧传感器波形

三、空燃比氧传感器检修

空燃比氧传感器产生的是电流信号，并且电流方向和大小是变化的。由于空燃比氧传感器内部有集成电路，不能直接用万用表或示波器检测该氧传感器的信号。检测空燃比氧传感器是万用表与专用的诊断仪通过随车诊断系统联合进行检测。

1. 万用表测量

（1）万用表测量加热电阻：3、4号端子之间的阻值为 1～5 Ω。

（2）万用表测量参考电压：打开点火开关，用万用表在线束侧插头测量空燃比氧传感器各端子静态电压值，1号端子与5号端子之间的电压差应为 0.45 V 左右；3号端子为电源电压，4号端子为加热器的控制端，由控制器（ECU内）控制。

微课：氧传感器故障检修

2. 诊断仪测量

（1）读取故障码。当空燃比氧传感器及线路出现故障时，应首先用诊断仪读取故障信息。以下是利用大众 5056 诊断仪对氧传感器读取故障码信息：故障码 P0030 "气缸列 1-传感器 1 加热电路断路"；故障码 P0130 "气缸列 1-传感器 1 电路中电气故障"。

（2）读取数据流。空燃比氧传感器的信号电压在氧传感器的端子上是无法直接测量的，只能利用诊断仪读取该数值。发动机工作时，1号端子与5号端子信号电压值应为 1～2 V，且来回变化，当电压信号低于 1.8 V 时，说明混合气过浓；当电压信号高于 1.8 V 时，说明混合气过稀。当空燃比氧传感器及线路出现故障时，空燃比氧传感器的控制器会输出固定电压信号，发动机 ECU 据此诊断出故障并输出故障信息。

微课：控制器故障检修

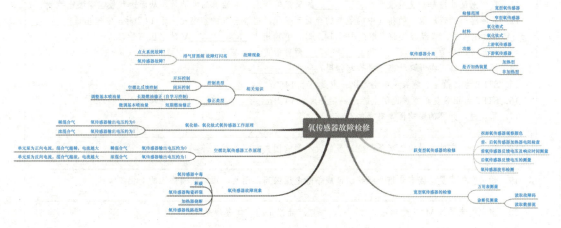

无论是前氧传感器还是后氧传感器，其作用都与完全燃烧和控制排放有关。世界各国对环境污染的重视程度都提到了一个新高度，无论在部件设计还是材料选用上，都以环境保护为首要任务，我们在日常生活中也应注意对环境的保护。

任务工作单 1.8　氧传感器故障检修

单元名称	电控燃油喷射系统故障检修	学时		班级	
学生姓名		学生学号		任务成绩	
实训设备	2005 款景程 2.0 发动机、万用表、故障诊断仪、示波器	实训场地	发动机电控实训室	日期	
工作任务	对景程 2.0 发动机的氧传感器进行检修				
任务目的	制订工作计划，并利用诊断设备确定故障位置，对氧传感器故障部件进行检测和更换				

一、资讯
1. 氧传感器的英文缩写是_____。
2. 常用氧传感器按材料分为_____和_____两种。
3. 常用氧传感器按安装位置分为_____和_____两种。
4. 常用氧传感器按测量行程分为_____和_____两种。
5. 前氧传感器的作用是_____
_____。
6. 后氧传感器的作用是_____
_____。
7. 评价氧传感器性能的三个指标是_____、_____和_____。
8. 宽型氧传感器的优点是_____。
9. 氧传感器的失效形式有_____、_____、_____、_____、
_____。
10. 氧传感器失效后常见的故障现象有_____。
11. 空燃比反馈控制系统是根据_____的反馈信号调节喷油器的喷油量，从而达到最佳空燃比控制。
12. 氧传感器的输出信号随排气中的氧气的含量而变化，当混合气的空燃比大于 14.7 时，它输出近_____V 的电压信号；当混合气的空燃比小于 14.7 时，它输出近_____V 的电压信号。
13. 燃油修正分为_____和_____两种形式。
14. 短期燃油修正在开环状态下是否起作用？_____。
15. STFT 为负数是否能够说明空燃比一定是小于 14.7？_____。
16. STFT 为正数是否能够说明空燃比一定是大于 14.7？_____。
17. 系统进入开环的影响因素有哪些？
_____
18. 在一个稳定的发动机工况下，喷油量的大小影响因素有哪些？
_____
19. 如果空气流量计因老化信号飘移，造成信号电压偏高，则长、短期燃油修正的变化趋势为_____。
20. 当空气流量计 MAF 受到污染后，长、短期燃油修正的具体表现是什么？
_____
21. 当使用 MAP 传感器作为进气计量时，如果进气道出现泄漏，则_____。
　　A. 增加喷油脉宽　　B. 氧传感器电压升高　　C. A 和 B 都对　　D. A 和 B 都错
22. 在燃油控制系统中，下列说法正确的有_____。
　　A. 长期燃油修正系数在急加速工况中不起作用
　　B. 短期燃油修正系数在起动工况中仍起作用
　　C. 短期燃油修正系数在急加速大负荷工况中不起作用
　　D. 仅在闭环燃油控制时起作用，开环时则不起作用
　　E. 存储在 PCM 内部的 RAM 中，即使断开蓄电池也不会丢失
　　F. 在开环燃油控制状态下，根据 MAP 和 TPS 信号学习更新
　　G. 更换了喷油器等燃油系统部件后，需要重新设定 RAM 以清除"长期燃油修正系数"

23. 下图是景程2.0发动机前、后氧传感器与ECM之间的连接关系,请填写相应内容。

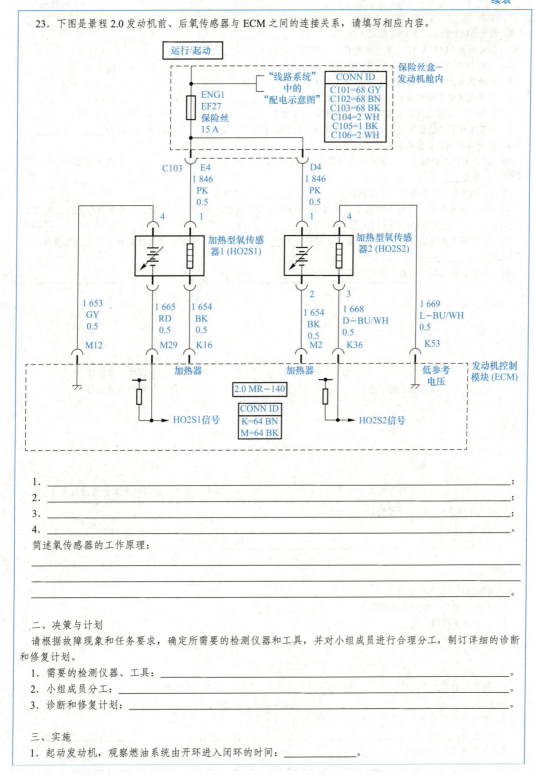

1. _____;
2. _____;
3. _____;
4. _____。

简述氧传感器的工作原理:
_____
_____
_____。

二、决策与计划

请根据故障现象和任务要求,确定所需要的检测仪器和工具,并对小组成员进行合理分工,制订详细的诊断和修复计划。

1. 需要的检测仪器、工具:_____。
2. 小组成员分工:_____。
3. 诊断和修复计划:_____。

三、实施

1. 起动发动机,观察燃油系统由开环进入闭环的时间:_____。

续表

2. 断开 MAP 插头，系统还能进入闭环控制吗？_____。
3. 同时断开 MAF 与 TP，系统还能进入闭环控制吗？_____。
4. 断开 ECT 与 IAT，系统还能进入闭环控制吗？_____。
5. 发动机节气门后方漏气，短期修正系数如何变化？_____。
6. 向进气道喷少许化清剂，短期修正系数如何变化？_____。
7. 观察进气道漏气后，长期燃油修正系数如何变化？_____。
8. 将 TECH Ⅱ 诊断仪与发动机诊断接口连接，打开点火开关，读取故障码，故障码情况为_____。
9. 氧传感器加热器供电保险的阻值是_____。
10. 拔下氧传感器插头，测量前氧传感器加热电阻阻值，实测值为_____；后氧传感器加热电阻阻值的实测值为_____。
11. 测量插头 1 端电源电压，实测值为_____，标准值为_____。
12. 将发动机热车至正常工作温度，并以 2 500 r/min 转速运转，用万用表测量氧传感器信号电压，电压在_____之间波动，10 s 内变化次数为_____次。
13. 突然踩下加速踏板时，混合气变浓，信号电压_____；突然松开加速踏板时，混合气变稀，信号电压_____。
14. 在下面画出氧传感器在各种工况下的波形：

正常工况（怠速）	拔下压力调节器真空管 （堵住进气管处的真空口）
松开堵住的真空口	制造大量真空泄漏或使某缸喷油器停喷

通过上述检查，得出以下结论：
_____
_____。

四、检查
故障排除后，进行以下检查。
1. 起动发动机，检查故障灯是否点亮：_____。
2. 检查怠速情况：_____。
3. 检查排放情况：_____。

五、评估
1. 请根据自己任务完成的情况，对自己的工作进行自我评估，并提出改进意见。
_____。
2. 教师对小组工作情况进行评估，并进行点评。
_____。
3. 学生本次任务成绩：_____。

单元二
进气控制系统故障检修

任务一　进气压力测量

◆ 知识目标

掌握进气歧管真空度的测量原理。

◆ 能力目标

1. 能正确进行真空压力表的安装，并对进气歧管进行压力测量；
2. 能对进气歧管的压力值进行分析，判断故障部位；
3. 能与他人合作，进行计划制订、资料查询，按计划组织实施。

◆ 素质目标

1. 能快速准确收集信息与资料；
2. 具备车间7S管理的素养；
3. 具备安全意识与环保意识。

一辆雪佛兰科鲁兹轿车出现以下故障现象：发动机动力怠速不稳、出现"突突"声，故障灯不亮，怀疑是进气系统泄漏，首先对进气歧管压力进行检测、验证。

一、进气系统的组成

发动机工作时，空气经空气滤清器过滤后，由空气流量传感器检测进气量，通过节气门体进入进气总管，再通过进气歧管分配给各缸。节气门用来控制进气量的大小，从而控制发动机负荷。怠速时，油门踏板抬起，怠速进气量通过以下两种方式进入进气总管：一种方式是空气从节气门体外部或内部设有与主进气道并联的旁通空气道［图2-1-1（a）］进入，这种方式叫作旁通式进气系统；另一种是由节气门电动机带动节气门打开一个微小角度，以允许空气通过［图2-1-1（b）］，这种方式叫作直供式进气系统。

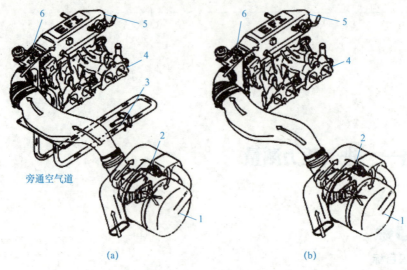

图 2-1-1　进气系统组成
（a）旁通式进气系统；（b）直供式进气系统
1—空气滤清器；2—空气流量传感器；3—怠速转速控制阀；4—进气歧管；5—动力腔；6—节气门体

二、进气量的测量方法

1. 速度密度法（间接检测方法）

速度密度法的主要工作是确定进入发动机的空气量，用装在进气歧管上的歧管绝对压力传感器（MAP）测量进气真空度，将这个测量值与大气压力对比。速度密度公式利用MAP数值除以大气压力值来确定发动机负荷。在大负荷下，MAP数值接近大气压力值；由于MAP本身的反应会有轻微的延迟，控制系统基于节气门位置、大气压力和怠速阀位置计算出理论的MAP数值，与实际的值对应，从而进行故障诊断；考虑到废气再循环量在进气歧管中占据了一部分体积，减少了燃烧室容积，需要更少的空燃比混合气。因此，在计算基本进气量的过程中，将废气再循环的空气量考虑在内。采用这种方法检测进气量的发动机称为 D 型电控发动机，如图 2-1-2 所示。

2. 进气流量法（间接检测方法）

进气流量法是直接利用空气流量传感器（AFS）所提供的信号来代表进气量。采用这种方法检测进气量的发动机称为 L 型电控发动机，如图 2-1-3 所示。

3. 空气密度法（直接检测方法）

空气密度法是直接利用空气质量传感器（MAF）所提供的信号来代表进气量。采用这种方法检测进气量的发动机称为 M 型电控发动机。空气质量传感器的安装位置与空气流量传感器的安装位置一致。

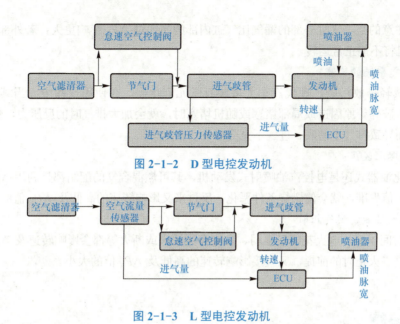

图 2-1-2 D 型电控发动机

图 2-1-3 L 型电控发动机

三、进气歧管真空度测量原理

对于汽油发动机来说,进气系统密封性、点火性及空燃比是影响汽油发动机使用性能的三大因素,其中,进气系统密封性尤为关键。

检测进气歧管真空度能够较全面地反映汽油发动机各相关零部件的状态、空燃比及点火性能等,具有较高的可信度。因此,进气歧管真空度检测法在现代汽车上得到广泛应用。

当汽油机运转时,进气歧管中就会产生真空度,进气歧管真空度的大小可用 ΔP_X 表示。ΔP_X 是汽油机各缸交替进气时对进气歧管形成的负压总和,其值及稳定性与工作气缸的数目、汽油机转速、进气系统密封性、点火系统点火性能好坏及空燃比大小成正比,而与节气门开度成反比。

转速高低及节气门开度大小是汽油机工况的基本表征,两者均直接影响空燃比及燃烧条件。ΔP_X 值的大小及波动幅度反映了汽油发动机工况的好坏。例如,当节气门开度一定时,若汽油发动机转速下降,则混合气质量就会变差,燃烧条件恶化,使可燃混合气的燃烧速度变慢,导致转速进一步下降,此时进气歧管中的 ΔP_X 值就会减小,而 ΔP_X 值减小后,又会影响喷油量的多少,从而形成连锁反应。另外,节气门开度、进气系统的密封性、点火系统的点火性及空燃比等因素发生变化时,也会影响 ΔP_X 值的大小。

四、进气歧管真空度测量所能覆盖的内容

1. 进气系统的密封性能

气缸内部因素有气缸、气缸垫、气缸盖、活塞、活塞环、气门、气门座。

气缸外部因素有气门导管、气门弹簧、液力挺杆、进气管垫、喷油器密封圈、节气门体垫、进气软管等。

值得注意的是，气缸外部的漏气比气缸内部的漏气对 ΔP_X 影响更大，若外部密封性变差，汽油机将不能正常运转。

2．排气系统的堵塞

为了减轻排放污染，现代汽车大多装有三元催化器。在使用过程中，当其内部因结胶、积炭、破碎等原因造成局部堵塞或随机堵塞时，就会加大排气时的反压力，使 ΔP_X 值过低，从而导致排气不彻底、进气不充分。

3．空燃比 A/F

无论化油器式还是电控汽油喷射式发动机，其可燃混合气的配制都是利用 ΔP_X 来控制的。若 A/F 值失准，就会使燃烧条件恶化，反过来又影响转速的高低及 ΔP_X 值的大小。

4．点火性能、配气正时

点火时间早晚、电火花能量强弱、各缸有无缺火或断火等都会影响转速及 ΔP_X 值。配气正时既是点火正时的前提，又直接影响转速的高低及 ΔP_X 值的大小。

真空度的测量实施如下。

1．真空表的安装

检测进气歧管真空度，应将真空表接于节气门的后方，如图 2-1-4 所示，并使汽油机在正常状态下按规定的怠速运转，查看真空表的读数和指示状态。

如果改变节气门的开度（急加速或急减速）就会获取真空度的变化值，根据这些数值的变化，即可分析和判断发动机存在的故障。

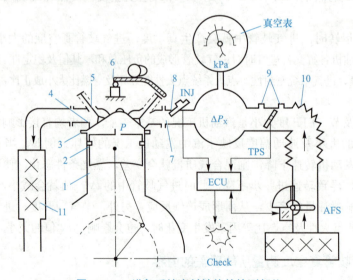

图 2-1-4　进气系统密封性能的检测部位

1—气缸；2—活塞和环；3—气缸盖和垫；4—气门和气门座；5—气门弹簧和导臂；
6—液力挺杆；7—进气管垫；8—喷油器密封圈；9—节气门前后的真空管路；
10—进气软管；11—三元催化器；P—气缸压力；ΔP_X—进气管真空度

2. 怠速真空度测试

检测发动机进气歧管真空度，应将真空表接于节气门的后方，起动发动机，在正常怠速状态下运转时，如果各系统均工作正常，则真空表指针应稳定在 57～71 kPa，对于新式发动机，其怠速时的真空度会比转速稍高时低一些。这是因为在新式发动机的设计中进气持续时间偏长。因此，有些发动机的真空度会在 50 kPa 左右。如果对所测汽车的数据有怀疑，则可以找相同的汽车进行比较测量。如怠速测试时真空表读数不正常，则需进行如下测试：

（1）检查基本点火正时；
（2）检查气门正时；
（3）检查气缸压缩压力；
（4）检查曲轴箱强制通风阀。

3. 节气门随动性测试

节气门随动性测试可反映出活塞漏气的严重程度。如果在迅速开闭节气门时，真空表指针在 7～85 kPa 灵敏摆动，此时表明进气歧管真空度对节气门开度的随动性较好。同时，也说明发动机各系统（特别是进气系统的密封性）工作良好。指针摆动幅度越宽，则表明发动机技术状况越好。假如发动机存在故障（特别是机械故障中的密封性变差），就会出现与上述数值不同的进气歧管真空度。

4. 排气系统堵塞测试

排气系统堵塞主要是由于三元催化器和消声器内因结胶、积炭或破碎而造成的。由于时通时堵，排气时反压力大，使 ΔP_X 值过低，导致排气不彻底、进气不充分、转速不稳、加速无力、空燃比失常、点火调节失控等故障的发生。

由于排气系统有较大的反压力，在怠速状态下，ΔP_X 值有时可达到 53 kPa，但很快又会跌落为 0 或更低。堵塞严重时，发动机只能勉强运转。此时，可通过观察尾管冒烟状态或拆下排气管，运转验证即可。

发动机在大约 2 500 r/min 时进行测试，如果真空表读数 ΔP_X 值逐渐下降，则表明排气系统有堵塞现象。

5. 点火与配气正时测试

点火性能的指标包括火花能量、点火时刻及各工况有无缺火、断火、交叉点火现象等。点火时刻又直接影响气缸内燃烧情况的好坏，关系到发动机的转速和 ΔP_X 值的高低；反之，ΔP_X 值的高低又影响空燃比的大小。

如果系统均正常，则动态的最佳点火提前角所对应的是最大的 ΔP_X 值。

判断某一缸故障：当单缸断火时，若该缸原本工作正常，则 ΔP_X 值会明显地跌落（跌落值可达 3～5 kPa）；如果该缸原本不工作或工作不好，则 ΔP_X 值无变化或跌落值较小，说明该缸的点火、喷油及密封性不好。这是在发动机出现怠速不稳的时候判断某一缸故障较好的方法。

6. 其他项目测试

以下情况下进行怠速测试，真空表读数较低，且指针在 17～64 kPa 大幅度摆动。

（1）气门密封性变差时，其真空度比正常值跌落 3～23 kPa，且指针有规律波动。
（2）气门机构失调，气门开启过迟，则真空度稳定为 27～47 kPa。
（3）气门弹簧折断或弹力不足时，转速表在 2 000 r/min，真空表读数迅速在 33～74 kPa

范围内波动，若某一个气门折断，则指针将相应地产生快速波动。

（4）气缸垫漏气：此情况下进行怠速测试，真空表读数较低，且指针在17～64 kPa大幅度摆动。

（5）气门烧坏或气门间隙不合适：发生此故障时，真空表指针稳定，但每当有问题的气缸工作时，指针就会跌落，且跌值在6.7 kPa以上。

7. 单位换算

压力单位包括Pa（帕斯卡，即牛顿/平方米）、kPa（千帕）、MPa（兆帕）、bar（巴）、mmHg（毫米汞柱）、psi（磅力/平方英寸）、kg/m²（千克/平方米）。

换算关系：

1 MPa=10 bar=10^3 kPa=10^6 Pa

1 bar=14.5 psi

1 kg/m²=9.8 Pa

8. 进气歧管真空度测量应用案例

某压力型（D型）喷射发动机（克莱斯勒系列）怠速不稳，行驶无力，伴有回火和放炮现象，起步时车身抖动。

经过诊断可能是某一气缸不工作，导致动力不足。用真空表测量真空度时，仅35 MPa左右，且大幅度波动。利用检测仪的断油功能，结合真空表，可以很快地发现有一个气缸不工作。进行气缸压力检测，发现压力只有0.5 MPa，加少许机油再测，发现缸压依旧很低，判定可能进、排气门漏气。拆下缸盖后发现气门已经出现裂纹，更换气门后恢复正常。

微课：进气压力测量

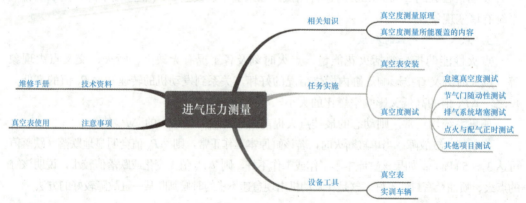

绝对真空只存在于理论中，是实验室制造的。世界的本质是物质及其联系，物质是运动的，运动是有规律的。万事万物总表现为一定的物质形态和相互的联系。运动、时间和空间是物质存在的形式。

任务工单 2.1　进气压力测量

单元名称	进气控制系统故障检修	学时	2	班级	
学生姓名		学生学号		任务成绩	
实训设备	雪佛兰科鲁兹发动机、进气歧管真空压力表	实训场地	汽车实训中心	日期	
工作任务	一辆雪佛兰科鲁兹轿车出现以下故障现象：发动机动力怠速不稳、加速不良，故障灯不亮，需对进气歧管压力进行检测				
任务目的	能正确安装真空压力表，制订工作计划，并按计划对进气压力进行测量，分析进气压力异常引起故障的现象与原因				

一、资讯

1. 影响汽油发动机性能的三大因素是_____、_____、_____。
2. 发动机运转时，进气歧管中就会产生_____，其是发动机各缸交替进气时对进气歧管形成的负压_____总和。
3. 进气歧管真空度的大小与_____成正比，与_____成反比。
4. 当节气门开度一定时，若汽油发动机转速下降，则混合气质量就会变差，燃烧条件恶化，使可燃混合气的燃烧速度变慢，导致转速进一步下降，此时进气歧管中的真空度就会_____。
5. 真空表的安装位置是_____。
6. 进气压力的测量所能覆盖的内容有_____
_____。

二、决策与计划

请根据故障现象和任务要求，确定所需要的检测仪器和工具，并对小组成员进行合理分工，制订详细的诊断和修复计划。
1. 需要的检测仪器、工具：_____。
2. 小组成员分工：_____。
3. 诊断和修复计划：_____。

三、实施

1. 正常怠速下，进气歧管中的真空度是_____。
2. 迅速开关节气门的情况下，进气歧管中的真空度是如何变化的？结论如何？
_____。
3. 对某一缸进行断缸控制，观察真空表压力的变化。
_____。
4. 拔掉某一真空管，制造进气歧管漏气，观察真空表压力的变化。
_____。
5. 将排气管堵塞，观察真空表压力的变化。
_____。
6. 真空表的单位是_____，换算成国际单位是_____。

四、评估

1. 请根据自己任务完成的情况，对自己的工作进行自我评估，并提出改进意见。
_____。
2. 教师对学生工作情况进行评估，并进行点评。
_____。
3. 学生本次任务成绩：_____

任务二 空气流量传感器与进气歧管绝对压力传感器故障检修

◆知识目标
1. 掌握空气流量传感器的安装位置、结构、作用和工作原理；
2. 掌握进气歧管绝对压力传感器的安装位置、结构、作用和工作原理。

◆能力目标
1. 能使用万用表、故障诊断仪、示波器对空气流量传感器与进气歧管绝对压力传感器电路进行检测；
2. 能按照正确操作规范进行空气流量传感器、进气歧管绝对压力传感器的更换；
3. 能正确检查空气流量传感器与进气歧管绝对压力传感器故障的修复质量；
4. 能通过与客户交流、查阅相关维修技术资料等方式获取车辆信息。

◆素质目标
1. 培养快速准确收集信息与查询资料的能力；
2. 具备车间5S管理素质；
3. 具备安全意识与环保意识。

一辆2015款君威LLU发动机因为空气流量传感器发生故障，出现以下故障现象：初期发动机抖动，怠速不稳，运转一段时间后变得平稳，但加速无力，急加速时进气管回火、故障灯亮。读取故障码，观察故障现象，对该传感器进行检修以验证故障。

一、空气流量传感器

空气流量传感器（Mass Air Flow/Air Flow Sensor，MAF/AFS）是用来检测发动机进气量的传感器之一，又称为空气流量计（Air Flow Meter，AFM）

（一）空气流量传感器的安装位置与作用

一般情况下，空气流量传感器安装在空气滤清器的后面，如图2-2-1所示。当发动机工作时，空气经空气滤清器过滤后，由空气流量传感器检测进气量，再通过节气门体进入进气总管。采用空气流量传感器直接测量吸入进气管的空气流量，适用于EFI-LH/M型发动机，其功用是检测发动机进气量大小，并将进气量信息转换成电信号输入电控单元（ECU），以供ECU计算喷油时间（喷油量）和点火时间（点火提前角）。

图 2-2-1 空气流量传感器及其安装位置

（二）空气流量传感器的类型

空气流量传感器按其结构形式和进气量的检测原理可分为翼板式（叶片式）空气流量传感器、卡门涡旋式空气流量传感器、热线式空气流量传感器、热膜式空气流量传感器四种。叶片式与卡门涡旋式空气流量传感器测量空气流量，属于间接测量型，应用在L型系统上，ECU再将空气流量换算成空气质量进行喷油与点火控制。它们主要应用在早期的车型上，由于其体积大、价格高，故基本不再用于现在车型。现在车型应用的主流产品是热线式或热膜式空气流量传感器，属于直接测量型，应用在LH型和M型系统上，因其直接测量进气质量，不用进行大气压力与温度修正且控制简单而被广泛采用。

1. 热线式空气流量传感器

（1）热线式空气流量传感器结构。

空气流量传感器（MAF）和进气温度传感器（IAT）结合在一起组成热线式空气流量传感器结构。空气流量传感器测量进入发动机的空气质量，在所有发动机转速和负载条件下，发动机控制模块（ECM）利用空气流量传感器信号提供正确的燃油输送量。

热线式空气流量传感器有主流测量方式和旁通测量方式两种。热线式空气流量传感器包括用铂丝制成的热线、温度补偿电阻（冷线）、电子回路等。图2-2-2所示为主流测量方式的热线式空气流量传感器结构。它主要由取样管、铂丝（热线）、温度补偿电阻、控制线路板、连接器和防护网等组成。热线直径为70 μm，用铂丝制成，安放在取样管中。取样管安置在主进气道中央，两端有金属防护网，防护网用卡箍固定在壳体上。控制线路板上有5个插头与发动机电子控制单元（ECU）连接，以传递信号。还有一种是旁通测量方式的热线式空气流量传感器，它与主流测量方式的热线式空气流量传感器的主要区别是：铂丝热线和补偿电阻（冷线）安置在旁通气道上。热线和温度补偿电阻是用铂丝缠绕在陶瓷螺旋管上制成的。

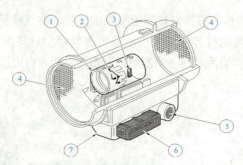

图 2-2-2　热线式空气流量传感器

1—取样管；2—铂丝（热线）；3—对比电阻（冷线）；4—过滤格；5—校准螺钉；
6—电气连接头；7—电子控制单元

（2）热线式空气流量传感器工作原理。

①测量原理。如图 2-2-3 所示，发热元件电阻 R_H 和温度补偿电阻 R_T 分别连接在惠斯通电桥的两臂上，只有当发热元件的温度高于进气温度时，电桥电压才能达到平衡，并由具有电流放大作用的控制电路 A 控制加热电流（50～120 mA）来保持发热元件温度 T_H 与温度补偿电阻温度 T_T 之差恒定（$T=T_H-T_T=120\ ℃$）。

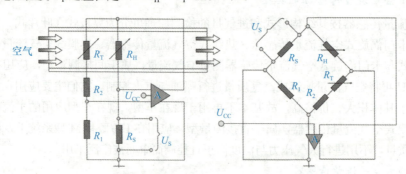

图 2-2-3　热线式空气流量传感器工作原理

当空气气流流经发热元件使其冷却时，发热元件温度降低，阻值减小，电桥电压失去平衡，控制电路将增大供给发热元件的电流，使其温度保持高于温度补偿电阻温度 120 ℃。电流增量的大小取决于发热元件受到冷却的程度，即取决于通过传感器的空气量。当电桥电流增大时，取样电阻 R_S 上的电压就会升高，从而将空气量的变化转换为信号电压 U_S 的变化，当信号电压输入 ECU 后，ECU 便可根据信号电压的高低计算出空气流量的大小。

当发动机怠速或空气为热空气时，因为怠速时节气门关闭或接近全闭，所以，空气流速降低，空气流量减小，又因空气温度越高，空气密度越小，所以在体积相同的情况下，热空气的质量减小，因此，发热元件受到冷却的程度、阻值和幅度，以及保持电桥平衡需要的电流也随之减小。

当发动机负荷增大或空气为冷空气时，因为节气门开度增大，空气流速加快，使空气流量增大，从而冷空气密度增大。在体积相同的情况下冷空气质量增大，所以，发热元件受到冷却的程度增大，阻值减小而幅度变大，保持电桥平衡需要的电流增大，因此，发动机负荷增大时，信号电压也随之升高。

②自洁原理。热线式空气流量传感器在使用一段时间后，由于热丝表面受空气尘埃脏污，其热辐射能力降低，将会影响热线式空气流量传感器的测量精度，因此，控制电路中设计了"自洁电路"来实现自洁功能。当发动机转速超过 1 500 r/min 时，每当 ECU 接收到发动机熄火的信号时，ECU 将控制自洁电路接通，将热丝加热到 1 000 ℃并持续 1 s，使黏附在热丝上的尘埃被烧掉。另一种防止热丝脏污的方法是提高热丝的保持温度，一般将保持温度设定在 200 ℃以上，以便烧掉黏附的污物。

2. 热膜式空气流量传感器

热膜式空气流量传感器的结构原理与热线式空气流量传感器基本相同，只是将 R_H 热丝电阻制成金属膜，并与其他桥式电阻一起结合在陶瓷底板上，如图 2-2-4 所示。

加热热膜所需的电流与通过空气流量传感器进入发动机的空气量成正比。

热膜式空气流量传感器制造成本低，热膜电阻可以承受较大气流的冲击，提高了可靠性；不需要自洁，对于污染物的感应不如热线式空气流量传感器敏感，使其在发动机中的应用更加可靠和合适。

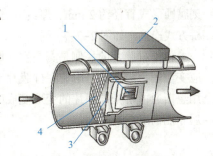

图 2-2-4　热膜式空气流量传感器
1—热膜；2—控制电路；3—温度传感器；4—防护网

二、进气歧管压力传感器

（一）进气歧管压力传感器的安装位置与作用

采用进气歧管绝对压力传感器（Manifold Absolute Pressure Sensor，MAP）（简称进气压力传感器）来检测进气量的电喷发动机称为 D 型喷射系统（速度密度型）。一般情况下，进气压力传感器安装在节气门后方进气歧管上压力波动小的部位，如图 2-2-5 所示。

进气压力传感器检测进气量不像进气流量传感器那样直接检测，而是采用间接检测，测量因发动机负荷和转速变化而导致的进气歧管压力变化，并将这些变化转换为电压信号输送给 ECU 作为喷油器基本喷油量的依据，同时检测废气循环量。进气压力越大，进气量越多，喷油越多，点火提前角就越小。有些车型同时安装进气流量传感器，以提高检测精度。

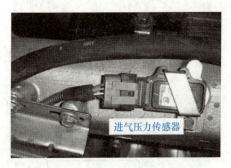

图 2-2-5　进气压力传感器的安装位置

（二）进气压力传感器的结构与原理

1. 进气压力传感器的类型

进气压力传感器按其信号产生的原理可分为电压型和频率型两种。电压型有半导体压敏电阻式和膜盒传动的可变电感式;频率型有电容式和表面弹性波式。其中,半导体压敏电阻式由于压敏电阻具有响应时间快、检测精度高、尺寸小且安装灵活等优点,因而被广泛用于 D 型喷射系统。

2. 半导体压敏电阻式进气压力传感器

(1)工作原理。半导体压敏电阻式进气压力传感器是由压力转换元件和将压力转换元件输出信号进行放大的混合集成电路构成的。

压力转换元件是利用半导体的压电效应制成的硅膜片。把硅膜片的一面抽成真空,另一面导入进气歧管压力,如图 2-2-6 所示。硅膜片为边长约 3 mm 的正方形,其中部经光刻腐蚀形成直径约 2 mm、厚约 0.050 mm 的薄膜,薄膜周围有 4 个应变电阻,以惠斯通电桥方式连接,如图 2-2-7 所示。

由于硅膜片的一侧是真空室,因此,进气歧管的压力越高,硅膜片的变形就越大,其应变与压力成正比。附着在硅膜片上的应变电阻的阻值与压力成正比变化,这样就可以利用惠斯通电桥把硅膜片的变形变成电信号。因电信号很微弱,故必须由集成电路将其放大后才能输出至 ECU。

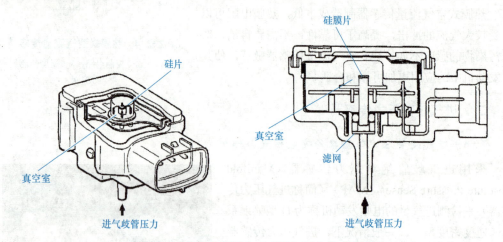

图 2-2-6 半导体压敏电阻式进气压力传感器结构

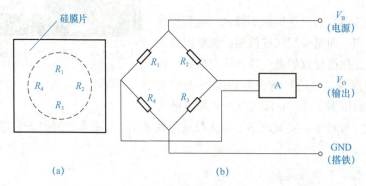

图 2-2-7 半导体压敏电阻式进气压力传感器工作原理

(a)硅膜片;(b)电桥电路

（2）输出特性。半导体压敏电阻式进气压力传感器的输出特性如图 2-2-8 所示，当进气歧管内压力升高时，输出电压升高。发动机减速滑行时节气门关闭，进气歧管内将产生一个相对较低的绝对压力输出。进气歧管绝对压力与真空度相反，当歧管压力高时，真空度低。下面以 2015 款君威汽车进气压力传感器信号与进气歧管绝对压力、真空度为例阐述它们之间的关系，见表 2-2-1。

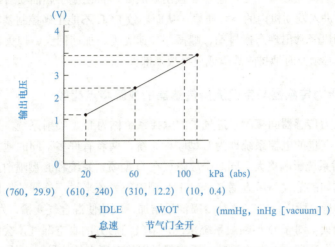

图 2-2-8　半导体压敏电阻式进气压力传感器的输出特性

表 2-2-1　2015 款君威汽车进气压力传感器信号与进气歧管绝对压力、真空度的关系

压力传感器电压 /V	4.9	4.4	3.8	3.3	2.7	2.2	1.7	1.1	0.6	0.3	0.3
绝对压力 /kPa	100	90	80	70	0	50	40	30	20	10	0
真空度 /kPa	0	10	20	30	40	50	60	70	80	90	100

进气压力传感器还可用于测量大气压力，此测量是作为进气压力传感器计算中的一部分来完成的。在点火开关接通且发动机未运行的情况下，发动机控制模块将进气歧管压力读作大气压，它不受由于海拔高度和其他因素引起的大气压力波动影响，并相应调节空燃比。这种对海拔高度的补偿，使系统可在保持低排放的同时保持操纵性能。在稳定行驶或在节气门体全开时，大气压力数值将定期更新。

三、空气流量传感器或进气歧管压力传感器的失效控制

失效安全功能是将发动机运行工况控制到更安全状态的控制方式。如果重要传感器发生故障，可以通过其他输入信号假定行驶状况，根据提前建立的数值继续工作。当空气流量传感器或进气歧管压力传感器发生故障时，控制燃油喷射脉冲宽度使之与发动机转速和节气门开度相对应，从而可以继续行驶。此时在大约 2 400 r/min 时燃油切断起作用，将急速转速定在 1 000 r/min［800 r/min（N 和 P 挡除外）］。

一、空气流量传感器与进气压力传感器的一般故障现象

空气流量传感器与歧管压力传感器一旦出现故障,将使电子燃油喷射系统的计算机不能正确计算当前进入发动机内的空气质量,从而导致 ECU 不能正确控制基本喷油量和点火提前角,使发动机经常出现怠速抖动、喘振、加速无力、加速回火、熄火、排放超标等故障现象。因此,必须及时地排除故障或更换故障部件。

二、进气压力传感器与空气流量传感器的故障特点比较

采用进气压力传感器间接测量进气量的电控系统称为 D 型喷射系统,采用空气流量传感器直接测量进气量的电控系统称为 L 型喷射系统,两者有许多不同的地方,歧管内的真空度对 D 型喷射系统影响更大。同一个故障点在 D 型喷射系统和 L 型喷射系统的故障表现是不一样的,例如:节气门后方漏气,对于 L 型喷射系统来说,外漏的气体没有经过进气流量传感器的计量,所以,ECU 不会令喷油量增加,以致使混合气变稀,发动机动力不足、怠速不稳甚至熄火。对于 D 型喷射系统来说,节气门后方的真空漏气,会使歧管内的真空度下降,绝对压力升高。由于 D 型喷射系统都是以绝对压力的信号输出给 ECU 的,所以,ECU 根据绝对压力升高的信号,令喷油量增加,提高发动机的转速,造成怠速过高。如果漏气严重且 ECU 有超速断油功能,当转速增加到 1 500 r/min 时,ECU 将开始断油降速,当降到一定的转速时,ECU 又开始供油提高转速,如此循环往复,以致发动机产生游车现象。

由此可以看出,L 型喷射系统与 D 型喷射系统的真空漏气故障主要表现在发动机怠速工况下的不同。L 型喷射系统表现为怠速不稳,甚至熄火,而 D 型喷射系统则表现为怠速过高,甚至游车。另外,D 型喷射系统若在节气门前方漏气,将不影响发动机的工作,这也是 D 型喷射系统的一个特点。

三、空气流量传感器与进气压力传感器的一般故障部位

空气流量传感器与进气压力传感器的故障部位一般出现在外部线路、传感器本身和 ECU 三个部分。外部线路故障主要表现为线路断路、短路、虚接;空气流量传感器故障主要表现为热丝烧断、热膜破裂、热丝脏污、外壳破裂、防护网堵塞、控制电路故障;进气压力传感器故障主要表现为真空管破裂、真空管堵塞、外壳破裂、控制电路故障;ECU 故障主要表现为不能提供电源、内部搭铁故障。

四、空气流量传感器故障检修

以 2015 款君威 LLU 发动机为例进行热膜式空气流量传感器检修。

1. 资料查询

资料查询如图 2-2-9 所示。

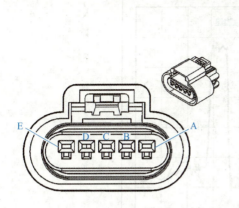

针脚	导线	电路	功能
A	0.5 YE（黄色）	492	空气流量传感器信号
B	0.5 BK/WH（黑色/白色）	451	信号搭铁
C	0.5 PK/BK（粉红色/黑色）	5293	发动机控制模块继电器带保险丝电源
D	0.5 TN（棕黄色）	2760	进气温度传感器低电平参考电压
E	0.5 L-BU（浅蓝色）	6289	进气温度传感器信号

图 2-2-9　2015 款君威 LLU 发动机热膜式空气流量传感器端子示意

2. 传感器故障检修的一般流程

传感器故障检修的一般流程如图 2-2-10 所示。

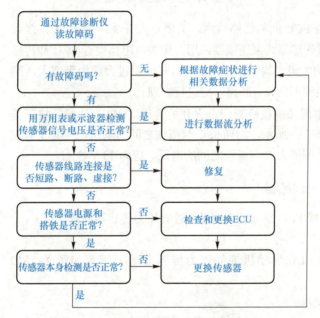

图 2-2-10　传感器故障检修的一般流程

3. 传感器故障检修

（1）用 GDS 读取故障码。

（2）检测信号电压。若有故障码，则用万用表测量传感器动态信号电压。如图 2-2-9 所示，起动发动机，检测插头 A 与搭铁之间的电压，急速时应为 1.4 V 左右，急加速时应达到 2.8 V；或者用示波器观察信号电压波形（图 2-2-11）。起动发动机，用示波器观测插头 A 与搭铁之间的信号波形。

实测波形分析，注意"四看"：一看变化趋势；二看数据正确性；三看稳定性；四看响应性。

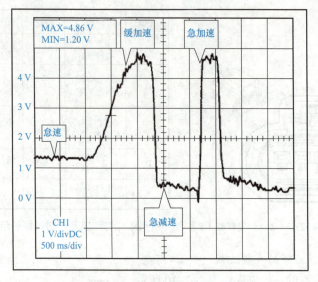

图 2-2-11 空气流量传感器波形

（3）传感器与 ECU 间的线路检测。关闭点火开关，拔下 ECU 线束连接器和空气流量传感器线束连接器，用万用表电阻挡检查 ECU 和传感器有关端子之间的电阻，均应小于 0.5 Ω。若电阻过大或为无穷大，则说明线束与端子接触不良或有断路，应进行修理。

（4）传感器电源和搭铁检测。点火开关置于"OFF"位置，拔下传感器插头，如图 2-2-9 所示，测插头 C 与搭铁之间的电压，应为 5 V 左右。起动发动机，测插头 C 与搭铁之间的电压，应为 13 V 左右。

微课：空气流量传感器故障检修

五、进气压力传感器

以 2015 款君威 LLU 发动机为例进行进气压力传感器检修。

1. 资料查询

2015 款君威 LLU 发动机进气压力传感器端子示意如图 2-2-12 所示。

微课：进气压力传感器检修

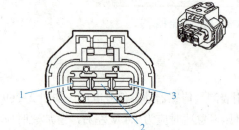

针脚	导线	电路	功能
1	0.5 棕色/红色	2704	进气歧管绝对压力传感器 5 V 参考电压
2	0.5 黑色/深绿色	469	进气歧管绝对压力传感器低电平参考电压
3	0.5 深绿色/白色	432	进气歧管绝对压力传感器信号

图 2-2-12 2015 款君威 LLU 发动机进气压力传感器端子示意

2. 传感器故障检修的一般流程

参见图 2-2-10 所示的传感器故障检修的一般流程。

3. 传感器故障检修

（1）检查与进气歧管绝对压力传感器（MAP）连接的真空管是否开裂、泄漏或堵塞。必要时，修理或更换真空管。

（2）用 GDS 读取故障码，有故障码进入第（3）步，无故障码做其他相关系统的检查。

（3）检测信号电压。若有故障码，用万用表测量传感器动态信号电压：起动发动机，测插头 3 与搭铁之间的电压，观察怠速时与节气门全开时的电压，与表 2-2-2 对应，是否符合要求。

表 2-2-2　压力传感器信号的参考电压

参考电压	1.04～1.57 V	怠速
	4.5～4.9 V	节气门全开

如果信号电压符合要求，检查进气歧管绝对压力传感器连接器端子 3 和发动机控制模块连接器端子 A7 之间的导线对电压是否短路。如果不短路进入第（4）步。

（4）检测电源电压。将点火开关置于"OFF"位置，断开进气歧管绝对压力传感器连接器，接通点火开关，测量进气歧管绝对压力传感器连接器端子 1 和 2 之间的电压，电压测量值应符合规定值（4.5～5.5 V），否则进行电源与 ECM 电路通断检测。检查进气歧管绝对压力传感器连接器端子 1 和发动机控制模块连接器端子 X2～36 的导线，其应对蓄电池电压短路。

（5）检测搭铁与 ECM 电路通断。检查进气歧管绝对压力传感器连接器端子 2 和发动机控制模块连接器端子 X2～62 的导线，其应对蓄电池电压短路。否则，修理导线或连接器端子，清除发动机控制模块中所有故障诊断码。

学习小结

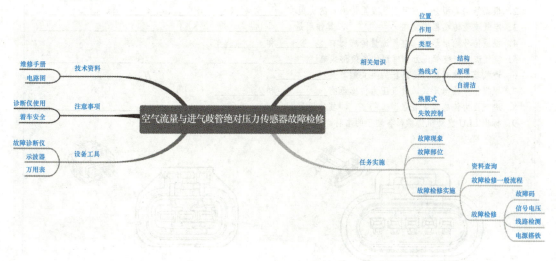

汽车发动机控制系统及检修

故障现象与故障部位，即故障的现象和故障的本质。本质和现象是揭示事物内部联系和外部表现相互关系的一对辩证法的基本范畴。本质是事物的内部联系，决定事物性质和发展趋向。现象是事物的外部联系，是本质在各个方面的外部表现。本质和现象是对立统一的关系。任何事物都有本质和现象两个方面。世界上不存在不表现为现象的本质，也没有离开本质而存在的现象。因此，应透过现象认识本质，把握事物的发展规律。

任务工单 2.2　空气流量传感器的检修

单元名称	进气控制系统故障检修	学时	4	班级	
学生姓名		学生学号		任务成绩	
实训设备	LLU 发动机、万用表、故障诊断仪、示波器	实训场地	发动机电控实训室	日期	
工作任务	一辆 2015 款君威汽车因为空气流量传感器故障出现以下故障现象：初期发动机抖动，急速不稳，运转一段时间后平稳，但加速无力，急加速时进气管回火、故障灯亮				
任务目的	掌握空气流量与进气压力传感器的检修方法，能制订故障检修计划，并利用诊断设备确定故障位置，对故障部件进行检测和更换				

一、资讯

1. 流量型空气流量传感器的英文缩写是_____，质量型空气流量传感器的英文缩写是_____。
2. 根据结构类型分，常用空气流量传感器的类型有_____、_____、_____、_____。
3. 空气流量传感器安装在_____，其作用是_____。
4. 根据信号输出形式，空气流量传感器有_____和_____。
5. 空气流量与歧管压力传感器的失效形式有_____、_____、_____。
6. 进气歧管绝对压力传感器的英文缩写是_____。
7. 根据信号输出形式，进气压力传感器有_____和_____。
8. 进气压力传感器安装在_____，其作用是_____。
9. 标出 LLU 发动机传感器各端子的名称。

空气流量传感器端子图　　　　进气压力传感器端子图

续表

空气流量传感器端子：
A：_____ B：_____ C：_____ D：_____ E：_____
歧管压力传感器端子：
1：_____ 2：_____ 3：_____

二、决策与计划
请根据故障现象和任务要求，确定所需要的检测仪器和工具，并对小组成员进行合理分工，制订详细的诊断和修复计划。
1. 需要的检测仪器、工具：_____。
2. 小组成员分工：_____。
3. 诊断和修复计划：_____。

三、实施
1. 将诊断仪与发动机诊断接口连接，打开点火开关，读取故障码，故障码情况为：_____。
2. 静态检测
（1）检测电源：_____传感器连接器；点火开关置于_____，用万用表测量连接器插头_____与_____间的电压，应为_____，测量值是_____。
（2）检测信号：起动发动机，用万用表测量连接器插头_____与_____间的电压，应为_____，测量值是_____。
（3）检测搭铁：_____传感器连接器，用万用表测量连接器插头_____与_____间的电阻，应为_____，测量值是_____。
3. 动态检测
（1）点火开关置于_____，插上传感器连接器。
（2）起动发动机，怠速时测量空气流量传感器中端子"A"与"E"的电压，A为_____，E为_____。怠速时，测量歧管压力传感器中端子"3"号端子的电压，电压为_____。
（3）急加速时测量空气流量传感器中端子"A"与"E"的电压，A为_____，E为_____。怠速时测量歧管压力传感器中端子"3"号端子的电压，电压为_____。
通过上述检查，得出以下结论：
_____。

四、评估
1. 请根据自己任务完成的情况，对自己的工作进行自我评估，并提出改进意见。
_____。
2. 教师对学生工作情况进行评估，并进行点评。
_____。
3. 学生本次任务成绩：_____。

任务三　温度传感器故障检修

◆知识目标

1. 掌握温度传感器的种类；
2. 掌握各类温度传感器的安装位置、结构、作用及工作原理。

◆ 能力目标

1. 能使用万用表、故障诊断仪、示波器等相关设备对温度传感器电路进行检测；
2. 能按照正确操作规范进行温度传感器的更换；
3. 能正确检查温度传感器的故障修复质量；
4. 能通过与客户交流、查阅相关维修技术资料等方式获取车辆信息。

◆ 素质目标

1. 培养快速准确收集信息与查询资料的能力；
2. 具备车间5S管理素质；
3. 具备安全意识与环保意识。

2008款丰田卡罗拉轿车的1ZR发动机因为温度传感器故障出现以下现象：混合气过浓，冒黑烟，起动困难，故障灯亮。读取故障码，对温度传感器进行故障检修，观察故障现象并验证故障。

一、温度传感器的监测种类与作用

从监测对象方面讲，温度传感器包括冷却液温度传感器、进气温度传感器和排气温度传感器。为了确定发动机的温度状态，正确地控制燃油喷射、点火正时、怠速转速和尾气排放，提高发动机的运行性能，发动机控制模块需要能连续精确地监测冷却液的温度、进气温度与排气温度（部分车型装备）等。

1. 冷却液温度传感器

冷却液温度传感器全称发动机冷却液温度传感器（Engine Coolant Temperature Sensor，ECTS），其安装在发动机冷却水管或缸体上，如图2-3-1所示。它用来监测发动机冷却液的温度，并将温度信号转变成电信号输送给发动机控制模块，作为汽油喷射、点火正时、怠速转速和尾气排放控制的主要修正信号。

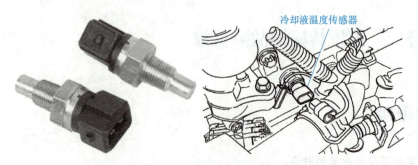

图 2-3-1　冷却液温度传感器及其安装位置

2. 进气温度传感器

进气温度传感器（Intake Air Temperature Sensor，IATS）安装在空气滤清器之后的节气门体附近（图2-3-2），或与进气压力传感器、空气流量传感器结合在一起，用来监测进气温度，并将进气温度信号转变成电信号输送给发动机控制模块，再与20 ℃的基本温度信号做比较，作为汽油喷射、点火正时、怠速转速和尾气排放控制的修正信号。

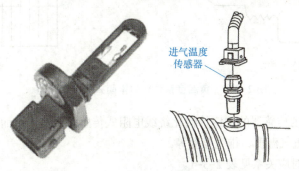

图 2-3-2　进气温度传感器及其安装位置

3. 排气温度传感器

排气温度传感器（Exhaust Gas Temperature Sensor，EGTS）安装在三元催化器上，如图2-3-3所示，是三元催化器内温度异常高时的报警系统，以防止因过热而使催化剂性能减退。

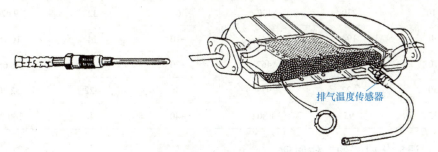

图 2-3-3　排气温度传感器及其安装位置

二、热敏电阻式温度传感器

1. 温度传感器的类型

温度传感器的类型有热敏电阻式、绕线电阻式、扩散电阻式、半导体晶体管式、金属芯式和热电偶式等。其中应用较多的是绕线电阻式和热敏电阻式温度传感器。

2. 负温度系数热敏电阻式温度传感器

目前，绝大多数车型上应用负温度系数热敏电阻式温度传感器。热敏电阻式温度传感器利用半导体的电阻随温度变化而变化的特性改变其阻值，其灵敏度较高，有NTC（负温度系数）和PTC（正温度系数）两种。负温度系数热敏电阻式温度传感器（图2-3-4）温度越高，传感器的电阻值越小，传感器的信号电压就越低。而正温度系数热敏电阻式温度传感器的热敏电阻的阻值随温度升高而上升，信号电压也随之升高。

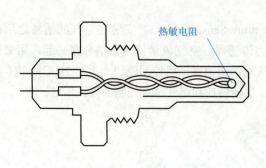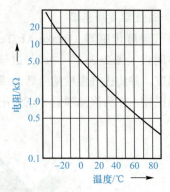

图 2-3-4　负温度系数热敏电阻式温度传感器

热敏电阻式温度传感器的响应特性比绕线电阻式传感器优良，因而被广泛地运用于监测发动机冷却液和进气温度、排气温度等。

温度与电阻的对应关系见表 2-3-1。

表 2-3-1　温度与电阻的对应关系

温度 /℃	温度 /℉	热敏电阻阻值 /Ω	温度 /℃	温度 /℉	热敏电阻阻值 /Ω
150	302	47	20	68	3 520
130	266	77	10	50	5 670
110	230	132	0	32	9 420
90	194	241	−10	14	16 180
70	158	467	−20	−4	28 680
50	122	973	−30	−22	52 700
35	95	1 802	−40	−40	100 700

三、温度传感器的工作原理

图 2-3-5 所示为温度传感器与发动机控制模块之间的连接电路。其中一根线通过发动机控制模块为传感器提供搭铁信号，有些车型的温度传感器用壳体直接搭铁；而另外一根线作为传感器的信号输出线，发动机控制模块就是用这根线向传感器提供一个 5 V 的参考电压，同时也通过这根线上的反馈电压来监测温度的高低。当温度上升时，传感器的电阻将减小，传感器两端的电压降也将下降，发动机控制模块就是根据该电压降来反映温度高低的。由此可知，对于负温度系数热敏电阻式温度传感器而言，温度越高，传感器的电阻值越小，传感器的信号电压就越低。

在 20 世纪 80 年代及以后生产的车型上，大多数发动机冷却液温度传感器和进气温度传感器都是按照相同的模式运行的，它们都属于负温度系数热敏电阻。通常情况下，温度传感器电阻的变化范围是从 −40 ℃时的 100 700 Ω 到 150 ℃时的 47 Ω；传感器的电压变化范围从冷态时的略小于 5 V 到正常工作时的 1～2 V，在正常发动机工作温度下，发动机冷却液温度传感器信号电压为 1.5～2 V。如果传感器电路出现开路，则信号电压将保持 5 V 的参考电压，如果传感器电路出现对地短路，则信号电压将保持 0 V。

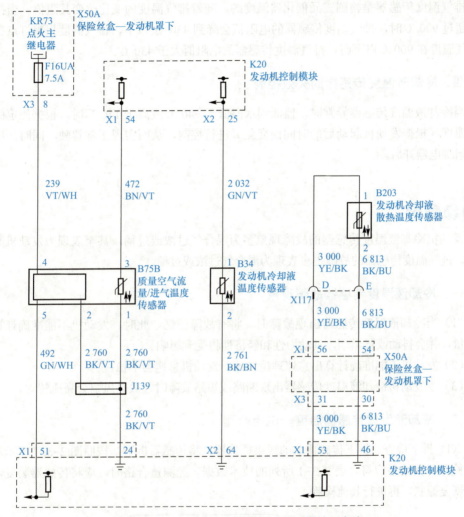

图 2-3-5　2015 款别克君威车温度传感器控制电路

冷却液温度传感器的波形如图 2-3-6 所示。

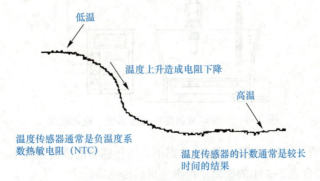

图 2-3-6　冷却液温度传感器的波形

进气温度传感器是根据进入发动机的空气温度的变化改变其阻值。低温时阻值较高，在 -40 ℃时电阻值为 4 500 Ω；高温时阻值会降低，在 130 ℃时，电阻值为 70 Ω。

排气温度传感器是检测三元催化器温度的，随着排气温度的变化改变其阻值。当排气温度超过 900 ℃时，排气温度传感器的电阻值会降到 430 Ω 以下，排气温度报警灯点亮；当排气温度在 900 ℃以下时，排气温度传感器的电阻值大于 430 Ω。

四、冷却液温度传感器的失效控制

当冷却液温度传感器异常时，监测到水温低于 -46 ℃或高于 146 ℃时，根据假定的冷却液温度（根据发动机起动后的时间而变化）进行控制，从而实现正常驾驶，同时，散热器风扇继电器开启。

发动机冷却液温度传感器的故障现象多为混合气过浓或过稀，甚至表现为发动机起动困难。进气温度传感器的故障也多表现为混合气过浓或过稀。

一、冷却液温度传感器故障现象

（1）当冷却液温度传感器出现故障时，将有故障记忆。此时，发动机不能准确计算出喷油量，并会抖动或冒黑烟，其动力性和经济性将受到影响。

（2）发动机不能准确计算出怠速理论转速，发动机怠速会不稳。

（3）当发动机冷却液温度传感器出现断路或短路故障时，散热风扇会高速转动。

二、冷却液温度传感器温度—电阻检测

（1）拆下检查。拆下传感器上的线束插接器，将传感器拆下，按照图 2-3-7 所示对其进行检测，其结果应符合表 2-3-1 所列的技术数据。经测量合格时，应将传感器装复，将线路恢复原状，再进行其他检测。

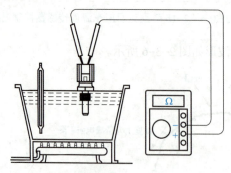

图 2-3-7 冷却液温度传感器温度—电阻检测

（2）就车检查。在发动机不同温度状态下，将传感器的插接器拔下，测量传感器端子的电阻值，也应符合表 2-3-1 的要求，否则应更换传感器。

三、冷却液温度传感器电路检测

1. 电压参数检测

点火开关接通，测量 ECM 的冷却液温度信号端子与搭铁端子的电压值，应为 0.2～1.0 V，否则应检测 ECU 及连线。

2. 短路检测

用导线短接冷却液温度传感器 ECU 的两个端子，ECU 读取温度会显示高，相应风扇会动作，否则说明 ECU 及传感器连线有问题，如图 2-3-8 所示。

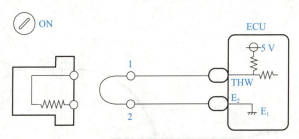

图 2-3-8　冷却液温度传感器短路检测

3. 开路测试

为了确定到底是传感器连线问题还是接头或 ECU 内部问题，将传感器与 ECU 连接接头拔下，如果显示温度降低，则说明是传感器连线或接头问题；否则则说明是 ECU 内部问题，如图 2-3-9 所示。

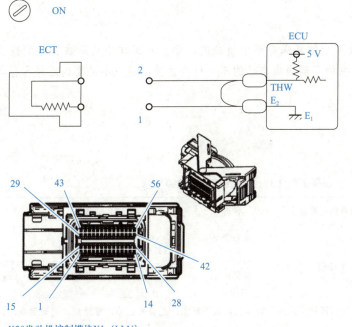

K20发动机控制模块X1（LLU）

图 2-3-9　冷却液温度传感器开路检测

微课：冷却液温度
传感器故障检修

在上述故障检测程序中,尽管多次提到传感器故障或 ECU 故障,但在维修实践中,ECU 的故障率是很低的,多见于相关线路的接触不良故障,因此不要随意更换 ECU。冷却液温度传感器和进气温度传感器的常见故障是因维修保养时不慎碰撞所造成的损坏和线路断路或接触不良。

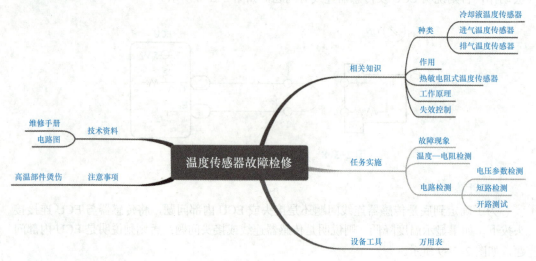

温度传感器的常见故障是维修保养不慎造成的,学生在工作中应养成良好的操作习惯,在维修过程中要将车主的车辆当成自己的车一样去爱护,避免不必要的维修和损坏,做到爱岗敬业,诚实守信。

任务工单 2.3　温度传感器的故障检修

单元名称	进气控制系统故障检修	学时	2	班级	
学生姓名		学生学号		任务成绩	
实训设备	丰田 1ZR 发动机、数字万用表、解码器	实训场地	发动机电控实训室	日期	
工作任务	因为温度传感器发生故障,轿车出现以下现象:混合气过浓,冒黑烟,起动困难,故障灯亮				
任务目的	制订工作计划,利用诊断设备确定故障位置,并对故障部件进行检测和更换				

续表

一、资讯

1. 该车的发动机型号为_____。
2. 温度传感器包括_____、_____、_____三种。冷却液温度传感器的英文缩写为_____，进气温度传感器的英文缩写为_____。
3. 该车温度传感器的类型是_____。
4. 该车冷却液温度传感器安装在_____，其作用是_____。
5. 进气温度传感器安装在_____，其作用是_____。
6. 排气温度传感器安装在_____，其作用是_____。
7. 温度传感器的主要类型有_____、_____、_____、_____、_____、_____。其中应用最广泛的是_____、_____。
8. 热敏电阻式温度传感器利用半导体的_____随_____变化而变化的特性改变其阻值，有_____和_____两种。负温度系数热敏电阻式温度传感器，温度越高，传感器的电阻值_____。
9. 温度传感器发生故障的主要故障现象：
_____
温度传感器的失效保护是怎样控制的？
_____
11. 绘制出该车冷却液温度传感器电路图，并分析其工作过程。

工作过程：

二、决策与计划

请根据故障现象和任务要求，确定所需要的检测仪器和工具，并对小组成员进行合理分工，制订详细的诊断和修复计划。

1. 需要的检测仪器、工具：_____。
2. 小组成员分工：_____。
3. 诊断和修复计划：_____。

三、实施

（一）冷却液温度传感器检测

1. 测量冷却液温度传感器输出的信号电压：点火开关置于"ON"，测量"1"与"2"间的电压，20 ℃时应为_____，实际测量为_____；80 ℃时应为_____，实际测量为_____。随发动机温度的升高，信号电压变化情况为_____。
2. 测电源电压与搭铁：拔下传感器连接器，测量ECU过来的线束搭铁端与发动机壳体之间电阻，应为_____，实际测量值为_____；测量线束的电源端与壳体之间电压，应为_____，实际测量值为_____。

单元二 进气控制系统故障检修

129

续表

3. 测量冷却液温度传感器的电阻值：点火开关置于"OFF"位置，拔下传感器连接器，测量传感器两个端子之间的电阻，应为_____，实际测量值为_____。随着发动机温度的升高，电阻值的变化情况为_____。

通过上述检查，得出以下结论：
_____。

（二）故障设置

冷却液温度传感器状态	信号电压	信号参数			发动机状态
		最大	最小	变化次数	
正常					
断路					
虚接					

（三）进气温度传感器检测

1. 测量进气温度传感器输出的信号电压：点火开关置于"ON"，测量"THA"与"E_2"之间的电压，20 ℃时应为_____，实际测量为_____；80 ℃时应为_____，实际测量为_____。

2. 测电源电压与搭铁：拔下传感器连接器，测量 ECU 过来的线束搭铁端与发动机壳体之间的电阻，应为_____，实际测量值为_____；测量线束的电源端与壳体之间的电压，应为_____，实际测量值为_____。

3. 测量进气温度传感器的电阻值：点火开关置于"OFF"，拔下传感器连接器，测量传感器两个端子之间的电阻，应为_____，实际测量值为_____。随发动机温度的升高，电阻值的变化情况为_____。

通过上述检查，得出以下结论：
_____。

（四）故障设置

进气温度传感器状态	信号电压	信号参数			发动机状态
		最大	最小	变化次数	
正常					
断路					
虚接					

四、检查

故障排除后，进行以下检查。

1. 起动发动机，检查故障灯是否点亮：_____。
2. 检查怠速情况：_____。
3. 检查排放情况：_____。

五、评估

1. 请根据自己任务完成的情况，对自己的工作进行自我评估，并提出改进意见。
_____。

2. 教师对小组工作情况进行评估，并进行点评。
_____。

3. 学生本次任务成绩：_____。

任务四　电子节气门故障检修

◆知识目标

1. 掌握电子节气门系统的基本组成及控制原理；
2. 掌握电子节气门组成元件的安装位置、结构、作用、工作原理和检修方法。

◆能力目标

1. 能使用万用表、故障诊断仪、示波器等对电子节气门系统中的节气门位置传感器、加速踏板位置传感器、节气门控制电动机等进行检测；
2. 能按照正确操作规范进行电子节气门的初始位置匹配；
3. 能正确检查电子节气门故障的修复质量；
4. 能通过与客户交流、查阅相关维修技术资料等方式获取车辆信息。

◆素质目标

1. 培养快速准确收集信息与查询资料的能力；
2. 具备车间 5S 管理素质；
3. 具备安全意识与环保意识。

2016 款丰田卡罗拉轿车的 1ZR 发动机因为加速踏板位置传感器故障出现下列故障现象：加速踏板失灵、怠速过高、燃油消耗增加（或怠速不稳、排污超标）。用日产专用诊断仪进行故障码读取与数据流分析，利用汽车专用万用表对加速踏板位置传感器进行故障检修，观察故障现象，并验证故障。

一、电子节气门的相关知识

（一）电子节气门的工作特点

发动机的传统节气门操纵机构是通过节气门拉索（软钢丝）或拉杆对节气门的开启和关闭进行操作，这种传统油门的控制需要一系列的机械件进行传动，虽然比较可靠，但不够精确。

采用电子节气门（Electronic Throttle Body，ETB）的车型取消了节气门拉索，不再依靠机械传动控制节气门开启和关闭。发动机控制模块根据加速踏板的位置信号和发动机其他参数信号计算出节气门的开度，然后向节气门驱动电动机发送驱动信号，由电动机来控制节气门的开度，避免了普通加速踏板传动机械中由于零件之间摩擦、磨损和间隙所产生的误差，取消怠速空气控制阀（IAC），改善气流范围，方便布置进气道。通过调整节气门开度可以在换挡中实现同样的车轮扭矩，通过计算所需要的扭矩，系统防止了发动机抖动，牵引力控制更为平稳，还可明显改善发动机的燃油消耗和尾气排放，并有利于实现发动机的动力输出与自动变速器、ESP（电子转向助力）等其他车辆系统进行综合控制，使主动控制自动变速器换挡规律成为可能。目前国内合资品牌的汽车上大都采用了电子节气门控制系统，如一汽大众的迈腾、速腾、高尔夫，上海大众的帕萨特、速派，广汽本田的雅阁，日产天籁等。

（二）电子节气门系统的组成与工作原理

1. 电子节气门系统的组成

电子节气门系统主要由加速踏板位置传感器、节气门位置传感器、ECM、节气门执行器等组成，如图2-4-1所示。

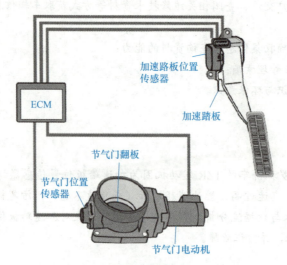

图 2-4-1　电子节气门系统的组成

2. 工作原理

驾驶员操纵加速踏板时，加速踏板位置传感器产生相应的电压信号输入节气门控制单元，控制单元根据当前的工作模式、踏板移动量和变化率解析驾驶员意图，计算出对发动机扭矩的基本需求，得到相应的节气门转角的基本期望值。然后经过CAN总线和整车控制单元进行通信，获取其他工况信息及各种传感器信号，如发动机转速、挡位、节气门位置、空调能耗等，由此计算出整车所需的全部扭矩，通过对节气门转角期望值进行补偿，得到节气门的最佳开度，并将相应的电压信号发送到驱动电路模块，驱动控制电动机使节气门达到最佳的开度位置。节气门位置传感器则将节气门的开度信号反馈给节气门控制单元，形成闭环的位置控制。

二、电子节气门的主要元件

（一）加速踏板位置传感器

加速踏板位置传感器（Accelerator Pedal Position Sensor，APPS）安装在加速踏板总成的上面，检查加速踏板位置信号并发送给ECM，如图2-4-2所示。传感器由两个无触点线性电位计传感器组成，ECM向这两个传感器提供基准电压。随着加速踏板位置的改变，电位计阻值也发生了线性的变化，由此产生反映加速踏板下踏量大小和变化速率的电压信号输入ECM。ECM通过这些信号判断司机驾驶意图，并基于这些信号控制节气门控制电动机。

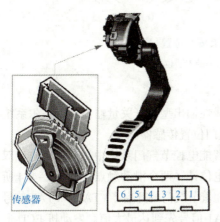 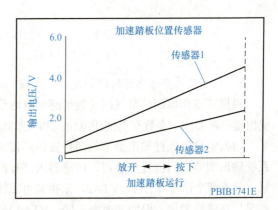

图 2-4-2 加速踏板位置传感器及其输出电压

（二）节气门位置传感器

1. 节气门位置传感器的安装位置

进气管上安装有节气门体总成，受ECM控制与加速踏板联动，踩下加速踏板时，节气门开度变大，进入气缸的可燃混合气越多，发动机转速就越高。节气门位置传感器（Throttle Position Sensor，TPS）安装在节气门体总成上，如图2-4-3所示，跟随节气门轴同步转动，主要用来监测节气门的开度和节气门开闭的速率，并将其转换成电信号送到发动机控制模块，作为现代发动机电子控制的主要参考信号。

2. 节气门位置传感器的作用

（1）节气门开度代表负荷率，用来判断发动机的工况处于怠速控制区、部分负荷区还是节气门接近全开的加浓区（或催化转化器的高温保护区），即用来界定开环、闭环控制区。对于有自动变速器控制功能的电子管理系统来说，节气门开度和车速是决定换挡时刻的条件参数。

（2）用节气门转角变化率的大小作为加速、减速过程中修正喷油量的条件。

（3）可与空气流量计的信号对照互检，提供后者发生损坏的信息，并代替后者与转速配合，作为ECU控制喷油量的条件参数。

（4）用于点火正时修正、废气再循环控制、空调系统控制、燃油蒸发控制、车辆动态稳定性控制、巡航控制、牵引力控制等。

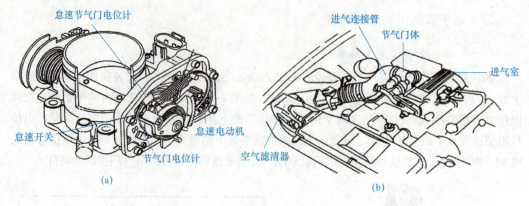

图 2-4-3 节气门体总成及其安装位置
(a) 节气门体总成；(b) 节气门体的安装位置

3. 节气门位置传感器的结构与工作原理

根据其工作原因，节气门位置传感器有电位计线性输出型、开关量输出型、霍尔系统输出型三种形式，多数车型使用电位式和霍尔式节气门位置传感器。

（1）电位计线性输出型节气门位置传感器。在智能电控节气门系统中，采用电位计双系统输出型节气门位置传感器。传感器内部有两个电位计、两个滑动触点，如图 2-4-4 所示。并有两个信号 VTA1、VTA2，来提高可靠性。随着节气门的开启，VTA1、VTA2 信号都呈比例线性增加，但增加速率不同，VTA2 比 VTA1 信号先到达最大值。发动机 ECU 通过监测这两个信号来感知节气门的位置，并通过比较两个信号，及时发现问题，提高工作的可靠性。

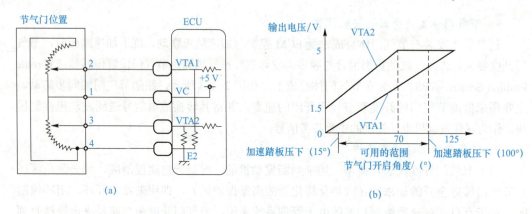

图 2-4-4 电位计双系统输出型节气门位置传感器
(a) 控制电路；(b) 输出特性

（2）霍尔系统输出型节气门位置传感器。如图 2-4-5 所示，霍尔系统输出型节气门位置传感器由霍尔集成芯片 IC 和可绕其转动的磁铁构成。磁铁与节气门轴同轴，即和节气门一起转动。当节气门开启时，磁铁也一同转动，改变位置。此时，霍尔 IC 探测磁铁位置变化造成磁通量的变化并产生霍尔电压，从 VTA1 端子和 VTA2 端子输出信号电压。此传感器不仅能精确地探测节气门开度，还采用了无接触方式，简化了构造，所以，不易发生故障。同时，为了确保可靠性，还具有不同输出特性的两个系统输出信号。

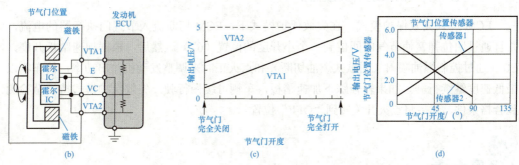

图 2-4-5　霍尔系统输出型节气门位置传感器
(a) 结构；(b) 控制电路；(c) 输出特性；(d) 节气门位置传感器的输出特性

4. 节气门位置传感器的失效控制

当节气门位置传感器出现异常时，根据进气量和发动机转速执行怠速判断，通过将输出值固定在某一个值而实现正常驾驶。

（三）电子节气门控制电动机

电子节气门控制电动机一般选用步进电动机或直流电动机，经过两级齿轮减速来调节节气门开度。早期以使用步进电动机为主，步进电动机精度较高、能耗低、位置保持特性较好，但其高速性能较差，不能满足节气门较高的动态响应性能的要求，所以现在多采用直流电动机，如图 2-4-6 所示。

直流电动机采用脉冲宽度调制（PWM）技术，其特点是频率高、效率高、功率密度高、可靠性高。控制单元通过调节脉宽调制信号的占空比来控制直流电动机转角的大小，电动机方向则是由和节气门相连的复位弹簧控制的。电动机输出转矩和脉宽调制信号的占空比成正比。当占空比一定，电动机输出转矩与回位弹簧阻力矩保持平衡时，节气门开度不变；当占空比增大时，电动机驱动力矩克服回位弹簧阻力矩，节气门开度增大；反之，当占空比减小时，电动机输出转矩和节气门开度也随之减小。

图 2-4-6 双级减速的节气门控制直流电动机

三、电子节气门系统的失效保护

ECM 进入失效保护模式。在失效保护模式下，ECM 切断流入节气门执行器的电流，并且通过回位弹簧使节气门回位到一个小开度的位置（6°）。然后，根据加速踏板开度，ECM 通过控制燃油喷射（间歇式燃油切断）和点火正时来调整发动机输出功率，使车辆以最低速度继续行驶。如果轻轻踩下加速踏板，车辆可缓慢行驶。失效保护模式持续至检测到合格条件，然后将点火开关转到"OFF"位置。

一、节气门 / 加速踏板位置传感器检修

2016 款丰田卡罗拉 1ZR 发动机 APP 传感器如图 2-4-7 所示。

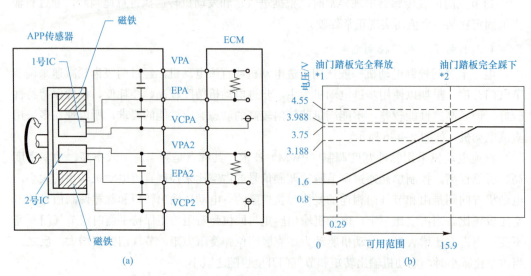

图 2-4-7 2016 款丰田卡罗拉 1ZR 发动机 APP 传感器

（a）APP 传感器电路图；（b）APP 传感器电压

加速踏板位置传感器有 2 个传感器电路：VPA（主）和 VPA2（副）。该传感器为非接触式，使用霍尔效应元件，即使在极端的驾驶条件下（如速度极高或极低时），也可产生准确的信号。

施加到 ECM 端子 VPA 和 VPA2 的电压根据加速踏板（节气门）开度的比例在 0～5 V 之间变化。来自 VPA 的信号显示了实际加速踏板开度（节气门开度），用于发动机控制。来自 VPA2 的信号发送 VPA 电路的状态，并用来检查 APP 传感器自身的情况。

打开点火开关，用诊断计算机或万用表测量 VPA 和 VPA2 与搭铁之间的电压，见表 2-4-1。

表 2-4-1　1ZR 发动机加速路板位置传感器电压变化　　　　　　　　　　　V

加速踏板操作	1 号加速器位置	2 号加速器位置
松开	0.5～1.1	1.2～2.0
踩下	2.5～4.5	3.4～5.0

断开加速踏板位置传感器连接器，断开 ECM 连接器，测量传感器线束导通性，电阻应在 1 Ω 以下。

二、节气门控制电动机故障检修

2016 款丰田 1ZR 发动机节气门控制电动机电路如图 2-4-8 所示。

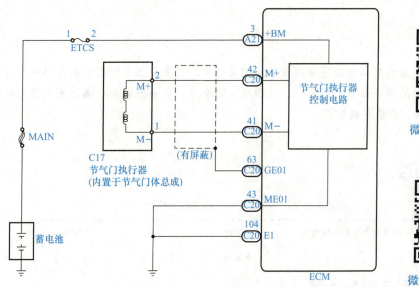

图 2-4-8　2016 款丰田 1ZR 发动机节气门控制电动机电路

微课：节气门位置传感器检修

微课：怠速控制阀故障检修

检修步骤如下：

（1）起动发动机，踩下油门踏板，用诊断计算机读取 C17-1 与 C17-2 之间的电压，应为 11～14 V。

（2）断开 ECM 连接器，从发动机室继电器盒上拆下 ETCS 保险丝。测量端子 C17-1 与 ECM-41、C17-2 与 ECM-42 之间的电阻应小于 1 Ω。

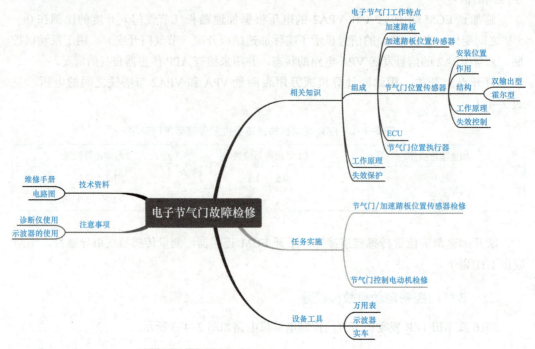

加速踏板位置传感器的输出采用双输出冗余设置，冗余是指人为增加重复部分，其目的是用来对原本的单一部分进行备份，以增强其安全性。安全面前无小事，无论是系统安全还是劳动安全，都应得到重视。

任务工单2.4 电子节气门系统故障检修

单元名称	进气控制系统故障检修	学时	6	班级	
学生姓名		学生学号		任务成绩	
实训设备	丰田1ZR发动机、万用表、故障诊断仪、示波器	实训场地	发动机电控实训室	日期	
工作任务	因为加速踏板位置传感器发生故障，轿车出现下列故障现象：加速踏板失灵、怠速过高、燃油消耗增加（或怠速不稳、排污超标）				
任务目的	制订工作计划，并利用诊断设备确定故障位置，对故障部件进行检测和更换				

续表

一、资讯
1. 电子节气门的英文缩写是_____。加速踏板位置传感器的英文缩写是_____。
2. 加速踏板位置传感器的输出特点：_____。
3. 节气门位置传感器的输出特点：_____。
4. 电子节气门的控制与拉索式节气门控制相比具有什么优点？_____。
5. 电子节气门控制电动机一般采用_____形式的电动机，该电动机一般的驱动方式是：
_____。

6. 下图是电子节气门控制组成图，请填写相应内容。

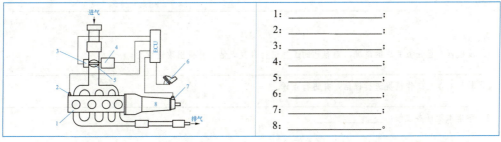

1：_____；
2：_____；
3：_____；
4：_____；
5：_____；
6：_____；
7：_____；
8：_____。

二、实施
第一项内容：加速踏板位置传感器的检测。

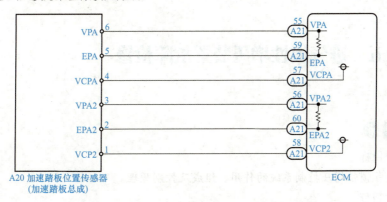

电压检测：
（1）将 IT-Ⅱ 连接到故障诊断仪接口；将点火开关转到"ON"位置；打开 IT-Ⅱ。
（2）读取数值。松开加速踏板，1号加速传感器信号电压为_____V，2号加速传感器信号电压为_____V，标准值应该是_____V。
踩下加速踏板，1号加速传感器信号电压为_____V，2号加速传感器信号电压为_____V，标准值应该是_____V。

线束通断性检测：
①断开加速踏板位置传感器连接器；②断开 ECM 连接器；③测量电阻。
A20-6（VPA）与 A21-55（VPA）阻值为_____Ω。
A20-5（EPA）与 A21-59（EPA）阻值为_____Ω。
A20-4（VCPA）与 A21-57（VCPA）阻值为_____Ω。
A20-3（VPA2）与 A21-56（VPA2）阻值为_____Ω。
A20-2（EPA2）与 A21-60（EPA2）阻值为_____Ω。
A20-1（VCP2）与 A21-58（VCP2）阻值为_____Ω。

续表

电源电压测量：
①断开加速踏板位置传感器连接器；②将点火开关转到"ON"位置；③测量电压。
A20-4（VCPA）与A20-5（EPA）点火开关转到"ON"位置，电压值为_____V。
A20-1（VCP2）与A20-2（EPA2）点火开关转到"ON"位置，电压值为_____V。
标准值应为 4.5～5.5 V。
第二项内容：电子节气门控制电动机检修。
（1）起动发动机，踩下油门踏板，用故障诊断仪读取 C17-1 与 C17-2 之间的电压为_____V。
（2）断开 ECM 连接器，从发动机室继电器盒上拆下 ETCS 保险丝。测量端子 C17-1 与 ECM-41、C17-2 与 ECM-42 之间电阻为_____Ω。
结论：_____。

三、评估
1. 请根据自己任务完成的情况，对自己的工作进行自我评估，并提出改进意见。
_____
2. 教师对学生工作情况进行评估，并进行点评。
_____
3. 学生本次任务成绩：_____。

任务五　进气惯性增压装置故障检修

◆知识目标

掌握进气惯性增压控制系统的作用、组成及控制原理。

◆能力目标

1. 能选择正确检测和诊断设备对进气惯性增压控制系统引起的故障进行诊断；
2. 能正确记录、分析各种检测结果并做出故障判断；
3. 能按照正确操作规范进行进气惯性增压控制系统的更换；
4. 能正确检查进气惯性增压控制系统故障的修复质量。

◆素质目标

1. 能快速准确收集信息与查询资料；
2. 养成善于沟通、合作、服从集体的良好习惯；
3. 具备安全意识与环保意识。

2008款日产天籁2.0发动机因动力阀控制执行器故障,造成动力阀无法打开,出现以下故障现象:发动机动力不足、加速不良,故障灯亮。用日产专业诊断仪进行故障码读取与数据流分析,并利用汽车专用万用表对进气惯性增压控制系统进行故障检修,观察故障现象,验证故障。

一、进气惯性增压控制系统概述

当气体高速流向进气门时,如果进气门突然关闭,进气门附近气流流动突然停止,但由于惯性,进气管仍在进气,于是进气门附近气体被压缩,压力上升。当气体的惯性过后,被压缩的气体开始膨胀,向进气气流相反方向流动,压力下降。膨胀气体的波传到进气管口时又被反射回来,形成压力波。压力波往复运动。如果此压力波达到进气门时即开启进气门,则会明显提高进气充量。试验证明,进气管长,压力波也长时,可使发动机低、中转速区段内的功率增大;进气管短,压力波也短时,可使发动机高转速区段内的功率增大。

进气惯性增压控制系统(Acoustic Control Induction System,ACIS)也称谐波增压控制系统,就是在节气门已全开的情况下,利用进气的空气谐振,进一步加大充气量,使低速运转时进气管长,而高速运转时进气管短。所以,汽车进气管的改变由过去的较短较粗,演变成了现在的较细较长,主要是为了改变低速时的进气效率,提高低速扭矩(图2-5-1)。

图 2-5-1 汽车的进气管的改变

可控的进气谐振近年来发展很快,形式也很多,其工作原理大体上可分为两种:一种是根据发动机转速和负荷的变化情况,自动改变进气管的有效长度;另一种是可变波长的谐波控制进气系统。

二、进气惯性增压控制系统的类型

1. 改变进气管有效长度的 ACIS

图2-5-2给出了改变进气管有效长度的ACIS。低转速时,ECU使进气控制阀片关闭,进气流经较长的管道;高转速时,进气控制阀片打开,由于流动阻力的不同,大部分进气会自动地经由阀片直接流入进气歧管,从而使有效长度变短。这种方法可以在高、低转速时均获得较高的充量系数,从而提高转矩。

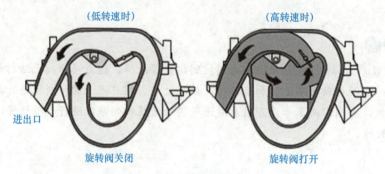

图 2-5-2　改变进气管有效长度的 ACIS

2. 进气谐波波长可变的 ACIS

图 2-5-3 给出了进气谐波波长可变的 ACIS。当空气室出口的控制阀关闭时，进气管内的脉动压力波传递长度为空气滤清器到进气门的距离，这一距离较长，适应发动机中、低速工况形成气体动力增压效果。

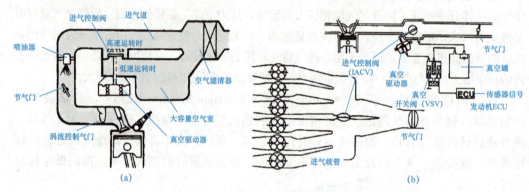

图 2-5-3　进气谐波波长可变的 ACIS
(a) 进气谐波增压系统的控制原理；(b) 进气谐波增压系统的组成

当控制阀打开时，接通真空罐，打开进气增压控制阀。由于大容量空气室的参与，在进气道控制阀处形成气帘，使进气脉动压力只能在空气室出口与进气门之间传播，缩短了压力波的传播距离，以满足发动机高速工况下的气体动力增压要求。

3. 可变进气管道控制系统

日产天籁的可变进气管道控制系统（Variable Intake Air System，VIAS）如图 2-5-4 所示。动力阀安装在进气歧管的收集器里，用于控制 VIAS 的吸入通道，动力阀执行器根据缓冲罐内储存的真空度来设置 VIAS 处于全关或全开的位置，缓冲罐里的真空度由 VIAS 控制电磁阀来控制。

VIAS 控制电磁阀为动力阀提供进气歧管的真空。它对应来自 ECM 的"ON/OFF"信号。当电磁阀断开时，进气歧管的真空信号减少。当 ECM 发送"ON"信号时，线圈向下拉动滑阀，并将真空信号反馈给动力阀。

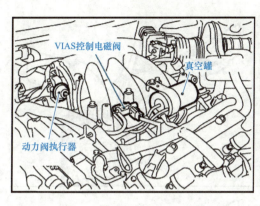 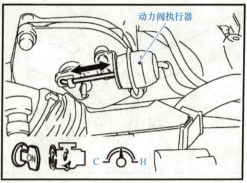

图 2-5-4 日产天籁 VIAS 控制电磁阀与动力阀的执行器

VIAS 的工作原理如图 2-5-5 所示，当发动机以中速运转时，ECM 给 VIAS 控制电磁阀发送"ON"信号。该信号将引导进气歧管真空进入动力阀执行器，从而关闭动力阀。在这种情况下，进气歧管的有效长度等于通道 A 和通道 B 的总长度。长的进气歧管提供了进气增量，这提高了吸入效率并增大了转矩。发动机以低速或高速运转时，ECM 会向 VIAS 控制电磁阀发送"OFF"信号，动力阀也将被开启。在这种情况下，进气歧管的有效长度等于通道 B 的长度。被缩短了的进气歧管在高速情况下增强了发动机的功率输出，因为它减小了吸入阻力。

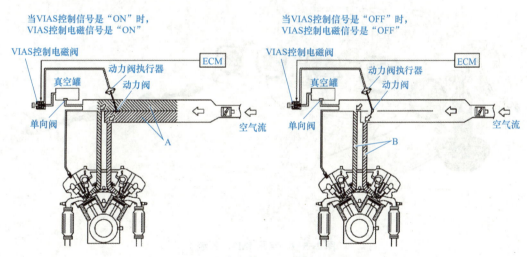

图 2-5-5 日产天籁 VIAS 系统的工作原理

4. 可变进气管节流技术（Intake Manifold Swirl Control，IMSC）

当发动机处于高转速时，节流气阀打开，获得大流量的混合气体；当发动机处于低转速时，节流气阀开度小，能获得更好的进气负压和混合气涡流，发动机的工作效率在高转速和低转速时都得到了提高（图 2-5-6、图 2-5-7）。

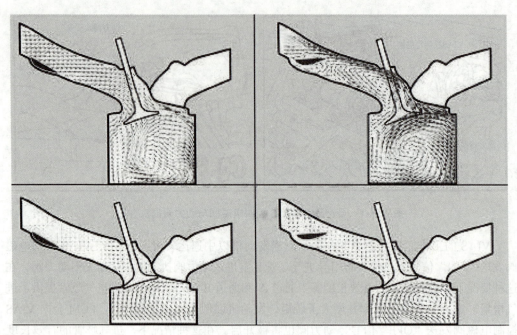

图 2-5-6　可变进气管节流技术原理

图 2-5-7　宝马 IMSC 系统

1—进气管；2—进气歧管；3—节流气阀；4—真空取样管；
5—动力阀；6—动力阀操纵杆

进气惯性增压控制系统故障诊断如下。

1. VIAS 系统的资料收集

VIAS 系统的电路控制如图 2-5-8 所示。

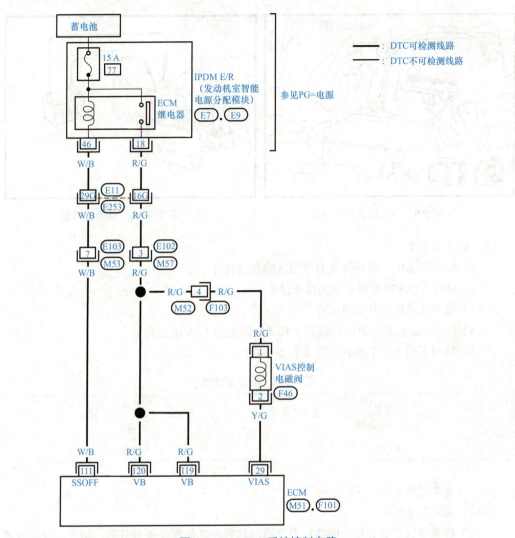

图 2-5-8 VIAS 系统控制电路

日产天籁 230 轿车 VIAS 系统的动作情况见表 2-5-1。

表 2-5-1 用检测电脑进行技术参数诊断

监视项目	测试条件		技术参数
VIAS S/V	● 发动机：暖机后	1 800～3 600 r/min（VQ35DE 发动机） 1 800～3 750 r/min（VQ23DE 发动机）	ON
		上述状态以外	OFF

2. 检查整体功能

（1）起动发动机暖机至正常操作温度。

（2）发动机转速迅速上升至 5 000 r/min，确认动力阀执行器执行杆在移动，如图 2-5-9、图 2-5-10 所示。

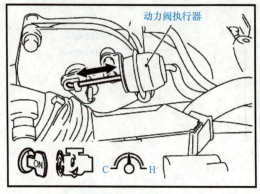

图 2-5-9　动力阀的动作情况　　　　图 2-5-10　真空度检查

3．检查真空度

（1）停止发动机，断开与动力阀相连的真空软管。

（2）断开 VIAS 控制电磁阀的线束接头。

（3）起动发动机，并急速运转。

（4）在 VIAS 控制电磁阀的端口 1 和 2 之间施加 12 V 直流电。

（5）检测下列条件下的真空度（表 2-5-2）。

表 2-5-2　真空度检测

测试条件	真空
12 V 直流电源	应存在
无电源	不应存在

4．检查真空软管

（1）关闭发动机。

（2）检查进气歧管和动力阀执行器之间的软管和其他管是否有开裂、堵塞、脱接或连接不当的情况。

5．检查真空罐

（1）断开连接到真空罐上的真空软管。

（2）将一个真空泵接到真空罐的中间部位。

（3）施加真空，并确认另一端口为真空。

6．检查 VIAS 控制电磁阀的电源电路

（1）将点火开关转到"OFF"位置。

（2）断开 VIAS 控制电磁阀的线束接头。

（3）将点火开关转到"ON"位置。

（4）测量端口 1 与搭铁之间的电压，如图 2-5-11 所示。该电压应该是蓄电池电压。

7．检查 VIAS 控制电磁阀的信号电路

（1）起动发动机，分别在急速及发动机转速在 1 800 r/min 以上运转。

（2）测量端口 2 与接地之间的电压，如图 2-5-12 及表 2-5-3 所示，运作时间小于 1 s。

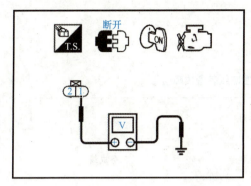

图 2-5-11 VIAS 电磁阀电源电路检查

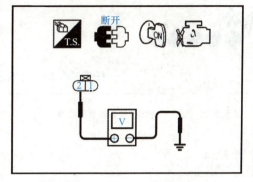

图 2-5-12 VIAS 电磁阀信号电路检查

表 2-5-3 VIAS 电磁阀信号电压

端口号	电线颜色	项目	测试条件	数据（直流电压）
29	Y/G	VIAS 控制电磁阀	［发动机运转中］ ● 急速	蓄电池电压 （11～14 V）
			［发动机运转中］ ● 发动机转速： 在 1 800 r/min 和 3 600 r/min 之间（VQ35DE 发动机） 在 1 800 r/min 和 3 750 r/min 之间（VQ23DE 发动机）	0～1.0 V

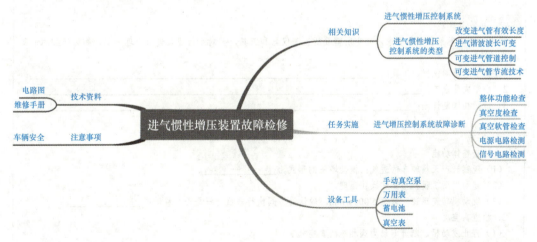

不同生产厂家采用不同的进气方式来达到同样的增加进气的效果，同学们也可以进行创新，设计出不同的结构来达到同样的甚至更好的效果。

微课：进气惯性增压故障检修

任务工单 2.5　进气惯性增压装置故障检修

单元名称	进气控制系统故障检修	学时	2	班级	
学生姓名		学生学号		任务成绩	
实训设备	日产天籁 2.0 发动机、万用表、故障诊断仪、示波器	实训场地	汽车实训中心	日期	
工作任务	因动力阀控制执行器故障，造成动力阀无法打开，一辆日产天籁轿车出现以下故障现象：发动机动力不足、加速不良，故障灯亮				
任务目的	请制订工作计划，利用诊断设备确定故障位置，并对故障部件进行检测和更换				

一、资讯
1．ACIS 系统利用_____提高进气效率。
2．可控进气谐振一般有_____、_____、_____和_____等。
3．ACIS 控制系统的作用是_____。
4．一般而言，进气管长度长，压力波波长也长时，可使发动机_____转速区功率增大。
5．进气管长度短，压力波波长也短时，可使发动机_____转速区功率增大。

二、决策与计划
请根据故障现象和任务要求，确定所需要的检测仪器和工具，并对小组成员进行合理分工，制订详细的诊断和修复计划。
1．需要的检测仪器、工具：_____。
2．小组成员分工：_____。
3．诊断和修复计划：_____。

三、实施
1．检查整体功能
（1）观察日产天籁轿车的进气：惯性增压的形式为_____。
（2）起动发动机暖机至正常操作温度。
（3）发动机转速迅速飞升至 5 000 r/min，确认动力阀执行器执行杆是否在移动：_____。
2．检查真空度
（1）停止发动机，断开与动力阀相连的真空软管。
（2）断开 VIAS 控制电磁阀的线束接头。
（3）起动发动机，并怠速运转。
（4）在 VIAS 控制电磁阀的端口 1 和 2 之间施加 12 V 直流电。
（5）检测下列条件下的真空度，如下图和下表所示。

续表

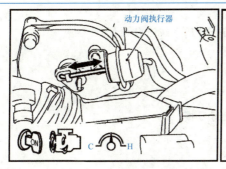
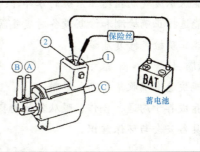

测试条件	真空	
12 V直流电源	□存在	□不存在
无电源	□存在	□不存在

3. 检查真空软管
(1) 关闭发动机。
(2) 检查进气歧管和动力阀执行器之间的软管和其他管是否有开裂、堵塞、脱接或连接不当的情况。
4. 检查VIAS控制电磁阀的电源电路
(1) 将点火开关转到"OFF"位置。
(2) 断开VIAS控制电磁阀的线束接头。
(3) 将点火开关转到"ON"位置。
(4) 测量端口1与搭铁之间的电压为_____V。
5. 检查VIAS控制电磁阀的信号电路
(1) 起动发动机,分别在急速及发动机转速1 800 r/min以上运转。
(2) 测量端口2与搭铁之间的电压。急速时电压为_____V。转速大于1 800 r/min时为_____V。
6. 测量电磁阀电阻
拔下真空电磁阀插头,测量电磁阀电阻阻值,实测值为_____。测量插头上电源,实测值为_____
_____。

四、评估
1. 请根据自己任务完成的情况,对自己的工作进行自我评估,并提出改进意见。
_____
2. 教师对学生工作情况进行评估,并进行点评。
_____
3. 学生本次任务成绩:_____。

任务六 废气涡轮增压装置故障检修

◆知识目标

1. 了解废气涡轮增压系统;
2. 掌握废气涡轮增压系统的作用、组成及控制原理;
3. 掌握废气涡轮增压系统的控制方法。

◆ 能力目标
1. 能认识废气涡轮增压系统的零部件；
2. 能选择正确检测和诊断设备对废气涡轮增压系统进行检修；
3. 能正确检查修复质量。

◆ 素质目标
1. 能快速准确收集信息与资料；
2. 养成善于沟通、合作、服从集体的良好习惯；
3. 具备安全与环保意识。

一辆迈腾1.8T轿车出现以下故障现象：发动机动力不足，最高车速仅能达到80 km/h。连接VAS5051读取故障码，调得的故障码为17957P1549——增压压力限制电磁阀（N75）断路/对搭铁短路。分析导致故障的原因可能有线束或线束插接器故障、增压压力限制电磁阀（N75）故障。接着查看数据流分析无增压效果的可能原因，如进气系统堵塞、排气系统堵塞和涡轮增压器失效几个方面。

一、废气涡轮增压系统概述

1. 废气涡轮增压系统的作用

废气涡轮增压系统通过夹紧法兰被安装在气缸盖上，位置如图2-6-1所示。

图2-6-1　废气涡轮增压系统的安装位置

废气涡轮增压系统利用发动机排气的动力使进气增压，提高发动机的充气效率，增加循环供油量，提高升功率与升扭矩，从而提高燃烧效率和燃油经济性。

2. 废气涡轮增压系统优点和缺点

优点：较大地提高了发动机的体积功率和升功率；改善了发动机工作转速范围内的扭矩特性；与同功率的自然吸气发动机相比，显著降低了燃油消耗量；降低了有害气体的排放。

缺点：增压器安装在发动机侧（排气管路上），为此要使用耐高热材料；为安装增压器、中冷器需要增加结构费用和安装空间；发动机在低速范围的扭矩增加不及高速范围的扭矩增加；对发动机负荷变化的反应与增压器的匹配性有关。

二、废气涡轮增压系统的组成

迈腾 1.8T 发动机采用的是废气涡轮增压系统，其组成如图 2-6-2 所示。该系统主要由涡轮、压气机、进气歧管、排气歧管、冷却器、压力单元、旁通阀等组成。该系统的电控元件有发动机控制模块 J623、增压压力控制阀 N75、增压空气再循环阀 N249、进气压力传感器 G71、进气温度传感器 G42、进气温度传感器 G299 和增压压力传感器 G31 等。

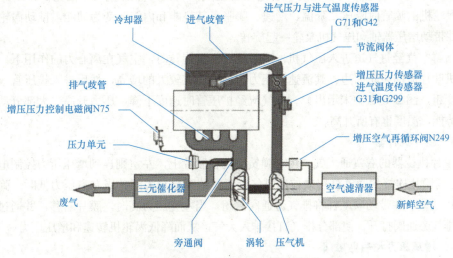

图 2-6-2 废气涡轮增压系统的组成

1. 冷却器

废气涡轮增压后，由于靠近炽热的排气管及空气被压缩，增压后的空气温度升高，除降低空气密度外，容易导致发动机燃烧温度过高，造成爆震等故障，而且会增加发动机废气中的 NO_x 的含量，造成空气污染。为了解决增压后的空气升温造成的不利影响，需要加装冷却冷器来降低进气温度。

冷却器原理类似水箱散热器，将高温高压空气分散到许多细小的管道里，而管道外有常温空气高速流过，从而达到降温目的（可以将气体温度从 150 ℃降到 50 ℃）。由于这个散热器位于发动机和涡轮增压器之间，所以又称中间冷却器，简称中冷器。

2. 涡轮增压器

涡轮增压器由涡轮、泵轮及中间体三部分组成，如图 2-6-3 所示。

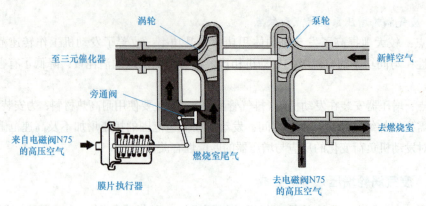

图 2-6-3　涡轮增压器及膜片执行器

废气涡轮增压器和排气歧管是安装在一起的，以便增加发动机低转速时涡轮增压器的反应速率。因此，涡轮和叶轮设计得非常精密。由特殊钢合金制成的涡轮，耐温性高达 980 ℃，轴承座带有统一的油液和冷却液连接装置。

燃烧室尾气经过特定形状的喷管进入径流式涡轮机，然后经三元催化器排出。排气流过涡轮机的喷管时降压、降温、增速、膨胀，其势能和内能转变为动能，推动涡轮机旋转，并带动增压器轴和压气机泵轮一起旋转。

新鲜空气经进气道进入压气机。离心式压气机旋转时，空气在离心力的作用下，沿着压气机叶片流向泵轮周边。其流速、压力和温度均有较大的增高，然后进入扩压管（管径由细变粗，图 2-6-3 中未示出）。空气流经扩压管时速度下降，压力升高，大部分动能转变为势能，温度也有所升高。

3. 膜片执行器

膜片执行器的右室通大气，内有弹簧作用在膜片上，左室则连到增压压力控制电磁阀 N75，与膜片连接的联动杆用来控制排气旁通阀的开启与关闭。当左室压力低时，弹簧推动膜片左移，并带动联动杆将排气旁通阀关闭。当左室压力高时，膜片右移，并通过联动杆将排气旁通阀打开，使部分排气直接排入大气，从而降低涡轮机转速和增压压力。

4. 增压压力控制电磁阀

电磁阀 N75 是一种两位三通式电磁阀，其结构如图 2-6-4 所示。其三个管口分别连通空气高压端（增压器下游）、空气低压端（增压器上游）和增压器膜片执行器。增压压力控制电磁阀 N75 的通断由发动机控制模块 J623 控制。其作用是控制增压压力；将不同压力的气体引到压力调节单元，控制旁通阀打开和关闭，降低或提高增压压力，进行系统压力的调节。当电磁阀断电时，膜片执行器的左室与空气低压端连通。当电磁阀通电时，膜片执行器的左室与空气高压端连通。

在无电流状态下，N75 关闭，增压压力直接作用在压力调节单元上。旁通阀在增压压力较低时打开，这样在增压压力调节失灵时便会限制在"基本增压压力"，以避免超出最大增压压力，丧失一部分功率。

基本增压压力是不用调节便可达到的增压压力，为 0.3～0.4 bar。废气涡轮增压器增压的最大限度为 1.6～1.8 bar。

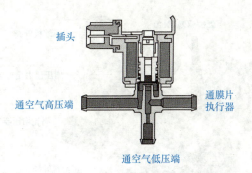

图 2-6-4 增压压力控制电磁阀 N75 结构图

5. 增压空气再循环电磁阀和机械阀

大负荷行驶时，突然松开加速踏板，节气门开度迅速减小，而涡轮转速仍然较高，若不加以控制，增压空气继续流向节气门，可能会造成节气门的损坏。此时，ECM 将增压空气再循环电磁阀 N249 打开，接通空气再循环机械阀的真空回路，如图 2-6-5 所示。这样，增压气体在管路中就会形成局部循环，避免了增压空气冲击节气门。

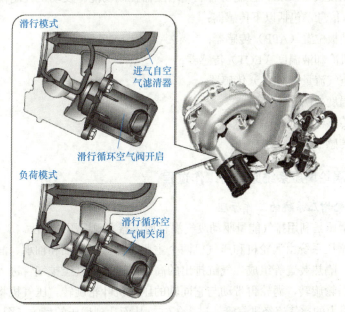

图 2-6-5 废气涡轮增压系统的急速和超速切断控制

6. 相关传感器

迈腾 1.8T 发动机废气涡轮增压系统传感器包括空气流量计 G71、进气温度传感器 G42、氧传感器 GX10、发动机转速传感器 G28 和增压压力传感器 G31 等。

氧传感器 GX10 是宽频带氧传感器，其安装位置如图 2-6-6 所示。该氧传感器直接通过螺栓固定到气缸盖上涡轮增压器的连接凸缘上，记录每个气缸的排气情况。因为其安装靠近发动机，这会让测量点显著提前，从而更早地开始氧传感器调节，在发动机起动后约 6 s 开始调节。

图 2-6-6 氧传感器的安装位置

7. ECM

发动机控制模块（ECM）控制所有涡轮增压器控制功能。发动机控制模块监测来自各个传感器的输入信息，包括以下传感器：

（1）油门踏板位置（APP）传感器；

（2）发动机冷却液温度（ECT）传感器；

（3）质量空气流量（MAF）传感器；

（4）进气温度（IAT）传感器；

（5）车速传感器（VSS）；

（6）增压传感器。

三、废气涡轮增压系统原理与工作过程

1. 废气涡轮增压系统的工作原理

废气涡轮增压是利用排气能量驱动废气涡轮增压器实现增压的方法。

废气涡轮增压系统由涡轮机和压气机两个主要部件，以及轴和轴承、润滑系统、冷却系统、密封件、隔热装置等组成。气缸排出的高温高速的燃气经排气管进入涡轮增压器的涡轮机，推动涡轮旋转，涡轮再带动与它同轴的压气机叶轮旋转。压气机将吸入的空气压缩，使提高了压力的空气流经进气管，进入气缸，从而达到增压的目的（图 2-6-7）。

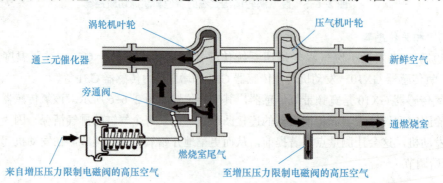

图 2-6-7 废气涡轮增压系统的工作原理

2. 空气增压过程

空气经空气滤清器滤清后被吸入涡轮增压器。被增压后的空气，温度也随之升高，增压后经进气管、节流阀、冷却器冷却后形成低温高压空气，进入进气歧管。

3. 增压压力调整过程

废气涡轮增压系统在比怠速稍高一点的转速上就会起动。旁通阀的直径是 26 mm，用来卸掉多余的排气压力。发动机转速在 1 250 r/min 时，就可以达到最大输出转矩的 80%，在 1 500 r/min 时，就达到了最大输出转矩 200 N·m，在 5 000~5 500 r/min 时达到最大输出功率。最大有效增压压力达到 1.8 bar 的绝对压力。

（1）发动机怠速运行时。空气循环阀控制管通过空气循环阀与进气歧管相通，由于怠速时进气歧管真空度大，真空作用力使机械式空气循环阀打开，增压器被直接卸荷，无法起到增压作用。

（2）发动机高速运行突然松油门时。进气歧管真空吸力不足以打开机械式空气再循环阀，电脑控制空气循环阀 N249，使机械式空气再循环阀真空控制管与真空罐相通，强大的真空吸力打开机械式空气再循环阀，增压器被直接卸荷。

（3）发动机处于中低速、小负荷运行时。增压压力控制阀 N75 断电，使压力调节单元控制管路与增压后的高压空气相通，若增压压力增大，作用在增压压力调节单元上的力也增大，旁通阀开度增大。因此，增压压力下降，实现自动调节。

（4）当发动机加速或高速、大负荷运行时。增压压力控制阀 N75 由发动机 ECU 以占空比的方式控制，使压力调节单元控制管路与低压空气相通，压力调节单元上的作用力减小，旁通阀关闭，增压压力增大。

（5）超速切断工况。当发动机转速过高时，空气再循环阀 N249 通电，空气再循环机械阀被打开，增压系统被卸荷。

一、废气涡轮增压系统的常见故障及原因

如果废气涡轮增压系统出现故障，将会导致发动机动力下降。废气涡轮增压系统的常见故障归纳起来主要有两个：涡轮轴承损坏以及持续烧机油、排气冒蓝烟。

（1）导致涡轮轴承损坏的主要原因：由于润滑油不洁净造成轴承严重磨损，以及冷却不及时造成轴承温度过高而弯曲变形。

（2）导致持续烧机油、排气管冒蓝烟的主要原因：曲轴箱通风系统堵塞，造成过量的曲轴箱窜气将机油带入进气道；空气滤清器堵塞，造成进气道内产生的真空将涡轮轴处的机油吸入进气歧管；涡轮增压器回油管堵塞，使机油从涡轮轴处被压入进气歧管，从而进入燃烧室燃烧，产生大量蓝烟。

涡轮增压器一旦损坏，不能维修，只能更换总成。

二、废气涡轮增压系统使用注意事项

带有废气涡轮增压系统的车辆在使用过程中应注意以下几点：

（1）停机时怠速运转几分钟。发动机从全负荷回到怠速只需要 1～2 s，这是由于发动机的内部摩擦、泵气阻力及动力系统的负载等作用造成的。而涡轮增压器不能马上降低转速，所以，在发动机回到怠速以后，涡轮增压器仍能提供 1 min 的增压。如果发动机减速后立即熄火，发动机对涡轮增压器轴的润滑也就随之停止，而涡轮和泵轮仍在高转速旋转，这将会使涡轮增压器内的机油达到极高温度而焦化，焦化的机油将会堵塞油道造成涡轮增压器寿命下降。

（2）使用洁净的润滑油。如果使用普通机油，涡轮增压器的发动机更换机油的时间或量程要比非涡轮增压器发动机缩短一半。

（3）定期检查空气滤清器。如果进气、排气管内出现硬质颗粒或污染物，将会损伤涡轮或泵轮。

（4）及时更换机油滤清器。涡轮增压器转轴与轴套之间的配合间隙很小，如果由于机油滤清器不干净导致有杂质进入，则会造成涡轮增压器的磨损。另外，更换发动机曲轴或凸轮轴轴承时，必须使用干净的润滑油清洗涡轮及其轴承，同时更换机油滤清器。

三、增压压力控制电磁阀的电气检测

1. 增压压力控制电磁阀电阻的检测

拔下电磁阀的导线插接器，用数字万用表的电阻挡进行测量，如图 2-6-8 所示，其值应为 25～35 Ω。如超出规定范围，应更换新的增压压力控制电磁阀。如果在规定范围内，应检查增压压力控制电磁阀的供电。

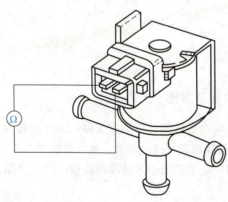

图 2-6-8 检测增压压力控制电磁阀电阻

微课：增压压力控制器检修

2. 检查增压压力控制电磁阀的触发情况

如图 2-6-9 涡轮增压器控制电路所示，拔下电磁阀的导线插接器，将二极管试灯串接在端子 1 和端子 2 之间，起动执行元件诊断功能，触发增压压力控制电磁阀，二极管试灯应闪亮。如二极管试灯不闪亮或常亮，检测线束的导线是否断路或对正极、对负极短路。如需要，排除断路/短路故障。

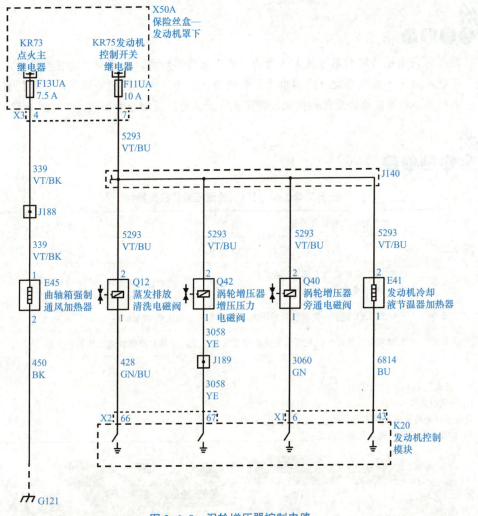

图 2-6-9 涡轮增压器控制电路

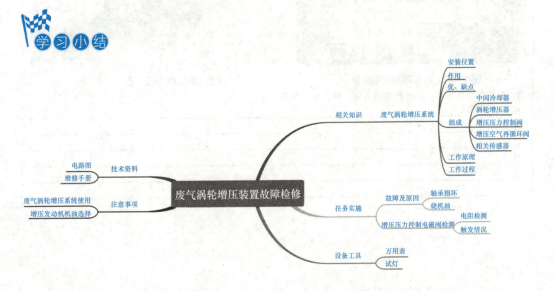

素养提升

废气涡轮增压系统利用传统上认为的"废"来提供动力,变废为宝。在生活中,我们进行废物再利用可以减少垃圾的制造及原料的消耗。为了实现废物资源化,许多国家采取了一系列鼓励利用废物的政策和措施,我国也开始施行垃圾的分类回收,以保护环境。

任务工作单

任务工单 2.6　废气涡轮增压装置故障检修

单元名称	进气控制系统故障检修	学时	2	班级	
学生姓名		学生学号		任务成绩	
实训设备	迈腾 1.8T 发动机、万用表、故障诊断仪、示波器	实训场地	汽车实训中心	日期	
工作任务	迈腾 1.8T 轿车,发动机动力不足,最高车速仅能达到 80 km/h				
任务目的	请制订工作计划,利用诊断设备确定故障位置,并对故障部件进行检测和更换				

一、资讯
1. 安装位置
请指出涡轮增压器在实车的位置_____,如图 1 所示。
2. 如图 2 所示,涡轮增压器功用是_____。

图 1　涡轮增压器在实车位置

图 2　涡轮增压器实物

3. 结构如图 3 所示,以大众朗逸为例,写出名称及作用。
A. _____;
B. _____;
C. _____;
D. _____;
E. _____;
F. _____。

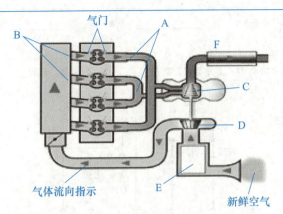

图 3　涡轮增压结构

4. 涡轮增压的工作原理（图 4）

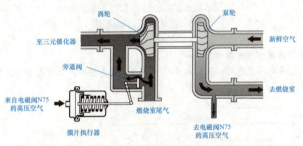

图 4　涡轮增压结构图

（1）当废气气流冲击涡轮时，涡轮高速旋转，同时带动_____旋转，经空气滤清器滤清的洁净空气被吸入压气机室，压缩后压力升高，进_____冷却，而后进入气缸，从而提高了发动机_____效率。

（2）旁通阀安装在涡轮增压器前端，受控制阀控制，控制阀经压力调整电磁阀 N75 与增压器压力腔连接。

（3）在中、低速小负荷时，压力调整电磁阀 N75 由 ECU 以小占空比供电，自动调节_____；在加速或高速大负荷时，该电磁阀由 ECU 以大占空比方式供电，旁通阀开度_____，增压压力_____，占空比越大，增压压力就越高。

（4）当增压压力达到一定值时，增压传感器将信息传给 ECU，压力调整阀 N75 受_____控制，推动杠杆，旁通阀_____，降低增压。

5. 涡轮增压器损坏，发动机会出现以下现象：
_____

二、决策与计划

请根据故障现象和任务要求，确定所需要的检测仪器和工具，并对小组成员进行合理分工，制订详细的诊断和修复计划。

1. 需要的检测仪器、工具：_____。
2. 小组成员分工：_____。
3. 诊断和修复计划：_____。

三、实施

1. 增压压力传感器的检查（G31）（图 5）

（1）测 3 号脚电源电压。

万用表电压挡测量，是否有 5 V（注：打开点火开关）。

续表

判断：有5 V，则正常；若无5 V，则为＿＿＿＿＿故障，通过＿＿＿＿＿解决。
（2）测2号脚搭铁。
万用表蜂鸣挡测量，搭铁应导通，阻值＜0.45 Ω（注：关闭点火开关）。
判断：若导通，则阻值＜0.45 Ω；若不导通，则为＿＿＿＿＿故障，通过＿＿＿＿＿解决。

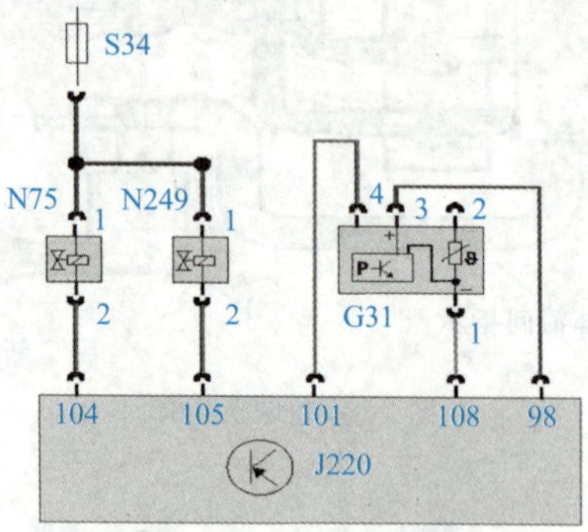

图5 涡轮增压器电路图

（3）操作：测4号脚增压压力传感器输出信号。
万用表电压挡测量，信号电压急速时：正常是0.8～1.9 V。急加速时：正常是2～3 V变化。信号电压随发动机转速变化（注：着车）。
① 急速时：信号为＿＿＿＿＿V。
判断：是否正常：＿＿＿＿＿，理由是＿＿＿＿＿。
② 急加速时：信号为＿＿＿＿＿V。
判断：是否正常：＿＿＿＿＿，理由是＿＿＿＿＿。

2. 增压温度传感器的检查
（1）测1脚信号线。
拆下插头，接通点火开关，测量线束连接器上两端子之间的电压，应为5 V。
判断：有5 V，则正常；若无5 V，则为＿＿＿＿＿故障，通过＿＿＿＿＿解决。
（2）插上插头，接通点火开关，测量传感器两端子之间的电压（应随温度升高而减小）。
（3）测2号脚搭铁。
万用表蜂鸣挡测量，搭铁应导通，阻值＜0.45 Ω（注：关闭点火开关）。
判断：若导通，阻值＜0.45 Ω；若不导通，则为＿＿＿＿＿故障，通过＿＿＿＿＿解决。

3. 测量增压压力调整电磁阀N75
（1）拔下插头测量电磁阀电阻：＿＿＿＿＿Ω；正常值为21～35 Ω。
（2）打开点火开关，测量电压：1号脚为＿＿＿＿＿V；应为蓄电池电压。
判断：若无电压则为＿＿＿＿＿故障，通过检查＿＿＿＿＿解决。
（3）测量2号脚信号控制。
用解码器进行增压压力调整电磁阀动作元件测试，二极管试灯一端接正极，一端接2号脚，增压压力调整电磁阀动作时，LED试电笔应闪烁。
判断：若不亮，则为＿＿＿＿＿故障，通过检查＿＿＿＿＿解决。

4. 测量增压压力再循环电磁阀N249
（1）拔下插头测量电阻为＿＿＿＿＿Ω；正常值为13～24 Ω。
（2）打开点火开关，测量电压：1号脚为＿＿＿＿＿V；应为蓄电池电压。
判断：若无电压，则为＿＿＿＿＿故障，通过检查＿＿＿＿＿解决。
（3）测量2号脚控制。
用解码器进行增压压力再循环电磁阀动作元件测试，二极管试灯一端接正极，一端接2号脚，增压压力再循

续表

环电磁阀动作时，二极管试灯应亮。
　　判断：若不亮，则为＿＿＿＿＿＿故障，通过检查＿＿＿＿＿＿解决。

四、检查
故障排除后，进行以下检查。
1. 起动发动机，检查故障灯是否点亮：＿＿＿＿＿＿。
2. 检查加速情况：＿＿＿＿＿＿＿＿＿＿。
3. 检查动力情况：＿＿＿＿＿＿＿＿＿＿。

五、评估
1. 请根据自己任务完成的情况，对自己的工作进行自我评估，并提出改进意见：
＿＿＿＿＿＿＿＿＿＿＿＿＿＿＿＿＿＿＿＿＿＿＿＿＿＿＿＿＿＿＿＿＿＿＿＿。
2. 教师对学生工作情况进行评估，并进行点评：
＿＿＿＿＿＿＿＿＿＿＿＿＿＿＿＿＿＿＿＿＿＿＿＿＿＿＿＿＿＿＿＿＿＿＿＿。
3. 学生本次任务成绩：＿＿＿＿＿＿。

任务七　可变气门正时和升程控制装置检修

◆知识目标

1. 掌握可变气门正时与气门升程装置的组成与作用；
2. 熟悉智能可变气门配气正时系统（VVT-i）的组成与工作原理；
3. 熟悉连续可变气门升程控制系统（VTEC）的组成与工作原理。

◆能力目标

1. 能正确选择检测和诊断设备对 VVT 及 VTEC 引起的故障进行诊断；
2. 能正确记录、分析各种检测结果并做出故障判断；
3. 能正确检查系统故障的修复质量。

◆素质目标

1. 能快速准确收集信息与资料；
2. 养成善于沟通、合作、服从集体的良好习惯；
3. 具备安全与环保意识。

一辆本田雅阁轿车由于可变气门升程控制装置出现故障，造成下列现象：加速不良、动力不足且故障灯亮。用本田专业诊断仪进行故障码读取与数据流分析，利用合适工具对 VTEC 进行故障检修，观察故障现象并进行验证。

一、可变气门正时与气门升程装置概述

(一) 可变配气技术

汽油发动机要达到良好的动力性、燃油经济性和排放性能，首先必须控制合适的汽油与空气的混合比例。普通进气机构发动机的配气相位和气门升程都是固定的，发动机处于中、低转速时，主要考虑省油和改善排放，但这时进气量偏大；发动机处于高速时，动力性是主要的，需多供给汽油，但供给的汽油又受到进气量的限制而不能太多，这时进气量偏少。传统的发动机由于受进气量的限制，动力性、经济性及排放性的潜力均未发挥完全。

可变气门正时和升程控制装置可以使发动机在高速时改变气门正时和升程，并由 ECM 电控组件控制，改善了发动机在低、中转速下的扭矩输出，大大增强了驾驶的操纵灵活性，发动机的转速也能够设计得更高。同时也可以改变高速时进、排气门开启的"重叠时间"，使发动机在高速范围内输出更大的功率。

日产的 2 L Neo VVL 发动机比没有配备 VVT 的相同结构的发动机可以提供超过 25% 的动力输出。而菲亚特 Barchetta's 1.8 L VVT 发动机能在转速为 2 000 ～ 6 000 r/min 时输出 90% 的扭力。从这两个例子中可以看出，采用可变配气技术的优点如下：

(1) 发动机在低转速时能增加扭力输出，大大增强了驾驶的操纵灵活性；
(2) 发动机的功率和扭力能兼顾高、低转速的动力输出；
(3) 发动机的转速能设计得更高；
(4) 改善燃料消耗率；
(5) 减少废气排放。

(二) 可变配气技术参数

汽油机可变配气技术的三个主要特性参数，即气门开闭时刻、开启持续角和气门升程。

进气门开启相位提前：一方面为进气过程提供了较多的时间，有利于解决高转速时进气时间不足的问题；另一方面气门叠开角增大，有更多的废气进入进气管，随后又同新鲜空气一起返回气缸，造成了较高的内部排气再循环，可降低油耗和 NO_x 的排放，但同时也导致起动和怠速不稳定，低速工作粗暴。

进气门关闭相位推迟：一方面在高转速时有利于利用高速气流的惯性提高体积效率；另一方面在低转速时又会将已经吸入气缸的新鲜空气推回进气管。

气门开启持续角：为解决高转速时进气量不足的问题，气门开启持续角应适当增加。但低速时，进气量需求减小，气门开启持续角应适当减小。

气门升程增大：一方面在高负荷时有利于提高体积效率；另一方面在低负荷时又得将节气门关得小，造成更大的节流损失与泵气损失。

综上所述，出于不同的考虑，对气门特性参数提出了不同要求：为了提高标定功率，要提早开启、推迟关闭进气门，并提高进气门升程；为了提高低速扭矩，要提早关闭进气门；为了改善起动性能并提高怠速稳定性，则要推迟开启进气门，减小气门叠开。显然，进气门特性参数对发动机的影响比排气门特性参数更大，进气门关闭相位的影响比开启相位更大。

二、智能可变气门正时系统

丰田 VVT-i 是可变配气技术的代表系统之一，目前在我国生产的丰田车上基本都用到了该技术，ECU 根据发动机转速和负荷等传感器信号来控制凸轮轴，调整机构的机油压力，从而改变进、排气门的开启和关闭时刻，这样的系统称为智能可变气门正时系统（Variable Valve Timing-intelligent，VVT-i）。

（一）VVT-i 控制技术的控制原理

（1）低温、低速低负荷：推迟进气门的打开时刻，提前排气门的关闭时刻，可减少气门重叠，以减少废气逆吹入进气管，从而达到稳定怠速、提高燃料消耗率和起动性能。

（2）中等负荷或高负荷中低速：提前进气门的打开时刻，推迟排气门的关闭时刻，可增加气门重叠，以增加 EGR 率及降低泵气损失，从而改善排放控制和燃料消耗率。另外，提前进气门的关闭时刻可减少进气被逆吹回进气管，改善充气效率。

（3）高速高负荷：提前排气门的打开时刻，不仅可以减少泵气损失，推迟进气门的关闭时刻，还可以提高充气效率，从而提高发动机的输出功率。

以上是双 VVT-i 的配气正时控制原理。对于单 VVT-i 的发动机，只有进气门的开闭时刻受 ECU 控制，排气门的开闭时刻是固定不变的，其控制效果比双 VVT-i 的差。

（二）VVT 控制系统的组成

如图 2-7-1 所示，VVT 控制系统主要包括 VVT 传感器（凸轮轴位置传感器）、曲轴位置传感器、VVT 控制器、凸轮轴正时机油控制阀（VVT 电磁阀）。

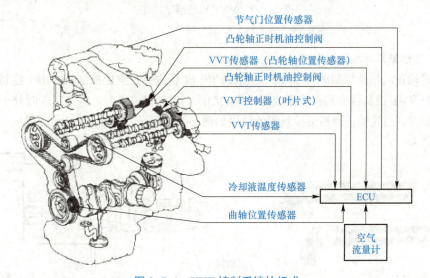

图 2-7-1　VVT 控制系统的组成

1. VVT 传感器

VVT 传感器即凸轮轴位置传感器,是给 ECU 提供曲轴转角基准位置(即第一缸压缩行程上止点),作为燃油喷射控制和点火控制的主控信号。

2. 曲轴位置传感器

曲轴位置传感器是确认曲轴转角位置和发动机转速不可缺少的信号之一。VVT 控制器通过曲轴位置传感器和 VVT 传感器来感知凸轮轴转动变化量,从而获知凸轮轴转动方向及转动量。

3. VVT 控制器

VVT 控制器有叶片式、链轮式和螺旋齿轮式三种类型。叶片式为最常用的一种形式,广泛应用于各种车型。叶片式 VVT-i 控制器由正时链条驱动的外壳、固定在凸轮轴上叶片、锁销等组成,如图 2-7-2 所示。

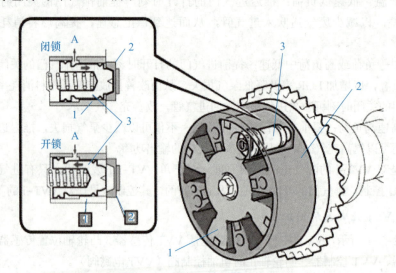

图 2-7-2 VVT 控制器结构图

1—叶片(安装在进气凸轮轴上);2—外壳;3—锁销;A—油流方向

4. 凸轮轴正时机油控制阀

凸轮轴正时机油控制阀(OCV)是由发动机 ECU 进行占空比控制的,用于控制滑阀位置和分配 VVT 控制器流到提前侧或延迟侧的油压。发动机停止时,进气门正时处于最大延迟角度位置。凸轮轴正时机油控制阀的结构如图 2-7-3 所示。

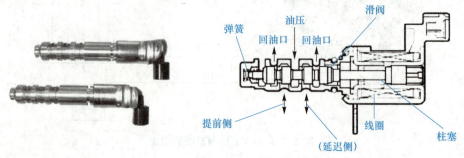

图 2-7-3 凸轮轴正时机油控制阀的结构

(三)叶片式VVT控制器的工作过程

(1)正时提前：当由发动机ECU发送给凸轮轴正时机油控制阀的占空比变大(50%)时，阀位置处于图2-7-4所示的位置，油压作用于气门正时提前侧的叶片室，使进气凸轮轴向气门正时的提前方向旋转。

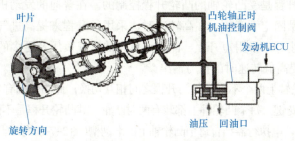

图 2-7-4　正时提前

(2)正时推迟：当由发动机ECU发送给凸轮轴正时机油控制阀的占空比变小(50%)时，阀位置处于图2-7-5所示的位置，油压作用于气门正时延迟侧的叶片室，使进气凸轮轴向气门正时的推迟方向旋转。

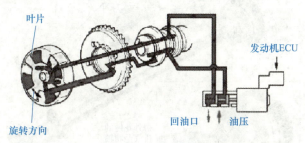

图 2-7-5　正时推迟

(3)正时保持：发动机ECU根据各传感器的信息进行处理，并计算出气门正时角度，当达到目标气门正时以后，凸轮轴正时机油控制阀通过关闭油道来保持油压。图2-7-6所示为保持现在的气门正时的状态。

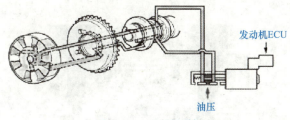

图 2-7-6　正时保持

注意：进气凸轮轴执行器与排气凸轮轴执行器的内部油路是不同的，排气凸轮轴执行器的A油路通向叶片的左侧，进气凸轮轴执行器的A油路通向叶片的右侧。

三、大众智能可变气门升程系统

可变气门正时技术在整个可变配气技术中属于结构简单、成本低廉的机构系统。它通过液压和齿轮传动机构，根据发动机的需要动态调节气门正时。可变气门正时不能改变气门开启的持续时间，只能控制气门提前打开或推迟关闭的时刻。同时，它也不能像可变凸轮轴一样控制气门开启行程，所以，其对提升发动机的性能所起的作用有限。可变气门升程系统很好地补充了这一缺点。

发动机的气门升程是受凸轮轴的凸轮升程控制的。在普通的发动机上，凸轮轴的升程固定，气门升程也是固定不变的。在高转速时，采用长升程来提高进气效率，使发动机的呼吸更顺畅；在低速时，采用短升程，能产生更大的进气负压及更多的涡流，使空气和燃油充分混合，因而提高低转速时的扭力输出。

为了在排气凸轮轴上两个不同的气门升程之间相互切换，此凸轮轴有4个可移动的凸轮件（图2-7-7），有内花键，每个凸轮件上都装有两对凸轮，其凸轮升程是不同的，通过电执行器对两种升程进行切换，电执行器结合每个凸轮轴上的滑动槽（图2-7-8）移动凸轮轴上的凸轮件（这表明每个凸轮件均有两个电执行器，用于在两种升程之间来回切换）。凸轮轴中的弹簧加载式球体将凸轮件锁定在其各自的端部位置，凸轮轴的滑动槽和轴向推力轴承会限制凸轮件的移动。因为设计包含了凸轮轴上的一对凸轮，所以滚轮摇臂棘爪的接触面更加窄小。

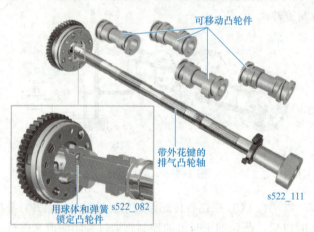

图 2-7-7　凸轮轴及凸轮件

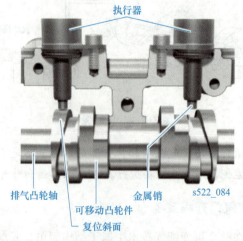

图 2-7-8　电执行器与凸轮上滑槽

在两个电执行器的辅助下，每个凸轮件在排气凸轮轴上两个切换位置之间被来回推动，每个气缸的一个电执行器切换到更大的气门升程，另一个电执行器切换到更小的气门升程，每个电执行器由发动机控制单元 J623 的接地信号起动，通过主继电器 J271 提供电压，电执行器的电流消耗约为 3 A。

如图 2-7-9 所示，每个电执行器都包含一个电磁线圈，金属销通过导管向下移动，在收缩位置和伸展位置，金属销通过一个永久磁铁被固定在电执行器壳体的相应位置。

如图 2-7-10 所示，当电流通过电执行器的电磁线圈时，金属销在 18～22 ms 中被移动。伸展的金属销结合到排气凸轮轴上凸轮件的相关滑动槽中，并通过凸轮轴旋转推动滑动槽到相应的切换位置，金属销通过机械方式在滑动槽的作用下缩进去。凸轮件的两个电执行器被起动时，总是只有一个电执行器上的金属销移动。

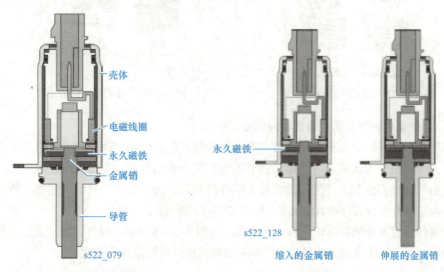

图 2-7-9　电执行器结构　　　　图 2-7-10　电执行器功能

如果一个电执行器发生故障，就无法再执行气门升程切换功能。在这种情况下，发动机管理系统会尝试将所有气缸切换为最近成功的一次气门升程切换，如果不成功，则所有气缸会切换至更小的气门升程位置，发动机转速限制为 4 000 r/min，故障存储器中记录下故障，EPC 警告灯亮起。如果可切换到较大的气门升程位置，故障存储器中也会存储故障。在这种情况下，不限制发动机转速，且 EPC 灯亮起。

1. 较低发动机转速范围下的凸轮轴位置

为了使这个负载范围内的气体交换性能更佳，发动机管理系统通过凸轮轴调节器，将进气凸轮轴提前，将排气凸轮轴延迟，气门升程切换至更小的排气凸轮轮廓，而且右侧电执行器移动金属销，如图 2-7-11 所示；电执行器结合滑动槽，并将凸轮件移至小凸轮轮廓，如图 2-7-12 所示。

气门沿着较小的气门轮廓上下移动时，两个小凸轮的位置在某种程度上是交错的，以确保气缸两个排气门的开启时间是错开的，这两项措施会导致废气被活塞排到涡轮增压器中时，废气气流的脉动减小，从而可在低转速范围内达到较高的增压压力。

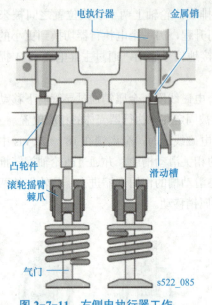

图 2-7-11　右侧电执行器工作

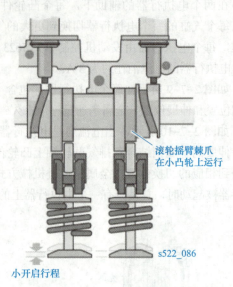

图 2-7-12　小凸轮轮廓工作

2. 部分负载和全负载下的凸轮轴位置

当驾驶员加速,并从部分负载改变为全负载时,气缸内的气体交换必须适应更高的性能需求,发动机管理系统通过凸轮轴调节器将进气凸轮轴提前,将排气凸轮轴延迟,为达到最佳的气缸填充性能,排气门需要最大的气门升程。为了实现此目的,左侧电执行器被起动,由左侧电执行器移动其金属销,如图 2-7-13 所示。

金属销通过滑动槽将凸轮件移向大凸轮,如图 2-7-14 所示,排气门现在以最大的升程打开和关闭,凸轮件也通过凸轮轴中的弹簧加载式球体被固定在此位置。

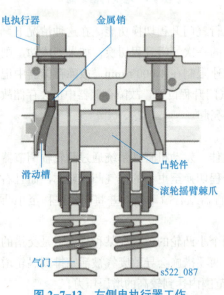

图 2-7-13　左侧电执行器工作

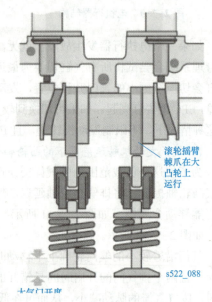

图 2-7-14　大凸轮轮廓工作

四、本田可变气门升程控制系统

（一）VTEC 结构

VTEC（Valve Life Electronic Control System）结构中有三个凸轮，它们的线型各不相同。高速凸轮位于中央，叫作中间凸轮，它的升程最大；另外两个低速凸轮，较高的一个叫作主凸轮，较低的叫作次凸轮。与这三个凸轮相对应的是中间摇臂、主摇臂和次摇臂，两个气门分别安装在主、次摇臂上。在三个摇臂内有一孔道，内装有正时活塞、同步活塞和定位活塞，每个气缸的两个进气门上都安装这样一套 VTEC 结构。

（二）VTEC 的工作过程

如图 2-7-15 所示，在发动机运转过程中，各传感器不断地向 ECM 输入转速、负荷、车速及水温信号，由 ECM 判断何时能改变气门正时和升程。当转换条件符合后，ECM 操纵 VTEC 电磁阀打开油路，使从机油泵输出的压力油推动同步活塞将 3 个摇臂连锁起来，实行 VTEC 气门正时和升程变动，以改变进气量，增加发动机功率。如果转换条件不符合，ECM 将会使 VTEC 电磁阀断电，切断油路，不实行 VTEC 控制。

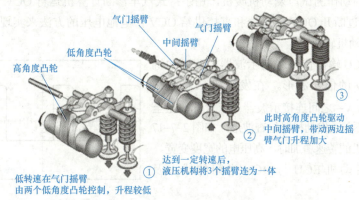

图 2-7-15 VTEC 的工作过程

丰田 VVT-i 的检修如下。

1. VVT-i 的常见故障

（1）气门正时不正确；

（2）凸轮轴正时机油控制阀损坏；

（3）凸轮轴正时机油控制阀的线路有断路和短路；

（4）VVT 控制器总成损坏；

（5）发动机机油中有异物，或者凸轮轴正时机油控制阀滤清器堵塞；

（6）发动机 ECU 有故障；

（7）VVT 传感器有故障。

2. VVT-i 电路图电路识读与分析（以丰田花冠 1NZ-FE 发动机为例）

如图 2-7-16 所示，发动机 ECU 根据曲轴位置传感器（CKP）和凸轮轴位置传感器

（CMP）的输入信号来控制凸轮轴正时机油控制阀（OCV 阀），由 OCV 控制供给 VVT-i 控制器的机油压力，从而改变凸轮轴和曲轴之间的相对位置。

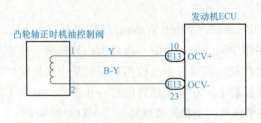

图 2-7-16　VVT-i 电路图

3．VVT-i 的检修

（1）检查气门正时。盘动发动机，让凸轮轴与正时带之间的标记对正，观察曲轴与正时带的正时标记是否对准，参照发动机机械维修手册参数。

（2）检查凸轮轴正时机油控制阀（OCV）及其电路。

①OCV 的动作测试。发动机暖机，用手持式汽车诊断计算机运行 OCV（如果没有该设备，也可通过断开 OCV 连接器和直接供给 OCV 蓄电池电压的方法来实现对 OCV 的控制），检查发动机转速。

②检查 ECU 输出信号。用示波器检测发动机 ECU 控制 OCV 的信号波形。在发动机 ECU 的端子 OCV+ 和 OCV- 之间连接示波器。点火开关扭至"ON"位置，不起动发动机时检查波形，如图 2-7-17 所示。当发动机的转速增加时，高压电的宽度变宽。

③检查发动机 ECU 与 OCV 之间的线束及连接器。

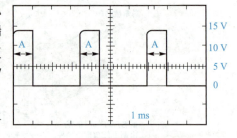

图 2-7-17　OCV 波形

④检查 OCV 总成。用欧姆表测量 OCV 端子之间的电阻，从发动机上拆下 OCV，将蓄电池正极（+）与端子 1 连接，蓄电池负极（-）与端子 2 连接，观察 OCV 的动作情况，应打开。

（3）检查凸轮轴正时齿轮（VVT-i 控制器）总成。

①拆下凸轮轴，检查凸轮轴正时齿轮在不工作状态下是否锁紧，正常情况下发动机在不工作时，凸轮轴的正时齿轮应锁紧（用手转动凸轮轴正时齿轮）。

②检查凸轮轴正时齿轮（VVT-i 控制器）的工作情况。

a. 150 kPa 的气压同时施加在提前侧和延迟侧。

b. 逐步减小延迟侧的气压，观察凸轮轴正时齿轮总成是否转动，凸轮轴应该顺时针方向转动。

c. 当凸轮轴正时齿轮达到最提前的位置时，断开正时延迟侧空气压力，然后断开正时提前侧空气压力。

d. 用手转动凸轮轴正时齿轮。正时齿轮未转到最大延迟位置时，转动应平滑。

e. 将正时齿轮转到最大延迟位置，确保其锁定。

微课：可变气门正时电磁阀故障检修

（4）检查油压控制阀滤清器是否堵塞。当机油中有异物时，在短时间内造成VVT-i不能正常工作。运转一段时间后，机油滤清器将异物过滤，VVT-i将恢复正常。拆下油压控制阀滤清器，观察是否有异物并及时清理。

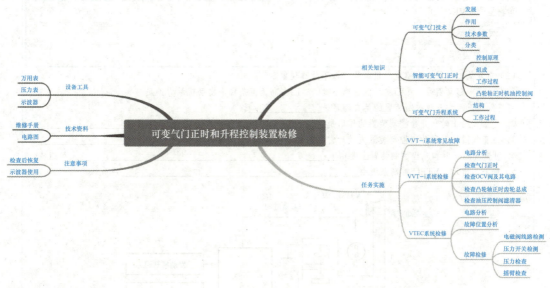

主要矛盾是指在复杂事物发展过程中起领导、决定作用的矛盾，次要矛盾是指主要矛盾以外的矛盾。在事物的各种矛盾中，只有一种主要矛盾，其他都是次要矛盾。主要矛盾决定着次要矛盾的存在和发展；次要矛盾的存在和发展也对主要矛盾的存在和发展产生作用。两者在一定条件下会互相转化。抓住主要矛盾，就能抓住事物的中心，找到解决矛盾的方法。所以，在可变配气技术中应首先考虑进气门的关闭相位。

任务工单 2.7　可变气门正时和升程控制装置故障检修

单元名称	进气控制系统故障检修	学时	2	班级	
学生姓名		学生学号		任务成绩	
实训设备	本田雅阁发动机、万用表、故障诊断仪、示波器	实训场地	发动机电控实训室	日期	
工作任务	一辆本田雅阁轿车出现下面故障现象：加速不良、动力不足且故障灯亮				

续表

任务目的	掌握可变气门正时与升程控制的作用、原理与组成,并能制订工作计划,利用诊断设备确定故障位置,并对故障部件进行检测和更换

一、资讯

1. 可记录车辆信息。
（1）在下表中记录待修车辆的基本信息。

车辆型号（VIN 码）	
发动机型号	
客户投诉	

（2）重复故障症状,观察发动机是否有以下故障现象。
☐发动机冷起动困难　　☐发动机怠速不稳　　☐在高负荷条件下发动机动力不足
可变气门正时和升程控制装置的英文缩写是_____。
2. 可变气门正时和升程控制装置的作用是_____。
3. 可变气门正时和升程控制装置失效后常见的故障现象有_____。
4. 可变气门正时和升程控制装置主要由_____等组成。
5. 如下图所示,VTEC 控制系统由_____、_____和_____组成。

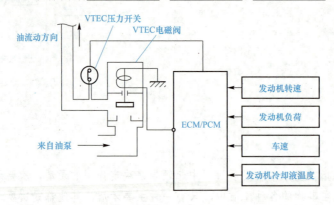

6. VTEC 控制系统的工作可分为_____和_____两个工作过程。
7. 用_____kPa 压力的压缩空气从检查油孔处注入,并堵住泄油孔,然后将正时板推高_____。
8. 在发动机运转过程中各传感器不断地向 ECM 输入_____、_____、_____及水温信号,由 ECM 判断何时能改变_____和_____。
9. 如果 VTEC 在发动机低速状态一直工作,发动机会因_____不足而无力。
10. 从 VTEC 电磁阀上拆下连接器,测量电磁阀电阻应为_____。
11. 由于 VTEC 机构的运动是_____推动进行的,所以应检查机油压力。
12. VTEC 作用结果,发动机在高速状态,延长进、排气门同时开启的"_____"时间,使发动机_____和_____均得到提高。
13. 如果转换条件不符合,ECM 将会使 VTEC_____断电,切断油路,不实行_____控制。

二、决策与计划
请根据故障现象和任务要求,确定所需要的检测仪器和工具,并对小组成员进行合理分工,制订详细的诊断和修复计划。

续表

1. 需要的检测仪器、工具：_____。
2. 小组成员分工：_____。
3. 诊断和修复计划：_____。

三、实施

1. 将 ADC2000 解码仪与发动机诊断接口连接，打开点火开关，读取故障码，故障码情况：_____。
2. 拔下 VTEC 电磁阀插头，测量电磁阀电阻值，实测值为_____。测量插头上电源，实测值为_____。
3. 将电磁阀从缸盖上拆下，检查滤网是否堵塞，若堵塞应进行清洁并更换_____。用手指推动电磁阀柱塞，它能_____，测量电磁阀连接导线与 ECUA4 端子应_____。
4. 当发动机转速超过 3 000 r/min 运转时，机油压力最低值为_____ kPa。
5. 从压力开关上拆下连接器，测量压力开关两接线端子之间的电阻。在发动机熄火时，压力开关应_____；发动机在 3 000 r/min 转速运转时，将压力开关的两接线端子分别接蓄电池正、负极，压力开关应_____。如果测量连接器棕/黑线与搭铁之间应_____，蓝/黑线与 ECM D6 端子之间也应_____。
6. 拆下气门室盖，在压缩上止点时，用手推动 3 个摇臂应能_____，不应连锁，用 400 kPa 的压缩空气从检查油孔处注入，并堵泄油孔，然后将正时板推高 2～3 mm，这时，同步活塞应能将 3 个摇臂_____；不注入压缩空气，3 个摇臂又分开_____。

四、检查

故障排除后，进行以下检查。
1. 起动发动机，检查故障灯是否点亮：_____。
2. 检查加速情况：_____。
3. 检查动力情况：_____。

五、评估

1. 请根据自己任务完成的情况，对自己的工作进行自我评估，并提出改进意见：
_____。
2. 教师对学生工作情况进行评估，并进行点评：
_____。
3. 学生本次任务成绩：_____。

单元三
电控点火系统故障检修

任务一　微机控制点火系统

◆**知识目标**

掌握微机控制点火系统的组成与工作原理。

◆**能力目标**

1. 能掌握微机控制点火系统的作用、部件特征和安装位置；
2. 能正确选择合适的分析思路对微机控制点火系统进行识别。

◆**素质目标**

1. 能快速准确收集信息与资料；
2. 养成善于沟通、合作、服从集体的良好习惯；
3. 具备安全与环保意识。

通过教材、图书馆藏书、电子阅览室、网络等进行电控点火系统的信息收集。收集微机控制点火系统的由来、发展、应用、组成，各部件与控制系统的作用等；识别发动机微机控制点火系统的组成与部件安装位置、作用等，对点火线圈、火花塞、火花性能进行测试与检验；归纳总结微机控制点火系统中哪些部件易产生故障。

一、点火系统的作用与分类

（一）点火系统的作用

点火系统的基本作用是在发动机各种工况和使用条件下，在气缸内适时、准确、可靠地产生电火花,以点燃可燃混合气,使发动机做功。

(1) 将电源的低电压变成高电压;

(2) 按照发动机点火顺序依次送至各气缸,点燃压缩混合气;

(3) 能适应发动机工况和使用条件的变化,自动调节点火时刻,实现可靠、准确的点火。

(二) 点火系统的分类

点火系统按其组成和产生高压电方式的不同可分为传统点火系统、电子点火系统、微机控制点火系统和磁电机点火系统,如图3-1-1所示。

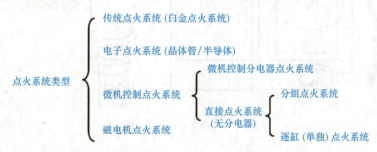

图 3-1-1 点火系统类型

1. 传统点火系统

传统点火系统以蓄电池和发电机为电源,凭借点火线圈和断电器的作用,将电源提供的6 V、12 V或24 V的低压直流电转变为高压电,再通过分电器分配到各缸火花塞,使火花塞两电极之间产生电火花,点燃可燃混合气,如图3-1-2所示。由于传统点火系统具有产生的高压电比较低、高速时工作不可靠、使用过程中需经常检查和维护等缺点,目前已经被淘汰。

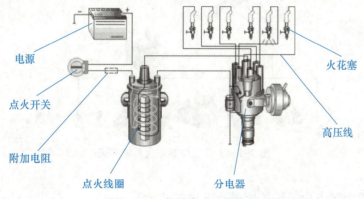

图 3-1-2 传统点火系统简图

2. 电子点火系统

电子点火系统以蓄电池和发电机为电源,借点火线圈和半导体器件(晶体三极管)组成的点火控制器将电源提供的低压电转变为高压电,再通过分电器分配到各缸火花塞,使火花塞两电极之间产生电火花,点燃可燃混合气,如图3-1-3所示。其同样存在点火不可靠的缺点,现已被微机控制点火系统所取代。

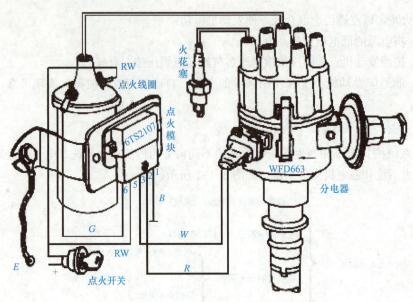

图 3-1-3 电子点火系统简图

3. 微机控制点火系统

微机控制点火系统以蓄电池和发电机为电源，凭借点火线圈将电源的低压电转变为高压电，由微机控制系统直接将高压电分配给各缸。ECU 根据各种传感器提供的工况信息，发出点火控制信号，控制点火时刻，点燃可燃混合气，如图 3-1-4 所示。微机控制点火系统是目前应用最广泛的点火系统。

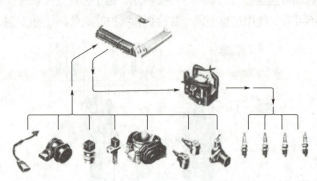

图 3-1-4 微机控制点火系统简图

二、微机控制点火系统的组成及配电方式

微机控制点火系统可以使发动机在任何工况下都处于最佳的点火时刻，从而进一步改善发动机的动力性，降低排气污染。目前，在轿车发动机上一般都采用了微机控制点火系统。

（一）微机控制点火系统的组成

微机控制点火系统主要由传感器、电控单元（ECU）、点火驱动器、点火线圈、火花塞、点火开关和电源等组成，如图 3-1-5 所示。

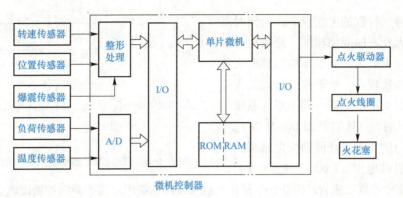

图 3-1-5 微机控制点火系统的组成

(二)微机控制点火系统的配电方式

微机控制点火系统按配电方式可分为二极管配电式与点火线圈直接配电式两种。现在电控点火系统中绝大多数应用点火线圈直接配电式,就是直接将点火线圈次级绕组两端与火花塞相连,即把点火线圈产生的高压电直接送给火花塞进行点火,故称为直接点火系统(Direct Ignition System,DIS)。该系统的主要优点如下:

(1)没有运动零件,寿命长,保养少;
(2)能够远程安装;
(3)不增加发动机机械负载;
(4)在点火事件之间线圈冷却时间长;
(5)避免机械正时调整;
(6)增加可利用的点火线圈饱和时间。

直接点火系统又可分为分组点火系统与独立点火系统两种。分组点火即两个缸共用一个点火线圈;独立点火为每缸设一个点火控制器、一个点火线圈,顺序发火。

1. 分组点火系统

微机控制线圈配电式分组点火系统用一个点火线圈给两个火花塞提供电压,如图 3-1-6 所示,点火线圈的数量等于气缸数量的一半。每个点火线圈均有两个高压输出端,通过将两个火花塞接地点串联成一个闭合回路。接通点火开关,ECU 接收各传感器信号,判断点火正时,当 1 缸或 4 缸需要点火时,1、4 缸触发信号切断 1、4 缸点火线圈的初级电路,初级绕组中的电流迅速降到 0,线圈周围和铁芯中的磁场也迅速衰减至消失。因此,在点火线圈的次级绕组感应出高压电动势,高压电通过分缸高压线作用在火花塞中央电极上,与侧电极之间的气隙被击穿,点燃混合气。2、3 缸同理。这种点火系统的特点如下:

(1)两个串联的火花塞同时点火,且两个火花塞的极性相反,一个火花塞是从正极向负极放电点火(正极性火花塞);另一个火花塞是从负极向正极放电点火(负极性火花塞)。同时点火的两个火花塞,一个点火工作时,另一个用作接地构成回路的途径。若一个火花塞或其导线损坏了,则两个缸的工作都会受到影响。

(2)串联于同一个点火线圈的两个火花塞必须分别安装在两个点火间隔为 360° 曲轴转角的两个气缸内,这两个气缸的活塞同时到达上止点位置(一个为压缩行程的上止点,另一个为排气行程的上止点）。若同时点火的两个火花塞的间隙相同，则点火电压只与气缸压力有关，处于压缩行程的火花塞点火电压比较高，处于排气行程的火花塞为无效点火，电压低。同步点火系统进行跳火测试时，电压需要 25 000 V 以上。

(3) 为防止点火线圈初级电路瞬间产生二次反极性电压（1 000～2 000 V），

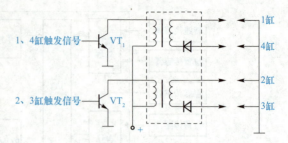

图 3-1-6　微机控制线圈配电式分组点火系统

在高压回路中串联二极管，能防止发动机在点火线圈初级电流接通瞬间被错误地点火。

2. 独立点火系统

独立点火系统没有常规的分电器或高压线。每个缸都有各自独立的点火线圈，如图 3-1-7 所示，即使发动机转速很高，点火线圈也有较长的通电时间（较大的闭合角），可提供足够高的点火能量。由于去除了高压分电器中的电火花，要求的点火电压就会降低一些，使单位时间通过点火线圈初级电路的电流减小，点火线圈不易发热，且点火线圈的体积又可以非常小，因而点火线圈可以直接安装在火花塞上面。由于该种点火系统有的已不需要分高压线了，避免了对计算机信号的电磁干扰，消除了干扰源，发动机 ECU 可一缸接一缸地改变点火正时，对爆燃传感器发出的信号及时做出响应。

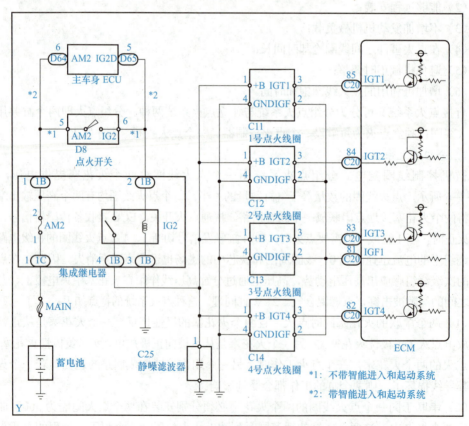

图 3-1-7　微机控制线圈配电式独立点火系统

三、点火系统零部件

(一) 火花塞

1. 火花塞的功用

火花塞是将点火线圈或磁电机产生的脉冲高压电引入燃烧室，并在其两个电极之间产生电火花，以点燃可燃混合气。火花塞拧装于气缸盖的火花塞孔内，下端电极伸入燃烧室。上端连接分缸高压线或点火线圈次级。火花塞是点火系统中工作条件恶劣、要求高的易损坏部件。火花塞绝缘体被击穿、电极积炭失效常会发生。

2. 火花塞的间隙与击穿电压

火花塞中心电极与侧电极之间的间隙，称为火花塞间隙。火花塞间隙对发动机工作性能有很大的影响，间隙过小，火花微弱，并容易产生积炭而漏电；间隙过大，击穿电压增高，发动机不易起动，高速易发生"缺火"现象。因此，火花塞间隙的大小应适当。当火花塞间隙为 0.6～1.0 mm 时，发动机冷起动时所需击穿电压为 7 000～8 000 V，实际工作电压一般为 10 000～15 000 V。当火花塞间隙为 1.0～1.2 mm 时，发动机冷起动时所需击穿电压为 30 000 V 左右，称为高能点火系统。火花塞间隙的调整可扳动侧电极来实现。

使火花塞两电极之间产生电火花所需要的最低电压，称为击穿电压。击穿电压的高低与两电极之间的距离（火花塞间隙）、气缸内压力和温度的大小有关，火花塞间隙越大、气缸内混合气越稀时，气体压力越高，温度越低时，则击穿电压越高。

3. 火花塞的结构与热特性

（1）火花塞结构。火花塞主要由绝缘体、螺杆、螺母、中心电极、侧电极等组成，如图 3-1-8 所示。

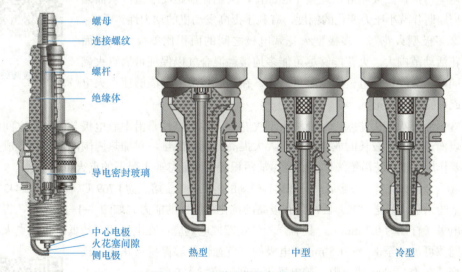

图 3-1-8 火花塞结构与热特性

（2）冷型与热型。火花塞可分为冷型、中型和热型三种。发动机工作时，火花塞绝缘体裙部的温度若保持为 500 ℃～600 ℃，落在绝缘体裙部的油粒能立即被烧掉，不容易产生积炭，这个温度称为火花塞的自净温度。若裙部温度低于自净温度，绝缘体裙部易形成积炭而漏电,不能跳火或火花微弱。若裙部温度超过800 ℃时,易出现早燃、爆燃等不正常现象。因此,火花塞裙部的温度应该保持在自净温度范围。火花塞的热特性主要取决于绝缘体裙部的长度。绝缘体裙部(H)越长(H=16 mm或20 mm),其受热面积越大,传热距离越长,散热困难,裙部温度也就越高,这种火花塞称为热型火花塞。它适用于低速、低压缩比的小功率发动机。相反,绝缘体裙部越短(H=8 mm左右),其受热面积越小,传热距离缩短,容易散热,裙部温度也就越低,这种火花塞称为冷型火花塞,它适用于高速、高压缩比大功率的发动机。裙部长度介于冷型与热型之间的火花塞(H=11或14 mm),称为中型火花塞。

(3)火花塞类型。火花塞电极类型除标准型外,还有突出型、细电极型、多极型和沿面跳火型等,如图3-1-9所示。

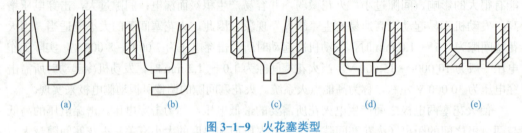

图 3-1-9 火花塞类型

(a)标准型;(b)突出型;(c)细电极型;(d)多极型;(e)沿面跳火型

①突出型火花塞。突出型火花塞的绝缘体裙部突出壳体螺纹端面伸入燃烧室内。在燃烧的混合气中吸收较多热量,怠速时有较高的工作温度,避免污损,点火靠近燃烧室中心部位,火焰传播距离缩短,从而缩短燃烧周期并减小压力变化的幅度,有利于提高发动机的动力性。

②多极型火花塞。多极型火花塞电极之间的面积比单极大,从而使火花活动范围大,火花能够尽可能多地接触混合气以保证可靠点火燃烧,同时,又能保证电极间隙尽可能小,在一般情况下均能够使点火电压形成可靠的电火花。

微课:分组点火无高压故障诊断

③沿面跳火型火花塞。沿面跳火型火花塞即放电路线是沿中心电极与侧电极之间的绝缘体表面进行的。较长的放电距离能大大提高火花的能量,对加热周围混合气而形成火核起主要作用。电火花沿绝缘体表面烧尽油污积炭,保证怠速工况下的点火可靠性。

④贵金属火花塞。贵金属火花塞具有极高的熔点,铂金熔点为1 769 ℃、铱金为2 443 ℃。加进某些元素(如铑、钯)后,具有极高的抗化学腐蚀的能力。如图3-1-10所示,将其制成细电极(直径为0.2 mm),具有强烈的尖端放电效应,在电压相对较低时也能点火,其火花间隙可加大至1.1~1.5 mm。电极的高抗蚀性能够保持火花间隙长期不变(在16万km试验中,铂电极火花间隙仅增大0.05 mm),使点火电压值稳定,发动机工作平稳;火花塞使用过程中无须调整修正火花间隙;由于尖端放电,点火容易,适用于冷态起动;减少电极的吸热和消焰作用,增强火花能量;细小的电极使间隙周围的空间扩大,增加了混合气的可达性,使燃烧更加充分,排放更低。

微课:火花塞检查

图 3-1-10　火花塞材质

(a) 普通镍锰合金火花塞；(b) 铱金火花塞

（二）点火线圈

点火线圈是将蓄电池或发电机输出的低压电转变为高压电的升压变压器。其由初级线圈、次级线圈和铁芯等组成。初级线圈为 200～400 匝；次级线圈约有 20 000 匝，如图 3-1-11 所示。

在初级回路中，初级线圈产生 2～6 A 的电流，同时产生一个很强的磁场，初级电流消失的瞬间，磁通量急剧减小，初级线圈会产生一个 200～400 V 的自感电动势，次级线圈中产生一个 20～40 kV 的互感高压电动势和 20～80 mA 电流。初级回路的通断由 ECM 控制，如图 3-1-12 所示。

微课：单缸不点火故障诊断

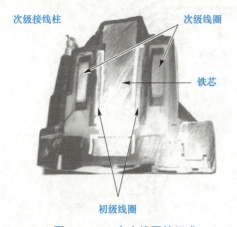

图 3-1-11　点火线圈的组成

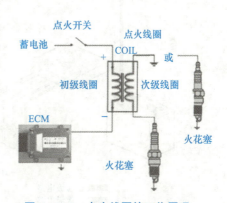

图 3-1-12　点火线圈的工作原理

（三）点火控制模块

控制汽车点火线圈工作的点火控制模块俗称点火模块或点火控制器、点火驱动器。点火线圈按发动机管理系统 ECU 的指令，在指定的时刻、对应的工况所需能量而点火。有的点火模块还能提供给 ECU 反馈信号，供 ECU 判断点火线圈工作是否正常，还有的反馈信号供 ECU 计算下一个导通脉冲宽度。

点火模块与点火线圈组合有两种类型：一类是点火模块与 ECU 合在一起，控制点火线圈点火的功率部件在 ECU 上,点火线圈上无点火模块;另一类是点火模块与点火线圈组合在一起,有一体式和分体式两种形式,ECU 只给控制信号。

(四) 高压线

高压线又称缸线,是传统点火系统中必不可少的一部分,是点火线圈将能量传给火花塞的介质。缸线大体上分为四部分,即导电材料、绝缘胶皮、点火线圈接头和火花塞接头(还有一些缸线外面再包裹一层隔热材料,防止缸线被烧坏)。

车用高压线的实质是绝缘导线,其最主要的质量指标就是能在任何温度下具有良好的绝缘强度。它通过的电流小,对里面的金属导线要求很低,通过的电压很高(15 000 ~ 40 000 V),所以要求绝缘材料的绝缘系数较高。其主要故障就是绝缘材料老化,绝缘强度下降而产生漏电。

一、丰田 1ZR 发动机电控点火系统零部件识别

图 3-1-13 所示为丰田 1ZR 发动机独立点火系统。其主要由蓄电池,点火开关、曲轴位置传感器、凸轮轴位置传感器、爆震传感器、冷却液温度传感器等各种传感器、火花塞、点火线圈、点火器等执行器,ECM,线束等部件组成。

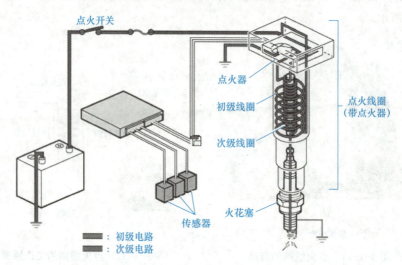

图 3-1-13 丰田 1ZR 发动机点火线圈独立配电式控制电路

二、电控点火系统部件检查

1. 目视检查

无论是分组点火系统还是单缸独立点火系统,均应对整个点火系统进行目视检查,检查点火系统所有线束连接器是否正常连接,检查所有组装部件安装是否正确,检查高压

线、火花塞是否破损或漏电,检查所有高压线是否与火花塞点火线圈连接牢固,检查点火线圈的绝缘层有无脏污、破裂等现象。

2. 火花性能检测

火花性能测试主要包括火花测试、初级回路测试、点火线圈测试和火花塞测试。

(1) 火花测试。拔下火花塞极靴,将原火花塞留置于座孔内,将一支同型号正常火花塞安装入极靴,起动发动机,触发点火系统使火花塞跳火,如果点火系统工作正常,电极间将产生蓝色的电火花,此时,不稳定的火花视为无效火花。如果所有缸都出现火花塞不跳火或火花无效故障点,最可能在点火控制电路的公共部分,如果仅某一缸或两缸火花塞不跳火,则故障点在各缸控制支路上。

火花异常的原因:点火线圈性能低,点火线圈中的初级线圈得不到足够的电压,点火线圈和高压线电阻过大,初级回路没有闭合,初级回路不能被有效地触发,触发信号无效,ECM 失效等原因。

(2) 初级回路测试。打开点火开关(关闭发动机),使用电压表或二极管试灯测量点火线圈正极的电压。应为蓄电池电压,如果电压为零,检查保险丝、线路、点火开关、蓄电池等。在点火线圈的负极使用测试灯监测,起动发动机,测试灯将会闪烁,表明初级线圈正在被进行通断控制;如果负极测试灯常亮或不亮,故障可能出在各相关传感器、ECM 或其线路。

首先观察点火线圈或火花塞上是否有裂纹,或高压线失效,在光线较暗时可以看见火花。对于间歇性故障,使用喷水壶向火花塞和高压阻尼线上喷洒含有盐和液态洗涤剂的水雾,在绝缘不良处会产生电弧。

(3) 点火线圈测试。点火线圈常见故障:初级线圈或次级线圈断路、短路、搭铁不良,造成次级电压下降或不产生次级电压,点火线圈绝缘层破裂漏电,而使次级电压下降或不产生次级电压。

电阻检查:初级线圈电阻:$1 \sim 3 \ \Omega$;次级线圈电阻:$6 \sim 30 \ \text{k}\Omega$。

绝缘检查:使用万用表的欧姆挡测量点火线圈任一接柱与外壳之间的电阻,其阻值应不小于 $50 \ \text{M}\Omega$。

(4) 火花塞测试。首先进行目视检查,正常工作的火花塞绝缘体裙部呈浅棕色或灰白色,轻微的积炭和电极烧蚀仍属正常现象。火花塞损坏类型及其产生原因:火花塞烧损,如火花塞绝缘体起皱、破裂、电极烧蚀、熔化等;火花塞有沉积物,如积炭、积油、积灰等;火花塞间隙过大或过小,使点火性能下降,如图 3-1-14 所示。

火花塞间隙检查:用塞尺检查火花塞间隙,火花塞的电极间隙一般为 $0.6 \sim 1.2 \ \text{mm}$(具体参数参见维修手册)。

火花塞电阻检测:如果发动机错装了不带电阻或阻值不正确的火花塞,那么汽车上的电器元件可能无法正常工作,如 ECM 受点火系统干扰,引起发动机失火,点亮发动机故障指示。将万用表设置至 $10 \ \text{k}\Omega$(或更高)挡,将万用表的红、黑表笔分别连接在火花塞接线柱和中心电极,读取测得的电阻值,并与维修手册中的标准值对比。

汽车发动机控制系统及检修

正常
绝缘体底端呈浅
灰色到带有棕色

沉积物过多
发动机机油或燃油添
加剂产生的残余物，
有提前点火的危险

熏黑
炭类软沉积物，油脂
混合物或热值不正确

机油沉积
黑色油膜，机油
进入燃烧室内

过热
雪白色绝缘体底端，
提前点火，混合气过稀

严重过热
电极烧损，提前
点火，沉积物，积热

绝缘体底端断裂
爆燃燃烧

形成釉层
绝缘体底端带有黄色光滑
层，沉积物熔化造成点火断火

图3-1-14 火花塞损坏类型及其产生的原因

任务工作单3.1 微机控制点火系统

单元名称	电控点火系统故障检修	学时	4	班级	
学生姓名		学生学号		任务成绩	
实训设备	丰田1ZR发动机电控台架	实训场地	发动机电控实训室	日期	
工作任务	认识微机控制点火系统的组成、元件的安装位置、独立点火的控制原理与控制过程，对火花性能、火花塞、点火线圈进行初步检查				
任务目的	使学生掌握微机控制点火系统的作用与组成、控制原理等理论知识，同时，对组成部件的安装位置及构造有理性与感性的认识				

一、资讯
1. 点火系统发展到现在经历了_____、_____、_____、_____。
2. 电子点火系统有_____、_____两种类型。
3. 微机控制点火系统按配电形式不同可分为_____、_____两种。
4. 如下图所示，简述独立点火系统的工作原理：_____
_____。

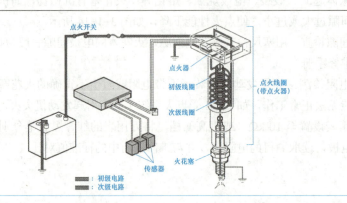

续表

5．微机控制点火系统无分电器式的配电方式主要有：_____。
6．描述火花塞的热特性：_____
_____。

二、任务实施
1．目视检查
结果：_____
2．火花性能检测
（1）火花塞跳火情况：_____。结论：_____
（2）初级回路测试：打开点火开关（关闭发动机），使用电压表或二极管试灯测量初级线圈正极的电压。电压为_____。在初级线圈的负极使用试灯监测，试灯_____，结论：_____
3．点火线圈检查
电阻检查：初级线圈电阻：_____Ω；次级线圈电阻：_____kΩ。
绝缘检查：使用万用表的欧姆挡测量点火线圈任一接柱与外壳之间的电阻，其阻值应不小于_____MΩ。
4．火花塞检查
目视检查：_____。火花塞间隙检查：_____mm。火花塞电阻检测：阻值为_____。

三、评估
1．请根据自己任务完成的情况，对自己的工作进行自我评估，并提出改进意见。
_____
2．教师对学生工作情况进行评估，并进行点评。
_____
3．学生本次任务成绩：_____。

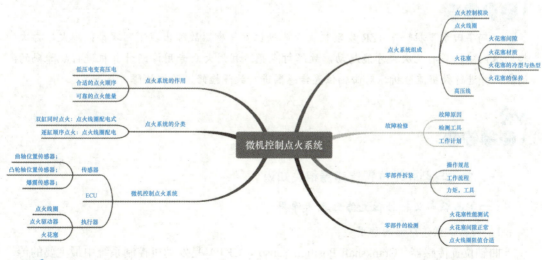

在讲解点火控制电路的反馈控制时，引导学生思考：发动机缺火时，高浓度碳氢化合物进入废气，极高的碳氢化合物浓度会造成排放废气浓度的增加，还会引起三元催化器的

温度增高，从而使三元催化器受损。应如何解决环境被破坏的问题？

为防止排放增加和减少热损坏，ECM 会监控缺火率，从而进行相应断油控制等。

任务二 曲轴与凸轮轴位置传感器

◆ 知识目标

掌握曲轴与凸轮轴位置传感器的安装位置、作用、组成及控制原理。

◆ 能力目标

1. 能正确选择检测和诊断设备对曲轴与凸轮轴位置传感器引起的故障进行诊断；
2. 能按照正确操作规范进行曲轴与凸轮轴位置传感器的更换；
3. 能按规定正确进行对环境和人体有害的辅料、废气液体和损坏零部件的回收，保持环境清洁，进行 5S 管理。

◆ 素质目标

1. 能快速准确收集信息与资料；
2. 养成善于沟通、合作、服从集体的良好习惯；
3. 具备安全与环保意识。

一辆丰田卡罗拉轿车 1ZR 发动机由于曲轴位置传感器故障出现下列现象：熄火，再次起动很困难，多打几次火才能起动，故障灯点亮。利用大众专用诊断计算机进行故障码的读取，并进行数据流分析，对曲轴位置传感器进行故障检修，验证故障。

一、曲轴与凸轮轴位置传感器相关知识

（一）曲轴与凸轮轴位置传感器的作用

1. 曲轴位置传感器的作用

曲轴位置传感器（Crankshaft Position Sensor，CKP）是发动机控制系统中最主要的传感器之一，又称为发动机转速与曲轴转角传感器，是确认曲轴转角位置和发动机转速不可缺少的信号之一。该传感器的主要作用有三个：一是提供发动机转速信号；二是提供曲轴转角信号；三是判断一缸上的止点信号。发动机控制模块用此信号控制燃油喷射量、喷油正时、点火时刻（点火提前角）、点火线圈充电闭合角、急速转速和电动汽油泵的运行。

其信号也被称为 NE 信号。

2. 凸轮轴位置传感器的作用

凸轮轴位置传感器（Camshaft Position Sensor，CMP）又称为气缸识别传感器，是给 ECU 提供曲轴转角基准位置（第一缸压缩行程上止点），作为燃油喷射控制和点火控制的主控信号。该传感器信号也称为 G 信号、判缸信号。

3. 曲轴与凸轮轴位置传感器的相互关联

ECU 通过比较 G 信号和 NE 信号来识别气缸是否处于压缩行程。同时，点火、分组或同时喷射的直列发动机只安装一个曲轴位置传感器，但曲轴位置传感器内有的可产生判缸信号（同步信号）；独立点火、顺序喷射的直列发动机既要安装曲轴位置传感器，又要安装凸轮轴位置传感器；V 型发动机无论是同时点火还是独立点火，无论是分组喷射还是顺序喷射，都需要安装曲轴位置传感器和凸轮轴位置传感器。当凸轮轴位置传感器损坏时，点火模块将任意选择一个或两个点火线圈工作，可通过反复几次起动，直到点火模块选择到恰当的点火线圈。起动时的点火提前角和点火时间控制按曲轴位置传感器确定，并且是固定的。

在起动时，电控单元接收到曲轴位置传感器信号后，还不能控制点火线圈工作，还要接收凸轮轴位置传感器的参考信号，并按顺序控制点火。若在发动机运转中途凸轮轴位置传感器被拔掉，发动机照常运转，但熄火后重新起动发动机，则无法起动，需重复起动几次。凸轮轴位置传感器不会造成发动机不能起动，断开凸轮轴位置传感器的连接，会造成喷油时刻错乱，甚至在进气门关闭之后喷油。也有一些车辆在凸轮轴位置传感器损坏后，变独立点火为同时点火，变顺序喷油为同时喷油。

（二）曲轴与凸轮轴位置传感器的分类及安装位置

曲轴位置传感器与凸轮轴位置传感器的结构和工作原理基本相同，老车型通常安装在一起，新车型一般分开安装，必须安装在与曲轴有精确传动关系的位置，如曲轴、凸轮轴、分电器或飞轮处。一般是曲轴位置传感器安装在曲轴附近，凸轮轴位置传感器安装在凸轮轴附近，如图 3-2-1 所示。

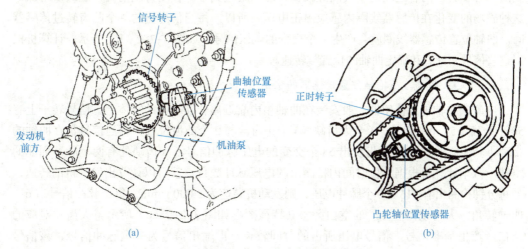

图 3-2-1 曲轴与凸轮轴位置传感器安装位置

（a）曲轴位置传感器的安装位置；（b）凸轮轴位置传感器的安装位置

根据信号形成的原理分类，曲轴与凸轮轴位置传感器又可分为电磁式、光电式和霍尔效应式三大类。

二、电磁式曲轴与凸轮轴位置传感器

1. 电磁感应原理

穿过导电回路所环绕的面积内的磁通发生变化时，在该回路中将产生电动势。电动势的大小与线圈匝数及线圈内的磁通变化率成正比，如式（3-2-1）所示。

$$e = n d\phi/dt \tag{3-2-1}$$

式中　　e——线圈内产生的感应电动势；

　　　　n——线圈的匝数；

　　　　$d\phi/dt$——线圈内的磁通变化率。

2. 电磁式曲轴与凸轮轴位置传感器的结构

电磁式曲轴与凸轮轴位置传感器主要由信号发生器和信号转子组成。其信号发生器的核心元件是一个电磁线圈，该线圈缠绕在一个永久性磁铁上，它被螺栓固定在传感器安装支架上。绕组的两端与电器引线相连接，在电磁线圈的对面，安装着一个用作信号发生器的信号盘。该信号盘随发动机曲轴或凸轮轴的转动而转动，对应特定的曲轴转角，其上都有相应的凸齿与之相对应，当信号盘转动时，这些凸齿间隙扫过传感器线圈。由于传感器线圈是用螺栓固定在传感器安装支架上的，因而凸齿与传感器之间的间隙通常是可调的，如图 3-2-2（a）所示。

3. 电磁式曲轴与凸轮轴位置传感器的工作原理

在信号盘凸齿正好对准感应线圈中心线的瞬间，磁场不变化，感应电压降为 0。信号轮凸齿离开传感器线圈中心线时，两者之间的空气间隙增大，磁场减弱到某一程度或消失，磁通量减少，这种磁场的变化在传感器线圈内感应出负电压。而当凸齿接近传感器线圈中心线时，两者之间的空气间隙减少，磁场增强到某一程度直至消失，磁通量增加，这种磁场的变化在传感器线圈内感应出正电压。所以，每当信号盘的一个凸齿转过传感器时，曲轴位置传感器线圈就会产生一个交变的电压信号，如图 3-2-2（b）所示。计算机根据这些信号来计算和确定曲轴的位置与转速。

4. 电磁式曲轴与凸轮轴位置传感器的应用

电磁式曲轴位置传感器一般安装在曲轴箱内靠近离合器一侧的缸体上。信号转子上有 58 个凸齿、57 个小齿缺、1 个大齿缺（3 个小齿缺与 2 个凸齿位置）。当信号盘在曲轴的带动下转 1 圈时，58 个凸齿发出 58 个交变的电压脉冲信号，大齿缺处有两个脉冲周期的空缺，汽车计算机根据单位时间内检测出的电压脉冲数目，就可以计算出发动机的转速，如每分钟检测出有 116 000 个脉冲电压，则发动机转速为 2 000 r/min。每个脉冲信号占 6°曲轴转角，大齿缺产生 12°的空白区。其特征图形如图 3-2-2（c）所示。大齿缺对应的空白区产生基准信号，信号电压所占的时间较长，即输出信号为一宽脉冲信号，该信号对应气缸 1 或气缸 4 压缩上止点前一定角度。电子控制单元（ECU）接收到宽脉冲信号时，便可知道气缸 1 或气缸 4 上止点位置即将到来，至于即将到来的是气缸 1 还是气缸 4，则需根据凸轮轴位置传感器输入的信号来确定。

齿缺的位置一般不正对发动机上止点,如福特车型,对于6缸发动机,CKP传感器信号轮齿缺位置被安排在第1缸上止点前60°;4缸发动机则在1缸上止点前90°;8缸发动机为1缸上止点前45°(图3-2-3)。

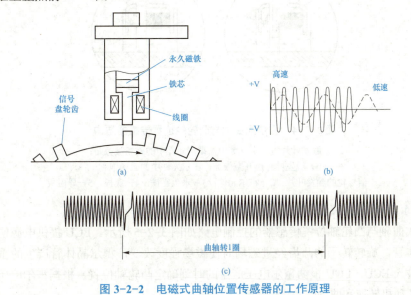

图 3-2-2　电磁式曲轴位置传感器的工作原理
(a)磁感应曲轴位置传感器的结构;(b)不同转速下的信号频率;(c)NE信号

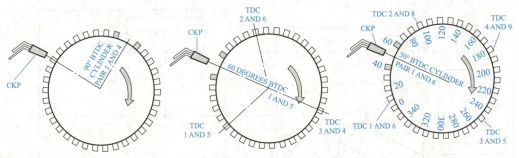

图 3-2-3　福特车 CKP 传感器大齿缺位置

发动机控制模块(ECM)根据曲轴位置传感器信号确定哪两个气缸正在接近上止点。发动机控制模块利用凸轮轴位置(CMP)传感器信号确定哪个气缸处于点火行程。

为保证电磁式曲轴与凸轮轴位置传感器正确工作,信号稳定,一般保持信号盘转速为 20～7 000 r/min;而信号盘凸齿与线圈间隙为 0.1～1.5 mm;工作温度为 -40 ℃～+150 ℃;线圈电阻为 800 Ω(见维修手册)。

三、霍尔式曲轴与凸轮轴位置传感器

1. 霍尔式曲轴与凸轮位置传感器的结构

霍尔式曲轴与凸轮轴位置传感器主要由触发叶轮、霍尔集成电路、导磁钢片(磁轭)与永久磁铁等组成。触发叶轮安装在转子轴上,叶轮上制有叶片(在霍尔式点火系统中,

叶片数与发动机气缸数相等）。当触发叶轮随转子轴一同转动时，叶片便在霍尔集成电路与永久磁铁之间转动，如图 3-2-4 所示。

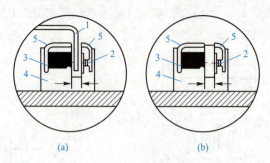

图 3-2-4　霍尔式曲轴与凸轮轴位置传感器结构
（a）触发叶片进入空气隙中，霍尔元件中的磁场被旁路；
（b）触发叶片离开空气隙，霍尔元件中的磁场饱和
1—信号轮的触发叶片；2—霍尔元件；3—永久磁铁；4—底板；5—导磁板

2. 霍尔式曲轴与凸轮轴位置传感器的工作原理

霍尔式曲轴与凸轮轴位置传感器的控制电路如图 3-2-5 所示。ECU 提供电源使电流通过霍尔晶体管，旋转转子的凸齿经过磁场时使磁场强度改变，霍尔晶体管产生的霍尔电压经放大后输入 ECU。ECU 根据霍尔电压产生的时刻确定凸轮轴位置，根据霍尔电压产生的次数确定发动机转速和曲轴转角。

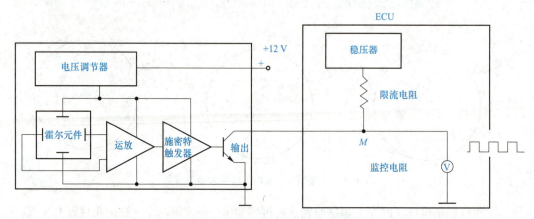

图 3-2-5　霍尔式曲轴与凸轮轴位置传感器的控制电路

当霍尔式传感器轴转动时，触发叶轮的叶片便从霍尔集成电路与永久磁铁之间的气隙中转过；当叶片离开气隙时，永久磁铁的磁通便经霍尔集成电路与导磁钢片构成回路。此时，霍尔元件产生电压（U_H=1.9～2.0 V），霍尔集成电路输出级的晶体管导通，传感器输出的信号电压 U_0 为低电平（实测表明：当电源电压 U_{cc}=14.4 V 或 5 V 时，信号电压 U_0=0.1～0.3 V）。

当叶片进入气隙时，霍尔集成电路中的磁场被叶片旁路，霍尔电压 U_H 为 0，集成电路输出级的晶体管截止，传感器输出的信号电压 U_0 为高电平（实测表明：当电源电压 U_{cc}=14.4 V 时，信号电压 U_0=9.8 V；当电源电压 U_{cc}=5 V 时，信号电压 U_0=4.8 V）。

3. 霍尔式曲轴与凸轮轴位置传感器的应用

东风日产车霍尔 IC（元件）式曲轴转角传感器由两个传感器组成：一个是位置传感器；另一个是相位传感器。位置传感器通过安装在曲轴 6 号配重上的信号盘检测曲轴位置并获得位置信号。相位传感器通过排气凸轮轴链轮上的凸起检测凸轮轴位置并获得相位信号。

检测每个气缸基准位置的过程（图 3-2-6）：每个气缸的基准位置的计算基于相位信号和位置信号（上止点前 50°）。

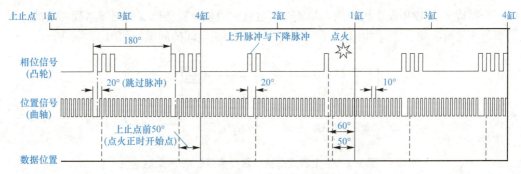

图 3-2-6　日产车霍尔式曲轴转角传感器的信号

点火过程（以 1 缸为例）：位置信号是以 1 缸上止点前 50° 开始作为计数基准，然后在点火正时控制指示的提前角处进行点火。此时，位置信号的 10° 间隔及跳过脉冲的角度都是通过时间测量进行补偿的。

一、曲轴或凸轮轴位置传感器的故障现象

如果曲轴位置传感器故障或工作不良，则大多数车型的发动机将不能起动；当发动机运转时，如果转速传感器或其连接线路出现故障，则发动机立即熄火。现在也有极少数发动机，如大众系列轿车，当曲轴位置传感器故障后，发动机熄火，但重新起动几次后，发动机仍能起动，此时，由凸轮位置传感器信号代替了曲轴位置传感器的信号。

微课：曲轴与凸轮轴位置传感器故障检修

如果凸轮轴位置传感器故障或工作不良，爆震控制关闭，点火提前角稍微推迟，避免产生爆震。如果没有凸轮轴位置传感器信号，发动机仍然继续运行，且能再次起动，这是因为在双火花点火系统中，发动机每 1 转各缸产生 1 次火花，不是通常情况每 2 转各缸产生 1 次火花，即由单缸独立点火自动变成分组点火控制。另外，由于没有霍尔式曲轴与凸轮位置传感器信号，顺序喷油控制被分组喷射或同时喷射取代，产生 1 转的偏差，对喷射来说影响不大。

二、曲轴或凸轮轴位置传感器的故障部位

曲轴或凸轮轴位置传感器的常见故障主要包括信号发生器感应线圈短路、断路、转子

轴磨损、偏摆或感应线圈与导磁铁芯组件（碰头）移动，使转子和磁头之间的间隙不当，磁铁磁场强度不足，造成信号减弱或无信号输入ECU；正时转子轮齿之间有脏物填塞，造成输出信号变形等。

三、曲轴与凸轮轴位置传感器的检测

（一）电磁式曲轴位置传感器故障检测

下面以丰田1ZR发动机为例，简要介绍电磁式曲轴位置传感器的测试过程。测试过程主要包括测量各端子之间的电阻、信号转子凸齿与磁头之间的间隙，如图3-2-7所示。

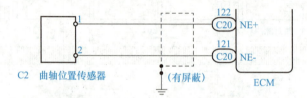

图3-2-7　电磁式曲轴位置传感器的端子示意

1. 诊断计算机检测

连接IT-Ⅱ诊断计算机，将点火开关转到"ON"位置，起动发动机，检查曲轴位置传感器除P0335、P0339外是否输出其他DTC读数数据流，例如，需检查发动机转速变化，在IT-Ⅱ上显示图形。如果发动机不起动，发动机转动时检查发动机转速。如果IT-Ⅱ上所显示的发动机转速为零（0），则曲轴位置传感器电路可能为开路或短路。

2. 电阻检查

关闭点火开关，拔下传感器连接器的插头。检查传感器1号端子与2号端子之间的电阻，其规范值应为1 850～2 450 Ω，若电阻为无穷大，则说明信号线圈存在断路；若阻值明显小于标准值，则可能存在短路，应更换传感器。

3. 检查传感器与ECU中间的连接线束

分别检查1号与122号端子、2号与121号端子，应不超过1 Ω。如果电阻明显大于标准值或为无穷大，则说明存在导线断路或接触不良，需进行修理。

4. 检查信号转子与磁头之间的间隙

用塞规检查信号转子与磁头之间的间隙，标准值为0.2～0.4 mm。若有变化，需进行调整。检查传感器齿板上的齿，传感器齿板应没有任何破裂或变形。

（二）变磁阻式凸轮轴位置传感器故障检测

变磁阻式凸轮轴位置传感器有一个正时转子，当凸轮轴旋转时，该正时转子与MRE元件之间的空气间隙随之发生变化，从而影响磁铁。因此，MRE材料的电阻上下浮动。凸轮轴位置传感器将凸轮轴旋转数据转换为脉冲信号，并据此判断凸轮轴角度，然后发送至ECM。最后，ECM利用该数据控制燃油喷射时间和喷射正时。以丰田1ZR发动机为例，变磁阻式凸轮轴位置传感器的布线示意与端子示意如图3-2-8所示。

（1）连接IT-Ⅱ诊断计算机，检查除P0340、P0342和P0343外是否输出其他DTC读数数据流。

（2）拔下凸轮轴位置传感器插头，打开点火开关，测量传感器插座上端子3和接地之间的电压，其值应为5 V。

（3）端子1、2、3与ECM99、98、70端子之间的线束电阻应小于1 Ω，与接地之间的电阻应为无穷大。

（4）端子2与搭铁之间的阻值应为0。

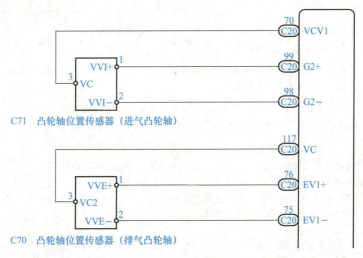

图3-2-8　变磁阻式凸轮轴位置传感器的布线示意与端子示意

（三）霍尔式凸轮轴位置传感器故障检测

以桑塔纳AJR发动机为例，进行霍尔式凸轮轴位置传感器故障检测，如图3-2-9所示。

（1）不拔下霍尔传感器插头，用测试灯从背面连接插头端子1和2，接通电源并起动电动机几秒钟，发动机每转2转测试灯必须闪一下。

（2）如果测试灯不闪，拔下凸轮轴位置传感器插头，打开点火开关，测量传感器插座上端子1和3之间的电压，其值应为5 V。

（3）测量插头端子2和3之间的电压，应接近蓄电池电压。

（4）端子3与搭铁之间的阻值应为0。

（5）如果测量值符合标准，则更换霍尔传感器；如果测量值不符合标准，则应检查霍尔传感器与控制单元的线路是否有开路或短路。

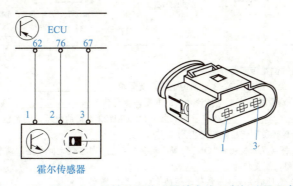

图3-2-9　霍尔式凸轮轴位置传感器的布线示意与端子示意

任务工作单 3.2 曲轴与凸轮轴位置传感器故障检修

单元名称	电控点火系统故障检修	学时	4	班级	
学生姓名		学生学号		任务成绩	
实训设备	丰田1ZR发动机、万用表、故障诊断仪、示波器	实训场地	发动机电控实训室	日期	
工作任务	一辆丰田卡罗拉轿车出现下面故障现象:由于曲轴位置传感器故障,导致熄火,再次起动很困难,多打几次火才能起动				
任务目的	掌握曲轴位置传感器的安装位置、作用、原理及检测方法;能制订工作计划,利用检测和诊断设备确定故障位置,并对故障部件进行维修或更换				

一、资讯
1. 曲轴位置传感器的英文缩写是_____,凸轮轴位置传感器的英文缩写是_____。
2. 曲轴位置传感器向ECU提供_____、_____和_____信号。
3. 凸轮轴位置传感器向ECU提供_____信号。
4. 曲轴位置与凸轮轴位置传感器的类型主要有_____、_____、_____、_____、_____。
5. 1ZR发动机曲轴位置传感器的类型是_____,1ZR发动机凸轮轴位置传感器类型是_____,捷达轿车凸轮轴位置传感器类型是_____。

二、决策与计划
根据故障现象和任务要求,确定所需要的检测仪器和工具,并对小组成员进行合理分工,制订详细的诊断和修复计划。
1. 需要的检测仪器、工具:_____。
2. 小组成员分工:_____。
3. 诊断和修复计划:_____。

三、实施
1ZR发动机曲轴位置和凸轮轴位置传感器接线原理如下:

[电路图:C2 曲轴位置传感器 1-122 C20 NE+, 2-121 C20 NE- (有屏蔽) ECM; C71 凸轮轴位置传感器(进气凸轮轴) 1-70 C20 VCV1, 3 VV1+ VC, 2-99 C20 G2+, VV1- 98 C20 G2-]
C71 凸轮轴位置传感器(进气凸轮轴)
1:_____ 2:_____ 3:_____

(一)1ZR发动机曲轴位置传感器静态检测
1. 拔下传感器插头,测量插座上2、3之间的电阻,测量值为_____。
2. 拔下传感器插头,测量插头上1与搭铁之间的电阻,测量值为_____;测量插头上2与ECM121之间的电阻,测量值为_____;测量插头上1与ECM122之间的电阻,测量值为_____。

(二)1ZR发动机凸轮轴位置传感器静态检测
1. 拔下传感器插头,将点火开关转到"ON"位置,测量插头上3与搭铁之间电压,测量值为_____;测量2与搭铁之间的电阻,测量值为_____。
2. 拔下传感器插头,测量插头上3与搭铁之间的电阻,测量值为_____。

续表

（三）1ZR 发动机曲轴位置和凸轮轴位置传感器动态检测

1．起动发动机，用示波器测量曲轴位置传感器输出信号。加速时，信号波形频率为_____，幅值为_____。

2．起动发动机，用示波器测量凸轮轴位置传感器输出信号。加速时，信号波形频率为_____，幅值为_____。

3．用示波器同时测量曲轴位置和凸轮轴位置传感器信号，并将波形画在下面，分析 ECU 如何根据这两个信号控制点火和喷油时刻。

曲轴位置传感器信号
凸轮轴位置传感器信号

通过上述检查，得出以下结论：
_____

四、检查

故障排除后，进行以下检查。

1．起动发动机，检查故障灯是否点亮：_____。

2．检查怠速情况：_____。

3．检查排放情况：_____。

五、评估

1．请根据自己任务完成的情况，对自己的工作进行自我评估，并提出改进意见。
_____

2．教师对学生工作情况进行评估，并进行点评。
_____

3．学生本次任务成绩：_____。

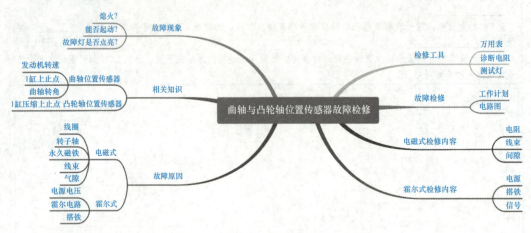

科技越来越发达，新技术也层出不穷，同学们不要固步自封，要多学、多听、多看。

任务三　爆震控制

◆知识目标

掌握爆震传感器的安装位置、作用、组成及控制原理。

◆能力目标

1．能选择正确的诊断设备及工具对爆震传感器进行检测；

2．能正确识读爆震传感器电路图；

3．能按操作规范进行爆震传感器的更换；

4．能按规定正确进行对环境和人体有害的辅料、废气液体与损坏零部件的回收，保持环境清洁，进行5S管理。

◆素质目标

1．能快速准确收集信息与资料；

2．养成善于沟通、合作、服从集体的良好习惯；

3．具备安全与环保意识。

一辆丰田卡罗拉轿车出现以下故障现象：加速不良、动力不足且故障灯亮，经调取故障码发现爆震传感器故障。了解爆震传感器的作用、原理并对传感器进行检修。

一、爆震控制概述

（一）爆震定义

气缸中的可燃混合气被电火花点燃后，形成火焰传播，它是以 10～30 m/s 的速度进行的。火焰前方的未燃混合气因受已燃混合气的压缩和热幅射自行燃烧，这个因自燃而形成的火焰中心（有时不止一个）产生新的火焰传播，如图 3-3-1 所示。这种火焰传播的速度可达 1 500～2 000 m/s，使未燃的混合气瞬间燃烧完毕。由于这种燃烧极为迅速，气体容积来不及膨胀，而温度和压力则急剧增加。因此，压力来不及传给气缸内其他部分气体，形成气缸内局部气体压力过高，因压力不平衡而产生压力波。这种压力波以超声速的速度向前推进，撞击燃烧室壁、活塞、气缸壁，使之振动，发出尖锐的敲缸声，这种现象称为爆震燃烧，简称爆燃或爆震。

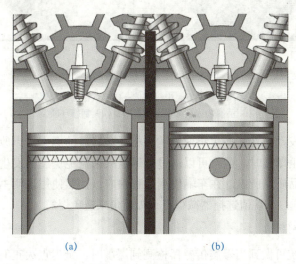

图 3-3-1 发动机爆震

(a) 发动机工作正常；(b) 发动机产生爆震

（二）爆震对发动机性能的影响

发生爆震时，由于温度急剧升高，在高温的作用下，将会使燃烧产物 CO_2 发生热分解，不仅分解出 CO，还析出游离碳 C，使排气管中出现黑烟和火星。通常，在气缸壁等固体的表面附着一层气膜，而稳定的气膜是不易传热的，气缸壁表面气膜的隔热作用使高温气体向气缸壁传递的热量减少。在发生爆震时，由于压力波及灼热气体对燃烧室和气缸壁表面的往复冲击，破坏了附在其表面的气膜，使高温气体向气缸壁的传热增加，导致气缸等机件的温度升高，热量的交换和损失增大。其结果使发动机过热、功率降低、油耗增加。与此同时，因机件所受的荷载增加而加速磨损，导致发动机的使用寿命缩短，严重时还会引起活塞和气门的烧坏、轴瓦破裂、火花塞绝缘体损坏等故障，如图 3-3-2 所示。

图 3-3-2　发动机爆震危害
（a）火花塞陶瓷体断裂，电极烧蚀；(b) 气门头部金属剥落；
（c）活塞表面损坏，出现裂痕；(d) 活塞环断裂

过度爆震会对发动机性能产生负面影响，相反，轻微的爆震可以改善燃油消耗率和动力性。当发动机发生爆震时，通常可以通过推迟点火来避免爆震的发生。爆震产生的另一个主要原因是汽油品质，所以，在车辆使用过程中应该按照使用说明书来加注合适牌号的燃油。有的车型上通过辛烷值选择器减少点火提前角来避免爆震。

（三）爆震控制过程

目前的点火系统可做到当爆震传感器检测到爆震时，延迟点火正时；当检测不到爆震时，提前点火正时，如图 3-3-3 所示。控制模块将始终尽量恢复到零补偿水平（即无点火延迟）。通过防止发动机产生爆震，改善了动力性和燃油消耗率。

ECU 根据爆震信号超过基准值的次数来判定爆震强度，其次数越多，爆震强度越大；次数越少，则爆震强度越小。当 ECU 检测到爆震，便可根据爆震强度信号来控制点火提前角的大小。发动机爆震控制的具体过程：产生爆震，ECU 立即将点火提前角逐渐减小，直至无爆震产生，随即逐渐增大提前角，直到新爆震产生，如此循环，如图 3-3-4 所示。

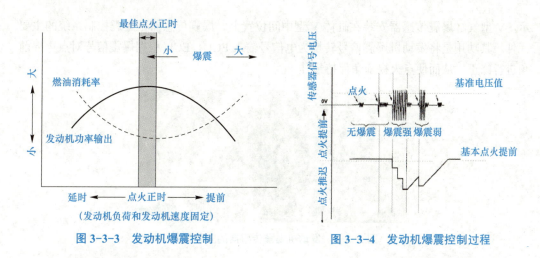

图 3-3-3 发动机爆震控制　　　　图 3-3-4 发动机爆震控制过程

（四）爆震检测方法与爆震控制组成

对爆震的检测一般可通过发动机气缸压力检测法、发动机机体振动检测法、燃烧噪声检测法等实现。其中，气缸压力检测法因传感器寿命短不易安装；燃烧噪声检测法因精度差，在使用上受局限，因而，目前电控发动机爆震控制检测方法多采用发动机机体振动法。采用该法的爆震传感器安装在发动机缸体上，有磁致伸缩式和压电式两种。前者应用较早；后者应用较广泛。

发动机爆震控制系统由传感器、ECU、点火控制器、点火线圈等组成，如图 3-3-5 所示。爆震传感器检测缸体的振动，并将检测信号传送给 ECU，由 ECU 进行基准电压 U_b 的确定、爆震强度的判别，调整最佳点火提前角和点火线圈的控制信号，消除爆震故障。

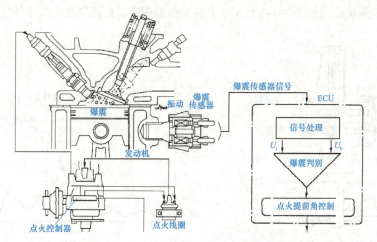

图 3-3-5 发动机爆震控制系统的组成

二、爆震传感器

（一）爆震传感器的安装位置与作用

爆震传感器（Detonation Sensor, DS）安装在气缸的一侧中心位置上，如图 3-3-6 所示，V 型气缸爆震传感器安装在缸体 V 型中间位置上。爆震传感器是爆震控制系统的主要元件。其功用是将发动机爆震信号转换为电信号输入 ECU，ECU 根据爆震信号对点火提前角进行修正，从而使点火提前角保持最佳。

图 3-3-6　发动机爆震传感器的安装位置

汽车用爆震传感器按结构不同分为电感式和压电式两种类型，压电式爆震传感器又可分为共振型（美国通用汽车）、非共振型（中国、日本、欧洲公司多采用）和火花塞座金属垫型三种。不同发动机用的爆震传感器一般不能互换，其拧紧力矩不得随意调整。

（二）压电式爆震传感器

1. 压电式共振型爆震传感器

压电式共振型爆震传感器主要由压电元件、振荡片、基座、外壳等组成，其结构如图 3-3-7 所示。压电元件紧贴在惯性配重上，惯性配重则固定在基座上。压电元件检测配重的振动压力，并转换成电信号输入 ECU；共振型爆震传感器固有振动频率与发动机爆震频率相同。爆震时，发动机与配重共振发生谐振，压电元件输出的信号电压明显增大，无须使用滤波器即可识别爆震，如图 3-3-8 所示。共振型爆震传感器必须与发动机配套使用。

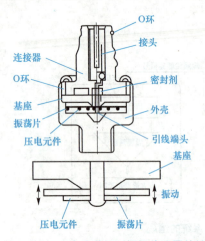

图 3-3-7　压电式共振型爆震传感器的结构

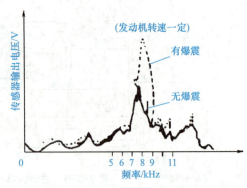

图 3-3-8　共振型爆震传感器波形

2. 压电式非共振型爆震传感器

压电式非共振型爆震传感器主要由套筒、压电元件、惯性配重、塑料壳体和接线插座等组成。其结构如图 3-3-9 所示。

压电式非共振爆震传感器是通过接收加速度信号来检测爆震的。当发动机发生爆震时，惯性配重以正比于振动加速度的交变力加在压电元件上，压电元件则将压力信号转变成电信号输入ECU。压电式非共振型爆震传感器输出的信号电压在无爆震时没有明显增加，爆震是否发生是靠滤波器检测传感器输出信号中有无爆震频率来判断的，如图3-3-10所示。这种传感器用于不同型号发动机时，只需调整滤波器的频率范围即可，所以通用性较强。

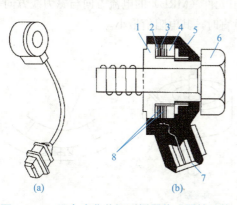

图 3-3-9 压电式非共振型爆震传感器的结构　　图 3-3-10 压电式非共振型爆震传感器波形

(a) 传感器外形；(b) 内部结构
1—套筒底座；2—绝缘垫圈；3—压电元件；
4—惯性配重；5—塑料壳体；6—固定螺栓；
7—接线插座；8—电极

三、车速传感器

车速传感器（VSS）检测汽车的行驶速度，给ECU提供车速信号（SPD信号），用于巡航控制和限速断油控制。在汽车集中控制系统中，也是自动变速器的主控制信号。车速传感器通常安装在组合仪表内或变速器输出轴上（图3-3-11）。车速传感器有舌簧开关式、光电式、磁控电阻式、磁感应式等。目前的车速传感器已很少使用软轴驱动里程表，一般是将车速传感器的信号处理为数字信号后，输送给电子里程表和ECU。

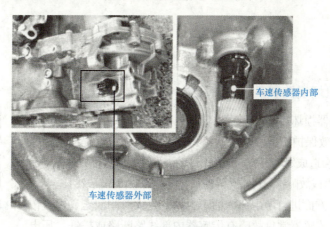

图 3-3-11 车速传感器的安装位置

下面以磁控电阻式为例介绍车速传感器的工作原理。

磁阻效应原理即材料的电阻随外加磁场的大小而成比例变化。可变磁阻式车速传感器安装在变速器壳体上,直接由变速器齿轮驱动,图 3-3-11 所示为该传感器的安装位置。它主要由磁阻元件、转子、印刷电路板和磁环等组成,如图 3-3-12 所示。当齿轮带动传感器轴旋转时,与轴连在一起的多极磁环也同时旋转,磁环旋转引起磁通的变化,使集成电路内的磁阻元件的电阻值也发生变化。当流向磁阻元件(MRE)的电流方向与磁力线方向平行时,其电阻值最大;电流方向与磁力线方向垂直时,其电阻值最小。

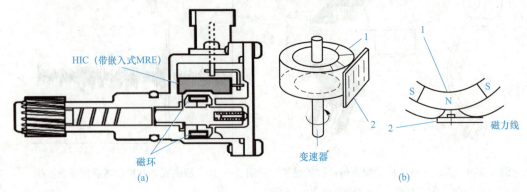

图 3-3-12 磁阻式车速传感器组成及工作原理
1—磁环;2—磁阻元件(MRE)

在磁环上,N 极和 S 极交替排列,随着磁环的回转使其磁力线方向不断地变化,伴随每一回转,在内置磁阻元件(MRE)的集成电路(IC)中发出 20 个脉冲信号,该信号即车速信号,送入速度表。磁通量的变化与磁环转速成正比,这样,可利用磁阻元件电阻值的变化检测出磁环旋转引起的磁通变化。将电压的变化输入比较器进行比较,再由比较器输出的信号控制晶体管的导通与截止,这样就可以检测出车速。

可变磁阻式车速传感器在检测时,可用手转动传感器轴,在转动的同时,用万用表测量传感器两端子之间输出的电压信号,若有脉冲电压信号输出,说明传感器良好,若无脉冲信号产生,则说明传感器已经损坏,应当更换。

一、发动机爆震控制系统故障现象

当爆震传感器损坏后,产生的故障码为 P0327 和 P0328。发动机控制系统会进入失效保护状态,控制单元 ECM 会自动将点火提前角推迟 5°~16°,此时会造成发动机满负荷时出现动力不足、尾气排放超标、油耗增加、有放炮声或故障指示灯常亮等特征,驾驶者应将车辆及时送检。

从下面几个方面进行考虑:燃油不合格、点火时间问题、爆震传感器故障。爆震传感器常见故障有传感器内部线路断路或搭铁、压电元件损坏等。

微课:爆震传感器
故障检修

二、对爆震控制系统的检修

下面仅对电控汽油发动机爆震控制系统进行分析。爆震传感器有的在发动机上装一个，也有的装两个。一般安装在1缸、2缸之间，第二个安装在3缸、4缸之间。丰田1ZR发动机的电路如图3-3-13所示，ECM上的端子110是爆震器的信号线，端子111为传感器提供参与接地。

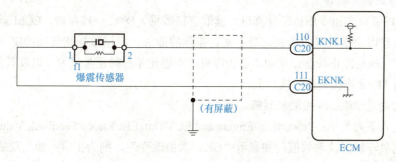

图 3-3-13　丰田 1ZR 发动机爆震传感器电路图

对爆震控制系统的检测有以下几种方法。

1. 万用表检测

粗略判断传感器好坏时，可用万用表检测其电阻。由于磁致伸缩式爆震传感器的内部有感应线圈，故万用表检测时应有一定电阻值，若电阻值为0或无穷大均表示感应线圈有短路或断路故障。由于压电式爆震传感器的内部为压电材料制成，故使用万用表检测时，其电阻应为无穷大，若电阻值为0，则表示有短路故障。

对丰田1ZR发动机爆震传感器的测量如下：

（1）电压测量，如图3-3-14所示。

①断开爆震传感器连接器。

②将点火开关转到"ON"位置。

③端子1、2之间电压值应为4.5～5.5 V。

（2）电阻测量如图3-3-15所示。

①拆下爆震传感器，断开连接线束。

②测量电阻应为120～280 kΩ。

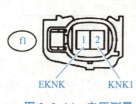

图 3-3-14　电压测量

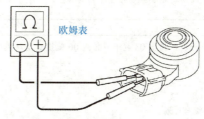

图 3-3-15　电阻测量

2. 示波器检测

将示波器接线插针刺入传感器信号输出线的金属部分，起动发动机，逐步加大油门，观察示波器显示出的波形。波峰值电压和频率应随发动机负荷和转速的增加而增加。否则，按上述方法检修传感器和线路。

也可以打开点火开关，不起动发动机，用金属物轻轻敲击爆震传感器顶部，此时，示波器应显示一突变波形，振动越大幅值越大。如果波形显示只是一条直线，则说明爆震传感器没有信号输出，应检修传感器或线路。

3．用诊断计算机诊断

使用 IT-Ⅱ（丰田专用诊断计算机）读取定格数据。DTC 一被存储，ECM 就将车辆和驾驶条件信息以定格数据的形式记录下来。排除故障时，定格数据能帮助确定故障发生时车辆处于运行还是停止状态，发动机是否暖机，空燃比是过稀还是过浓，以及其他数据。

（1）将 IT-Ⅱ 连接到诊断接口上。

（2）起动发动机，使发动机暖机。

（3）进入下列菜单：Powertrain/Engine and ECT/DataList/Knock Feedback Value。

（4）驾驶车辆时读取数值：如显示"OK：数值改变"，则为正常；如出现故障，则爆震反馈数值不改变。

使发动机高负荷运转（例如，打开空调系统和使发动机运转）可确认爆震反馈数值的变化。

任务工作单 3.3　爆震传感器故障检修

单元名称	电控点火系统故障检修	学时	2	班级	
学生姓名		学生学号		任务成绩	
实训设备	丰田卡罗拉 1ZR 发动机、万用表、故障诊断仪、示波器	实训场地	发动机电控实训室	日期	
工作任务	一辆丰田卡罗拉轿车因爆震传感器故障出现下面现象：加速不良、动力不足且故障灯亮。调取故障码，分析数据流，对故障进行检修				
任务目的	请制订工作计划，利用诊断设备确定故障位置，并对故障部件进行检测和更换				

一、资讯

1．爆震传感器的作用有_____和_____。

2．该发动机点火系统控制有_____、_____和_____等。

3．简述发动机爆震故障可能原因有哪些。
_____
_____。

4．查阅资料，画出 08 款卡罗拉或 06 款捷达发动机爆震传感器与 ECU 之间的接线关系。

二、决策与计划

请根据故障现象和任务要求，确定所需要的检测仪器和工具，并对小组成员进行合理分工，制订详细的诊断和修复计划。

1．需要的检测仪器、工具：_____。

2．小组成员分工：_____。

3．诊断和修复计划：_____。

续表

三、实施

丰田 1ZR 发动机爆震传感器检测如下。

1. 使用故障诊断仪器，读取发动机电控系统故障码，读取结果：_____。

2. 检查 ECM 和爆震传感器之间线束和连接器：脱开 ECM-E6 连接器；测量 ECM 连接器端子 KNK1 和车身接地之间电阻，应为_____，实际测量值为_____。

3. 爆震传感器的振荡频率检测：检查爆震传感器的振荡频率，应为_____，实际测量值为_____。

4. 检查线束和连接器（ECM－爆震传感器）：脱开 ECM E6 连接器；脱开爆震传感器连接器。测量 ECM 连接器端子 KNK1 和爆震传感器连接器端子之间电阻，应为_____，实际测量值为_____；测量 ECM 连接器端子 KNK1 和车身接地之间电阻，应为_____，实际测量值为_____。

5. 结论：_____。

四、检查

故障排除后，进行以下检查。

1. 起动发动机，检查起动情况：_____。
2. 检查怠速情况：_____。
3. 检查加速情况：_____。

五、评估

1. 请根据自己任务完成的情况，对自己的工作进行自我评估，并提出改进意见。
_____

2. 教师对学生工作情况进行评估，并进行点评。
_____

3. 学生本次任务成绩：_____。

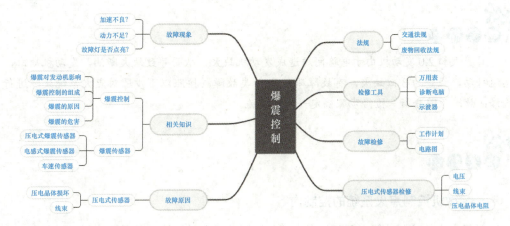

过度爆震的后果非常严重，但轻微爆震却能达到较高的效率，这其中有个量变到质变的过程。不积跬步无以至千里，不积小流无以成江河。我们平日应利用点滴时间来充实自己，使自己不断完成一个个小目标，最终完成大目标。

任务四　点火控制系统故障检修

◆知识目标
1. 掌握微机控制点火系统的控制内容；
2. 掌握点火正时控制内容；
3. 了解点火控制系统通电时间控制。

◆能力目标
1. 能使用万用表、故障诊断仪、示波器等对点火正时、点火高低压电路故障进行诊断与检测；
2. 能按照正确操作规范进行电控点火系统故障器件的更换；
3. 能根据故障现象制订正确的维修计划；
4. 能正确检查点火正时故障的修复质量；
5. 能根据环保要求，正确处理对环境和人体有害的辅料、废气液体和损坏零部件。

◆素质目标
1. 能快速准确收集信息与资料；
2. 养成善于沟通，合作，服从集体的良好习惯；
3. 具备安全与环保意识。

日产天籁2.0发动机由于电路问题造成发动机缺火，从而导致缺火断油，发动机缺缸，怠速抖动，经查为3缸缺火，有故障码，为A类故障。按照以下步骤对点火系统故障进行检修：故障原因分析—检修步骤确定—检修实施。

一、微机控制点火系统的控制内容

微机点火的控制功能主要包括点火正时控制、通电时间控制及爆震控制三个方面。汽油机点火系统控制的核心是点火正时控制，点火正时对发动机的动力性、经济性和排放性有十分重要的影响，是继燃油喷射量控制之后的第二个必不可少的参数，应根据发动机负荷和转速加以优化。

二、点火正时控制

(一) 点火提前角对发动机性能的影响

点火提前角是从火花塞发出电火花,经过该缸活塞运行到压缩上止点时曲轴转过的角度,如图 3-4-1 所示。对应发动机的每一工况都存在一个"最佳"点火提前角,对于现代汽车而言,最佳的点火提前角不仅能保证发动机的动力性和燃油经济性都达到最佳值,还必须保证排放污染最小。

点火提前角过大(点火过早),则大部分混合气在压缩过程中燃烧,如图 3-4-2 所示,活塞所消耗的压缩功增加,且缸内最高压力升高,末端混合气自燃所需的时间缩短,爆燃的倾向增大。

点火提前角过小(点火过迟),则燃烧延长到膨胀过程,如图 3-4-2 所示,燃烧最高压力和温度下降,传热损失增多,排气温度升高,功率、热效率降低,但爆燃倾向减小,NO_x 排放量降低,试验证明,最佳的点火提前角,应使发动机气缸内的最高压力出现在上止点后 10°~15°。

适当的点火提前角可使发动机每次循环所做的机械功增多。

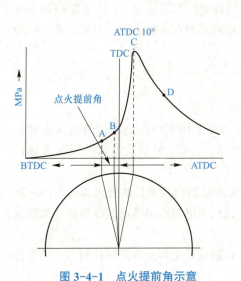

图 3-4-1 点火提前角示意

A—点火;B—开始燃烧(火焰开始传播);
C—最大燃烧压力;D—燃烧结束

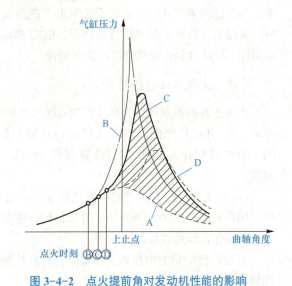

图 3-4-2 点火提前角对发动机性能的影响

A—不点火;B—点火过早;C—点火适当;D—点火过迟

(二) 影响点火提前角的因素

最佳点火提前角的数值必须视燃料性质、发动机转速、发动机负荷、混合气浓度等诸多因素而定。

1. 发动机转速

点火提前角应随发动机转速升高而增大。因为随着发动机转速的提高,以秒计的燃烧过程所需时间缩短,但燃烧过程所占的曲轴转角增大,为保证发动机气缸内的最高压力出现在上止点后 10°~15° 的最佳位置,就必须适当提前点火(增大点火提前角)。

2. 发动机负荷

汽油发动机的负荷调节是通过节气门进行的,随着负荷的减小,进气管真空度增大,进气量减少,气缸内的温度和压力均降低,燃烧速度变慢,燃烧过程所占曲轴转角增大,因此,应适当增大点火提前角。

3. 燃料的性质

汽油的辛烷值越高,抗爆性能越好,点火提前角可适当增大,以提高发动机的性能,相反就减小点火提前角。有些发动机中存储了两张点火正时图,在实际使用中可根据不同的燃料进行选择。

4. 其他因素

最佳点火提前角除应根据发动机的转速、负荷和燃料性质来确定外,还应考虑发动机燃烧室形状、燃烧室内温度、空燃比、大气压力、冷却液温度等因素。空燃比增大、缸内燃烧温度下降、大气压力下降及冷却液温度降低时,点火提前角就会增大。在传统点火中,当上述因素变化时,系统无法对点火提前角进行调整。当采用电子点火正时控制系统时,发动机在各种工况和运行条件下,ECU 都可保证理想的点火提前角,因此,发动机的动力性、经济性和排放性都可以达到最佳。

(三)点火正时的控制类型

点火正时的控制可分为开环控制和闭环控制两种:

(1)开环控制的基本点火提前角是靠预先在台架上用实验方法测得的数据来确定的。这些数据存入 ECU 的只读存储器 ROM,工作时,ECU 根据发动机的工况来选择调取。

(2)闭环控制方式是根据发动机实际运行结果的反馈信息来控制点火提前角的,所以,闭环控制又称为反馈控制。通常,闭环控制方式利用爆震传感器反馈爆震信号来控制点火提前角,即爆震控制。

目前广泛应用的电控点火系统是在开环控制方式的基础上再配以闭环控制方式的混合控制方式。

(四)点火正时控制的组成

东风日产汽车的直接点火系统(NDIS)采用电子能量分配系统,能够确保高的次级电压,并实现发动机高转速时的稳定动力供给,通过采用霍尔 IC 元件型曲轴转角传感器等,按照行驶工况将点火正时精确控制在最佳点(图 3-4-3)。

微机点火控制的组成主要有传感器、ECU、执行器,其中,传感器的控制功能见表 3-4-1。

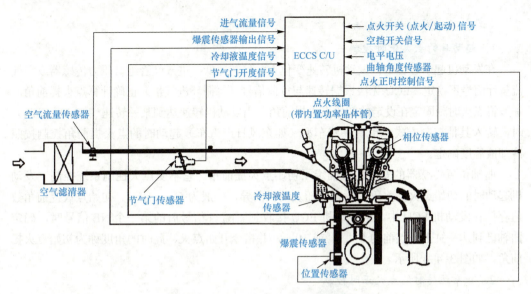

图 3-4-3 日产骐达点火正时控制

表 3-4-1 点火正时控制中传感器控制细节

主要传感器名称	主要控制内容	控制细节与功能
曲轴位置传感器	位置信号	检测曲轴角度以设置喷射正时,再根据发动机转速改变点火正时并检测点火正时
	相位信号	标识气缸:相位参考信号用于检测点火正时的开始时刻(点火正时开始点:上止点前50°)
质量型空气流量传感器	进气量	用于检测进气量以设置相应发动机负荷的基本喷油量。最佳点火正时由发动机转速和基本喷油量输入信号之间的关系确定,该值存储在控制模块的存储器里
发动机冷却液温度传感器	发动机水温	用于按照冷却液温度控制点火正时
节气门位置开关(传感器)	节气门位置或角度	节气门位置开关的信号用来确定怠速或减速过程中的点火正时
车速传感器	车速	该信号用于确定发动机暖机时的最佳点火正时,改善再加速过程中的响应并改善油耗,特别是在减速过程中的点火正时
点火开关	点火信号	响应点火输入信号,输出点火正时控制信号
	起动信号	用于控制起动时的点火正时
空挡开关	挡位信号	用于检测挡位并根据挡位控制点火正时
蓄电池电压	蓄电池电压	在变化的工况下,通过电瓶使流过点火线圈初级绕组的电流持续保持不变,以确保点火能量
爆震传感器	发动机爆震	爆震传感器信号用来检测发动机爆震以调节点火正时

(五)点火正时控制方法

1. 起动时的点火正时控制

在发动机起动过程中,发动机转速变化大,且转速低,进气歧管绝对压力传感器或空气流量计信号不稳定,ECU无法根据转速与负荷信号(每循环进气量)正确计算点火提前角,一般将点火时刻固定在设定的初始点火提前角,当发动机转速达到某一转速(如400 r/min)时,转入其他控制方式,也有一些车型(如东风日产汽车)起动时的点火提前角控制按照冷却液温度确定。

曲轴位置传感器的安装位置确定了初始点火提前角。它不受点火控制系统控制。发动机起动时的初始点火提前角的设定值随发动机而异,一般为5°~10°。初始点火提前角数值存储在发动机ECU中。当发动机ECU接收到紧随G信号后的第一个NE信号时,确定曲轴已到达一缸上止点前的5°、7°或10°,并指令开始点火,此时的角度称为初始点火提前角,如图3-4-4所示。

2. 正常运转时的点火正时控制

发动机正常运转后,发动机ECU根据转速和负荷信号确定基本点火提前角,根据其他的有关信号进行修正,最后确定实际点火提前角,并向电子点火控制器输出点火指令信号,以控制点火系统的工作。实际点火提前角的控制方法,各车型有所不同。

例如,丰田车系的TCCS系统中:实际点火提前角=初始点火提前角+基本点火提前角+修正点火提前角。

(1)基本点火提前角。在怠速工况下运行时,节气门位置传感器的怠速触点闭合,此时,ECU根据发动机的转速和空调开关是否接通等确定基本的点火提前角。当空调不工作时,怠速基本点火提前角定为4°;当空调工作时,随着发动机怠速转速的提高,点火提前角增大为8°。再考虑到初始点火提前角,两种工况所对应的实际点火提前角分别为14°和18°,如图3-4-5所示。

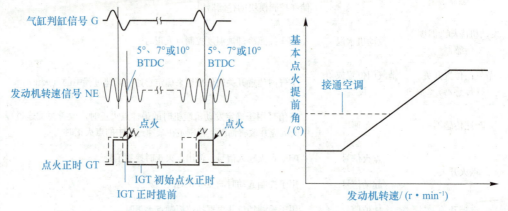

图3-4-4 初始点火提前角　　图3-4-5 丰田车系怠速运转时基本点火提前角

稳定运转后,节气门位置怠速触点断开,基本点火提前角由发动机转速和单位转数的进气量决定,如图3-4-6所示。

（2）修正点火提前角。

①暖机修正。在暖机工况下运行时，点火提前角受水温与曲轴转速的影响，转速高，提前点火；水温高，推迟点火。在发动机冷车起动后的暖机过程中，随着冷却水温的提高，混合气的燃烧速度加快，燃烧过程所占的曲轴转角减小，点火提前角也应适当减小。当水温较高时，如超过 90 ℃，为避免发动机过热，其点火提前角必须减小，如图 3-4-7 所示。

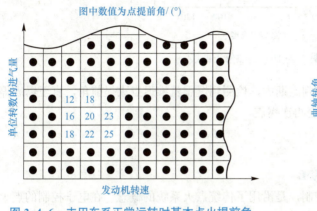

图 3-4-6　丰田车系正常运转时基本点火提前角　　　图 3-4-7　暖机修正曲线

②怠速稳定性修正。怠速时，当发动机负载变化，引起发动机转速的波动，ECU 根据实际转速与目标转速的差值修正点火提前角，以稳定怠速。低于目标转速时，应增大点火提前角；反之，则推迟点火提前角。如图 3-4-8 所示。

③空燃比反馈修正。由于空燃比反馈控制系统是根据氧传感器的反馈信号调整喷油量的多少来达到最佳空燃比控制的，所以，这种喷油量的变化必然会带来发动机转速的变化。为了稳定发动机转速，点火提前角需根据喷油量的变化进行修正。如图 3-4-9 所示，当喷油量减少而导致混合气变稀时，应适当地提前点火提前角；反之，则推迟点火提前角。

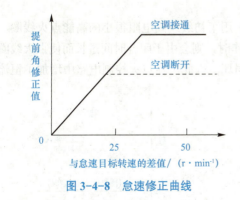 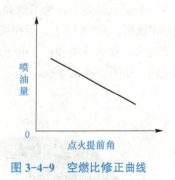

图 3-4-8　怠速修正曲线　　　图 3-4-9　空燃比修正曲线

④过热修正。当发动机处于正常工况（IDL 触点断开），冷却水温过高时，为避免爆震，应推迟点火提前角。当发动机处于怠速工况（IDL 触点闭合），冷却水温过高时，应提前点火提前角，如图 3-4-10 所示。

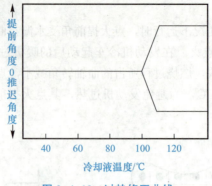

图 3-4-10 过热修正曲线

⑤爆震修正（控制）。在爆震判定期内，检测到爆震就推迟点火提前角，直至爆震停止，又以一定角度递增提前角，直至再次爆震。

三、通电时间控制

1. 通电时间对发动机性能的影响

通电时间控制又叫作闭合角控制，是沿用了传统点火系统的概念。在电子控制的点火系统中是指初级电路接通的时间。点火线圈的次级电压与初级电路断开时的初级电流成正比。当通电时间短时，初级电流小会使感应的次级电压偏低，容易造成失火。初级电流大对点火有利；但通电时间过长，会使点火线圈发热，甚至烧坏，还会使能耗增大，因此，要控制一个最佳通电时间。蓄电池电压下降时，在相同的通电时间里初级电流能达到的值会变小，因此，必须对通电时间进行修正。

2. 通电时间的控制方法

点火线圈初级电路的通电时间由 ECU 控制，根据发动机的转速信号和电源电压信号确定最佳的闭合角（通电时间），并控制点火器输出指令信号（IGt 信号），以控制点火器中晶体管的导通时间。如图 3-4-11 所示。

3. 点火线圈的恒流控制

在一些点火装置中，为了提高点火能量，采用了初级线圈电阻很小的高能点火线圈，其饱和电流可达 30 A 以上。但在发动机低速工作时，则会由于闭合时间过长而使点火线圈的电流过大，点火线圈和点火电子组件过热而损坏。因此，在点火控制电路中增加了恒流控制电路，如图 3-4-12 所示。

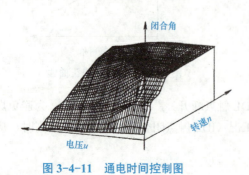

图 3-4-11 通电时间控制图

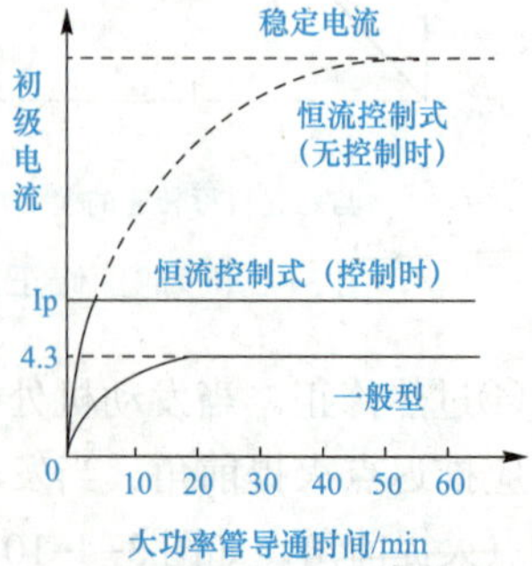

图 3-4-12 点火线圈恒流控制

电控点火系统的故障主要表现为发动机缺火或点火正时不正确,从而造成加速无力、高速加速无力;或是因为缺火而造成缺缸发动机抖动,也会因为点火模块故障造成无法起动等。

一、电控点火系统的缺火故障原因分析及检修

1. 发动机缺火的监测

为了防止尾气排放超标和三元催化器热损坏,发动机控制单元使用曲轴位置传感器监测发动机转动时速率的偏差来确定缺火,用凸轮轴位置传感器识别缺火的气缸。当发动机缺火率超过了门限值并有可能导致排放超标时,发动机控制单元开始统计发动机缺火次数。

微课:诊断计算机观察点火提前角

缺火监测是一种随车诊断策略。缺火是指因为没有火花、燃油计量不准、压缩不足或其他因素而使气缸中不发生燃烧的一种现象。缺火监测只有在基于发动机的特定条件满足后才能运行。如图 3-4-13 所示,监测器的起动需要有来自冷却液温度传感器(ECT)、气缸盖温度传感器(CHT)、进气温度传感器(IAT)、进气质量传感器(MAF)等传感器的输入信号。此外,在自检中也要进行缺火监测。

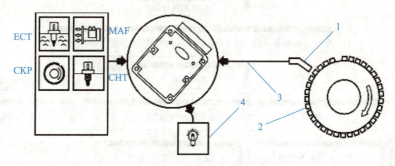

图 3-4-13　发动机缺火监测原理
1—CKP 传感器;2—曲轴位置转盘;3—CKP 的 NE 输入信号;4—故障指示灯

(1) PCM 所执行的同步点火是以从曲轴位置(CKP)传感器接收到的信息为依据。CKP 产生的 NE 信号也作为判定发动机缺火的主要输入信号。

(2) CKP 传感器所产生的输入信号是通过感测安装于曲轴末端的曲轴位置转盘的齿数得到的。

(3) 送至 PCM 的 NE 输入信号将被用来计算比较每个气缸的加速程度,可判定出各个气缸的动力损失情况。当某个气缸的动力损失大大低于标定值,而其他标准却符合时,便可判定该气缸确实有缺火现象。

PCM 利用曲轴位置信号,计算每一活塞的曲轴转速。每一活塞的加速度可通过连续的速度值计算得出,也可以检测较复杂的缺火事件,一个或多个连续缺火活塞。

2. 发动机缺火的分类

发动机缺火可分为两种情况：一种是完全缺火，也就是没有燃烧；另一种是部分缺火，也就是燃烧不稳定。OBD Ⅱ定义了 A 型、B 型、C 型三种发动机缺火水平。

（1）A 型缺火是最严重的缺火，接近损坏三元催化器。如果检测到 A 型缺火，发动机故障警告灯会闪烁，提醒驾驶者立即修理，并按第一次行程逻辑存储故障码和数据帧。发动机诊断系统通过统计发动机曲轴 200 转中的缺火次数来鉴别 A 型缺火。

（2）B 型缺火出现时，废气中有害物质的排放量会增加 1.5 倍以上。

（3）C 型缺火是程度最轻的缺火，会导致汽车废气排放不达标。

发动机诊断系统通过统计发动机曲轴 1 000 转中的缺火次数来鉴别 B、C 型缺火，若 B、C 型缺火在两次行程中连续发生，发动机控制单元会存储故障码并点亮发动机故障灯。空燃比正确、点火充足及机械状况好的发动机不会发生缺火，但如果有任何一方面出现问题，燃烧就会过早结束，从而产生缺火。

二、电控点火系统缺火故障检修

故障现象：加速无力，发动机抖动，无法起动等。

故障点：点火线圈，火花塞，高压阻尼线，初级回路连接导线，ECM、CKP 与 CMP 传感器，连接线束等损坏。

故障诊断流程：如图 3-4-14 所示。

图 3-4-14　电控点火系统的故障诊断流程

三、电控点火系统缺火的检修基本步骤

点火系统的电路检测主要包括供电电压、搭铁情况、触发信号（曲轴位置传感器信号）、点火正时（火花产生的时刻）、转速信号五项内容。

（1）直观检查：接线、插接件是否可靠，电线有无老化与破损，电源（蓄电池）的技术状况是否良好。

（2）火花测试：判断故障在低压电路部分还是在高压电路部分。

如图 3-4-15 所示，采用高压跳火法检查：跳火正常，故障在高压电路部分；无火花，故障在低压电路部分。应分别检查点火信号发生器、电子组件和点火线圈。

(3) 触发信号检查：参照前述曲轴与凸轮轴位置传感器、爆震传感器、进气温度传感器、空气流量传感器等故障检修方法。

(4) 独立点火系统的检查：以日产天籁汽车为例，独立点火系统控制电路如图 3-4-16 所示。

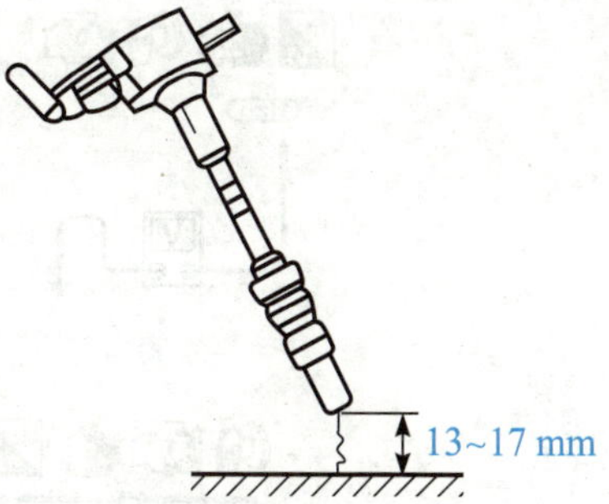

检测步骤如下：

① 如图 3-4-17（a）所示，用万用表测量点火线圈电源电压应为蓄电池电压。

② 如图 3-4-17（b）所示，用万用表测量点火线圈搭铁端电压应为蓄电池电压。

③ 如图 3-4-17（c）所示，用万用表测量初级绕组和次级绕组的电阻值，并根据其大小判断是否短路、断路。

④ 如图 3-4-17（d）所示，用万用表测量 ECM 端搭铁电压。

⑤ 如图 3-4-17（e）所示，用万用表测量 ECM 端电源电压，应为蓄电池电压。

图 3-4-15　日产 HR16DE 发动机点火次级电压的试火方法

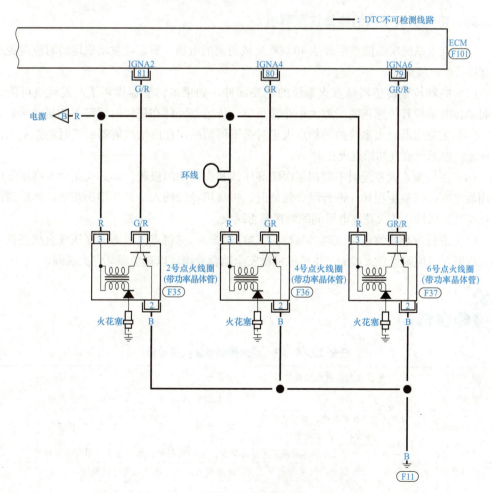

图 3-4-16　日产天籁发动机点火控制电路

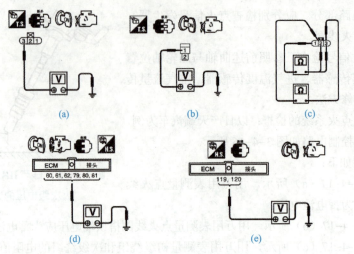

图 3-4-17 日产天籁发动机点火系的检测

(a) 点火线圈电源电压检测；(b) 点火线圈控制电路检测；(c) 点火线圈电阻检测；
(d) ECM 搭铁检测；(e) ECM 电源检测

四、电控点火系统的检修注意事项

（1）点火系统次级能产生高达 40 000 V 或更高的电压，所以，发动机运转时应避免身体直接接触次级部件。

（2）曲轴位置传感器是点火系统的重要部件，如果该传感器损坏了，发动机可能无法起动。曲轴位置传感器的间隙大小非常重要，传感器元件在任何时候都不能碰触转盘。

（3）无分电器点火系统的初始点火正时是不可调的，在曲轴减震器或正时链壳上无正时标记，即无须检查初始点火正时。

（4）在检测点火系统时不要损坏次级高压线和火花塞的极靴，拆卸火花塞或高压线应采用旋出方法以避免损坏。进行跳火测试时，将高压导线插入一只备用火花塞，然后通过火花塞外壳搭铁，从火花塞电极间隙观察是否跳火。

（5）进行发动机性能测试时（如检测气缸压力），应将点火线圈的高压线直接搭铁，不允许断开，应确保点火线圈产生的能量被安全地释放掉，以避免损坏点火线圈。

任务工作单 3.4 点火控制系统故障检修

单元名称	电控点火系统故障检修	学时	4	班级	
学生姓名		学生学号		任务成绩	
实训设备	日产天籁 2.0 发动机、万用表、故障诊断仪、示波器	实训场地	发动机电控实训室	日期	
工作任务	一辆日产天籁 2.0 轿车出现下面故障现象：发动机抖动，加速无力。进行故障检修				
任务目的	请制订工作计划，利用诊断设备确定故障位置，并对故障部件进行检测和更换				

续表

一、资讯
1. 微机控制点火系统的控制内容有_____、_____、_____。
2. 点火提前角过大对发动机性能有什么影响：
_____。
3. 点火提前角过小对发动机性能有什么影响：
_____。
4. 点火提前角最好控制为_____。
5. 基本点火提前角决定于_____和_____。
6. 直接点火控制系统（NDSI）主要由_____、_____、_____等组成。

二、决策与计划
请根据故障现象和任务要求，确定所需要的检测仪器和工具，并对小组成员进行合理分工，制定详细的诊断和修复计划。
1. 需要的检测仪器、工具：_____。
2. 小组成员分工：_____。
3. 诊断和修复计划：_____。

三、实施
点火系统的电路检测主要包括供电电压、搭铁情况、触发信号（曲轴位置传感器信号）、点火正时（火花产生的时刻）、转速信号五项内容。
（1）直观检查：接线、插接件是否可靠，电线有无老化与破损，电源（蓄电池）的技术状况是否良好。
结论：_____。
（2）点火系统检查：判断故障在低压电路部分还是在高压电路部分。
采用高压跳火法检查：跳火正常，故障在高压电路部分；无火花，故障在低压电路部分。应分别检查点火信号发生器、电子组件和点火线圈。
结论：_____。
（3）点火信号发生器检查：
磁感应曲轴位置传感器：电阻：_____Ω，急速时输出电压 AC：_____V。
霍尔式凸轮轴位置传感器：输出电压 DC 最大为：_____V；最小为：_____V。
（4）点火线圈检查：
检测步骤如下：
测量点火线圈电源电压：_____V；点火线圈搭铁端电压：_____V；初级绕组：_____Ω；次级绕组：_____Ω。
（5）ECM 检查：
ECM 端搭铁电压：_____V；ECM 端电源电压应为蓄电池电压：_____V。
结论：_____。

四、检查
故障排除后，进行以下检查。
1. 起动发动机，检查起动情况：_____。
2. 检查怠速情况：_____。
3. 检查加速情况：_____。

五、评估
1. 请根据自己任务完成的情况，对自己的工作进行自我评估，并提出改进意见。
_____。
2. 教师对学生工作情况进行评估，并进行点评。
_____。
3. 学生本次任务成绩：_____。

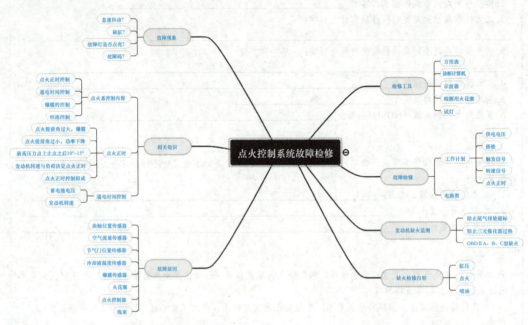

点火提前角的数值受多个因素影响，一个集体的发展也受到各个岗位的影响，同学们在以后的工作中要谨记自己所代表的是企业的文化和形象，要严格要求自己，为企业争光。

单元四
排放控制系统故障检修

任务一　汽车尾气与三元催化装置检修

◆ 知识目标

1. 掌握尾气排放的成分；
2. 掌握尾气排放的产生机理；
3. 了解国 6 标准的限制内容；
4. 掌握三元催化器的安装位置、结构、作用及转化原理；
5. 了解三元催化转化效率；
6. 熟悉三元催化器的失效原因。

◆ 能力目标

1. 能根据汽车尾气成分进行故障分析；
2. 能按照正确的操作规范进行三元催化器的检测。

◆ 素质目标

1. 能够快速准确收集信息与资料，养成终身学习的能力；
2. 善于沟通、合作，服从集体；
3. 具有安全意识；
4. 具有环保意识，能根据环保要求正确处理对环境和人体有害的辅料、废弃物、废气废液和损坏零部件；
5. 具有车间 5S 管理意识。

大众迈腾 EA888 发动机因为三元催化器损坏出现下面故障现象：排气噪声大，发动机加速无力，排污超标，油耗增加，故障灯不亮。请检测验证是否为三元催化器故障。

一、我国汽车排放法规

我国现阶段从 2020 年 7 月 1 日起执行《轻型汽车污染物排放限值及测量方法（中国第六阶段）》(GB 18352.6—2016)，所有销售和注册登记的轻型汽车，应符合国 6 标准，6a 限值要求；自 2023 年 7 月 1 日起，所有销售和注册登记的轻型汽车，应符合国 6 标准，6b 限值要求。其他车型按照《重型柴油车污染物排放限值及测量方法（中国第六阶段）》(GB 17691—2018) 的规定执行。

表 4-1-1 为国 5、国 6a、国 6b 的各排放污染的限值比较。若要达到排放法规的要求，除了在技术上，还要在材料上进行改进，以及高品质的燃油保证，才是实施更严格的法规的根本保障。

表 4-1-1 国 6 标准排放限值

项目	CO	THC 总碳氢化合物	NMHC 非甲烷碳氢化合物	NO_x 氮氧化合物	N_2O 氧化亚氮	PM 颗粒物质量	PM（个、KM）颗粒物数量
国 5（汽油）	1 000	100	68	60	—	4.5	—
国 6a（汽油）	700	100	68	60	20	4.5	6×10^{11}
国 6b（汽油）	500	50	35	35	20	3.0	6×10^{11}
国 6b/ 国 5	50%	50%	51.5%	58%	—	66.7%	—

二、汽车尾气排放与控制

（一）汽车排放污染物

汽车的排放污染主要来源于发动机排出的废气（占 65% 以上）、曲轴箱窜气（约占 20%）和燃料供给系统中蒸发的汽油蒸气（占 10%～20%），汽油机的主要排放污染物是一氧化碳、碳氢化合物和氮氧化合物，柴油机的主要排放污染物是一氧化碳、氮氧化合物和碳烟。

汽车的燃料是一种碳氢化合物，其主要成分为氢（H）和碳（C）。如果完全燃烧，所有氢和碳将与氧结合，燃烧产物将是水（H_2O）和二氧化碳（CO_2），如图 4-1-1 所示。要实现理论上的完全燃烧，燃油和空气必须保持精确理论配比。如果不能完全燃烧，将产生水、二氧化碳、碳氢化合物、一氧化碳等，如图 4-1-2 所示。空气中还包含大约 80% 的氮气（N_2），在低温时，氮气处于惰性，而在燃烧室温度接近 2 000 ℃时，氮与不同数量的氧结合，形成一氧化氮（NO）和二氧化氮（NO_2），统称为氮氧化合物（NO_x）。

所以汽车的排放污染物主要有三种：未燃烧干净的碳氢化合物（HC）、一氧化碳（CO）和氮氧化合物（NO_x）。此外，还有二氧化硫、铅、碳微粒和其他杂质颗粒物（PM）等，这些物质对人类和整个生态环境危害极大。

（二）尾气异常分析

汽车尾气的成分与发动机的工作状况、性能好坏有着密切联系。更为重要的是，当发动机各系统出现故障时，尾气中的某种成分必然偏离正常值，通过检测发动机不同工况下尾气中不同气体成分的含量，可判断发动机故障所在的部位。

图 4-1-1　混合气完全燃烧生成的产物

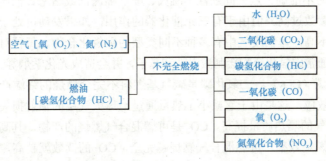

图 4-1-2　混合气不完全燃烧生成的产物

1. 空燃比对尾气成分的影响

空燃比越接近理论空燃比 14.7∶1 时，燃烧越完全，HC、CO 的值越低，而 CO_2 的值越高。而当混合气空燃比超过 16.2∶1 时（混合气变稀），由于燃料成分过少，用通常的燃烧方式已不能正常着火，产生失火，使未燃 HC 大量排出。混合气过浓时将产生大量的 CO、HC，如图 4-1-3 所示。

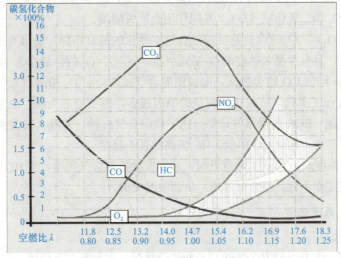

图 4-1-3　空燃比对废气排放的影响

2. 尾气成分异常的原因分析

（1）一氧化碳（CO）。一氧化碳是一种无色无味的气体，吸入血液中会消耗氧气，吸入过多会发生窒息。绝大多数燃料的燃烧会产生 CO，位于大气低空层中的大多数 CO 来自汽油机车辆排放的废气。CO 是因燃烧引起的，当混合气充分燃烧时，CO 的读数是 0 或接近 0。混合气过浓将产生大量的 CO，混合气过稀引起失火将生成过多的 HC。高 CO 表示燃油系统发生了故障，如混合气不洁净、活塞环胶结阻塞、燃油供应太多、空气太少、点火太早等。如发动机的 CO 过高，很可能是喷油嘴漏油、油压过高或电控系统产生了故障。

（2）碳氢化合物（HC）。和 CO 一样，碳氢化合物是不完全燃烧的副产品，HC 基本上是未燃烧的燃油，其排放随着空气/燃油混合气变浓而增加，然而，如果出现缺火，HC 排放物也会急剧增加。HC 的读数高，说明燃油没有充分燃烧。气缸压力不足、混合气过浓或过稀、点火正时不准确、点火间歇性不跳火、喷油嘴漏油或堵塞、油压过高或过低等因素都将导致 HC 读数过高。但由于有三元催化器的作用，如果发动机处于正常状态，排气中的 HC 读数应不高。车辆废气中有多种不同类型的碳氢化合物，每种对人们和环境的影响都稍有不同，通常碳氢化合物会刺激眼睛和鼻子，并会造成光化学烟雾。

（3）二氧化碳（CO_2）。二氧化碳是碳氢基燃料不完全燃烧的终端产物，其他为水。CO_2 会造成温室效应，这是由于它减小了热量通过地球大气层的辐射损失，类似毯子，随着 CO_2 集聚，大气的隔热质量提高。CO_2 是可燃混合气燃烧的产物，其高低反映出混合气燃烧的好坏，即燃烧效率。可燃混合气燃烧越完全，CO_2 的读数就越高，不管是否装有三元催化装置，混合气充分燃烧时尾气中 CO_2 的含量都会达到峰值 13%～16%。当发动机混合气出现过浓或过稀时，CO_2 的含量都将降低。

（4）氮氧化合物（NO_x）。生成最大量 NO_x 的发动机工况通常与生成 CO 和 HC 的工况相反。浓混合气在燃烧温度低时产生的 NO_x 极少，当混合气变稀，燃烧温度增加时，NO_x 排放物增加。NO_x 是汽缸内的氮和氧分子在超过 1 371 ℃ 的高温下化合而成的。EGR 系统可以通过将燃烧完毕的排气重新引入引擎气缸燃烧室，降低燃烧室的燃烧温度，从而达到降低 NO_x 的作用；但 EGR 只在部分负荷下起作用，在起动、怠速、急加速等条件下是不起作用的。NO_x 和二氧化硫（SO_2）共同作用会形成酸雨。

（5）氧气（O_2）。O_2 的含量是反映混合气空燃比的最好指标，是最有用的诊断数据之一。燃烧正常时，只有少量未燃烧的 O_2 通过气缸，尾气中 O_2 的含量应为 1%～2%。若 O_2 的读数小于 1%，同时 CO 的读数高，则说明混合气过浓；若 O_2 的读数大于 2%，CO 的计数低，则表示混合气太稀。造成这种现象的原因很多，燃油滤芯太脏、燃油油压低、喷油嘴堵塞、真空泄漏、EGR 阀泄漏等，都可能导致混合气过稀。若混合气偏向失火点，O_2 的读数就会上升得很快，同时 CO 值低，HC 值高而且不稳定。

当 CO、HC 浓度高，CO_2、O_2 浓度低时，表明发动机混合气很浓。当 HC 和 O_2 的读数高，则表明点火系统工作不良、混合气过稀，从而引起失火。

（三）排气的净化方式

1. 机内净化

机内净化用于改善可燃混合气的品质和燃烧状况，主要有以下措施：

(1)曲轴箱强制通风装置(PVC)。把曲轴箱内的高压废气强行导入发动机,所需空气由空气滤清器提供,降低HC排放。

(2)燃油蒸气排放控制装置(EVAP)。利用活性炭罐收集和清除汽油蒸气,停车时吸收蒸气,工作时吸入气缸重新参与燃烧。

(3)进气加温装置(EFES)。在暖机期间把经排气加温后的热空气送入进气管,调节进气温度。

(4)废气再循环装置(EGR)。将5%~20%的废气再引入燃烧室,降低燃烧温度,从而降低NO_x生成。

(5)空燃比反馈控制。根据进气量确定基本喷油量,再根据各种传感器(氧传感器、冷却液温度传感器、节气门位置传感器等)信号等对喷油量进行修正,使发动机在各种运行工况下均能获得最佳浓度的混合气,从而提高发动机的动力性、经济性和排放性。

2. 机外净化

(1)三元催化器(TWC)。利用稀有金属做催化剂,催化CO转化为CO_2,HC转化为CO_2和H_2O,NO_x转化为N_2和O_2。

(2)二次空气喷射装置(AIS)。用空气泵将空气喷入排气管,使废气中残留的HC和CO重新与O_2燃烧,转化为CO_2和H_2O等无害物质。

三、三元催化器

(一)作用与安装位置

三元催化器(Three-way Catalytic Converter,TWC)。所谓"三元",是指能同时处理CO、HC和NO_x三种有害气体。三元催化器安装在排气管中部,如图4-1-4所示。其功能是利用转换器中的三元催化剂,将发动机排出废气中的有害气体HC、CO和NO_x转变为无害气体H_2O、CO_2和N_2。

采用OBD Ⅱ系统的车辆相对OBD Ⅰ来说,采用了双氧传感器以监测三元催化器的转换效率及其他与排放相关元件的工作情况。

(二)构造与材料

根据催化剂载体的结构特点,TWC可分为颗粒式和整体式两种类型。颗粒式载体将催化剂沉积在颗粒状氧化铝载体表面,主要用于美国和日本生产的汽车上,其应用趋向减少,正在失去其重要性。欧洲的汽车生产厂商实际上未采用这类载体。整体式载体分为陶瓷和金属两种类型,将催化剂沉积在蜂巢状表面,可增大催化剂与废气的实际接触面积。

以整体式三元催化器为例,其主要由三部分组成,即外壳、载体(包括涂在载体上的催化活性层)、内衬垫(钢板壳体之间的隔离层或缓冲层),如图4-1-5所示。各部件的材料如图4-1-6所示。载体采用陶瓷材料挤压干燥,并采用高温烧制而成,蜂窝状陶瓷载体壁厚非常薄,其目的是设法极大地利用现有的容积增加催化剂反应床的化学反应面积,还可起到防止催化剂热退化的作用。载体表面涂一层氧化铝和二氧化铈的基层金属涂层,经过强化处理后,再涂敷以贵金属微粒为主要成分的催化剂涂层,如图4-1-7所示。

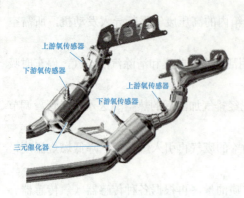

图 4-1-4 三元催化器与氧传感器的安装位置　　图 4-1-5 三元催化器的结构

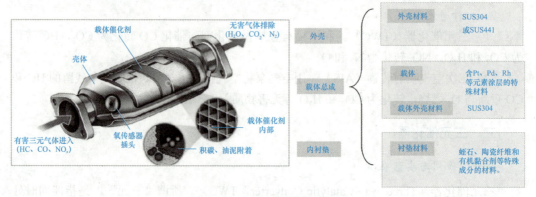

图 4-1-6 三元催化器的材料

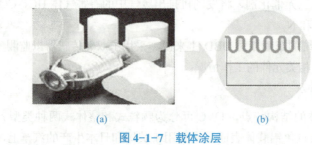

(a)　　(b)

图 4-1-7 载体涂层

(a) 载体；(b) 化学材料

（三）三元催化转化原理

TWC 先利用内含的贵重金属铑做催化剂，将 NO_x 还原成无害的氮气（N_2）和二氧化碳（CO_2）。还原过程中所生成的 O_2，再加上 TWC 内由二次空气导管所导入的新鲜空气中的 O_2（部分车型才有），以铂（Pt）或钯（Pd）做催化剂一起和 CO、HC 进行氧化反应，使其转变成无害的 CO_2 和 H_2O，这种还原—氧化的过程又称为二段式转化，如图 4-1-8 所示。

图 4-1-8 三元催化转化的工作原理

TWC 将有害气体转变成无害气体的效率受诸多因素的影响。其中，影响最大的是混合气的浓度和排气温度。三元催化器的最低工作温度为 246 ℃～302 ℃，最高工作温度为 760 ℃～982 ℃。发动机的排气温度过高（815 ℃以上）时，TWC 的转换效率将明显下降。部分三元催化器中装有排气温度报警装置，当报警装置发出报警信号时，应停机熄火，查明排气温度过高的原因，予以排除。在使用中，燃气温度过高一般是由于发动机长时间在大负荷下工作或因故障而燃烧不完全所致。

（四）三元催化器的转换效率

1. 与混合气浓度的关系

三元催化器的转换效率与发动机的空燃比有关。根据实验发现，当空燃比维持在 14.7∶1 上下 0.3% 时，三元催化转换的效率可达到 90% 以上，如图 4-1-9 所示。因混合气浓时，HC、CO 含量将增多，使转换的效率降低；但若混合气稀，NO_x 排量也会增加，如此也将使转换的效率下降。ECM 将发动机空燃比尽可能地控制在理想值附近，此时发动机燃烧完全，工作效率最高，催化转换装置转换效率也最高，即发动机工作时最省油，动力性最佳，污染排放量最少。

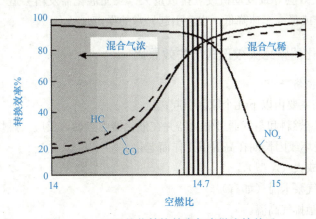

图 4-1-9 三元催化转换效率与空燃比的关系

2. 三元催化器转换效率的监测

三元催化器转换效率监测利用一个位于三元催化器前方和后方的氧传感器，根据催化转换中"氧"的含量来推断碳氢化合物的转换效率。在正常的闭环燃油控制情况下，高效的催化转换器储存大量的氧气，与催化转换器前方的加热氧传感器（HO2S）相比，后加热氧传感器的信号切换频率变得十分缓慢，而且其切换振幅也将减小。当 TWC

微课：汽车尾气检测

转换效率变差后，储存氧气的能力衰退，三元催化器后段或下游的 HO_2S 信号开始以较快的频率及较大的振幅进行切换，接近三元催化器前段或上游的 HO_2S 的切换频率及振幅如图 4-1-10 所示。

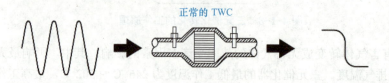

图 4-1-10 三元催化器效率监测

一、常见故障现象

三元催化器失效会导致发动机废气排放量大；三元催化器发堵会造成发动机起动困难或最高车速降低，也会引起异常的噪声。

二、三元催化器常见失效形式与失效原因

1. 催化剂热损伤

催化剂热损伤主要由以下几个原因引起：

（1）大量未燃燃料和空气通过催化器并在催化器中点燃，反应（燃烧）过于强烈，反应温度过高而被烧坏或因长期在高温下工作而老化。

（2）发动机缺火（A 型）。

（3）二次空气泵卡滞（如有）。

（4）长期接触排气高温。

（5）长时间混合气浓或稀。

2. 催化剂化学损伤

催化剂化学损伤主要是由燃料和机油添加剂中铅（Pb）、硫（S）、锌（Zn）、磷（P）、硒（Si）等引起的，催化剂表面就会因被覆盖或载体孔洞表面沉积（造成铅中毒或惯性中毒），而失去了催化反应的作用，甚至造成排气发堵，如图 4-1-11 所示。

微课：三元催化装置故障检修

3. 催化器机械损伤、锈蚀

因碰撞、振动等情况使三元催化器壳体或载体有变形、破裂等机械损伤，如图 4-1-12 所示。催化器外壳在高温条件下遇氧而氧化，颜色变红，属于正常的材料物理变化，如图 4-1-13 所示，但若锈蚀严重，须更换。

P中毒　　　　　　MNO$_2$和MnS中毒　　　　　　Si中毒

图 4-1-11　催化器中毒形式

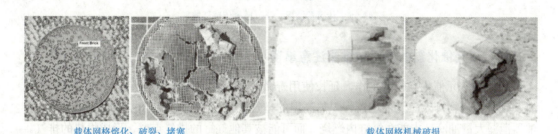

载体网格熔化、破裂、堵塞　　　　　　载体网格机械破损

图 4-1-12　载体损坏形式

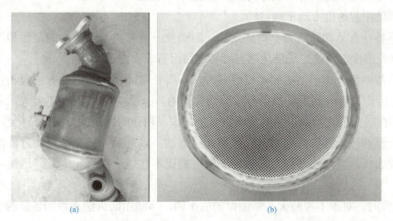

(a)　　　　　　(b)

图 4-2-13　三元催化器外壳正常氧化及正常载体

(a) 正常氧化；(b) 正常载体

三、三元催化器的检修

起动发动机，接真空表，缓慢加速，真空度逐渐下降，说明排气系统有阻碍现象，有可能是三元催化器阻塞。拆下三元催化器，用手电筒或其他照明灯具照明，检查三元催化

器是否有堵塞、熔化、开裂和其他损伤。如果有，则需要更换三元催化器。如果从里面倒出很多粉末，说明三元催化器已经损坏，需要更换。若是三元催化器烧坏，除更换新的三元催化器外，还应检查有无引起发动机缺火或燃烧不完全的其他故障。如果只是三元催化剂损伤，不起到转化作用，可以用氧传感器来检修，在OBD Ⅱ系统中，催化器前、后都各装了一个氧传感器，当前、后氧传感器的波形如图4-1-14所示时，说明催化效果良好，催化器起作用，如果前、后氧传感器的波形一致，则说明催化反应不起作用，三元催化器失效。

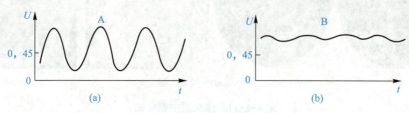

图4-1-14　前、后氧传感器波形对比
（a）前氧传感器波形；（b）后氧传感器波形

四、三元催化器的使用与维修注意事项

为保证三元催化器正常工作，延长使用寿命，使用及维修中应尽量减少铅、锌、硫、磷及碳氢化合物排入三元催化器。炽热高温的排气，容易造成三元催化器损坏。例如，喷油器泄漏大量油滴，未能在气缸内燃烧，而可能被其他气缸的排气点燃，形成炽热的排气。

（1）只能使用规定牌号的无铅汽油。

（2）不准使用未经认可或推荐的汽油添加剂、机油及机油添加剂。

（3）严禁用起动机带动车辆移动。

（4）不要在有易燃物（如干草、汽油、酒精及一些有机溶剂等）的路面和场地行驶及停车，以避免温度很高的三元催化器点燃易燃物而造成火灾。

（5）当蓄电池电压不足或起动机故障时，不得长时间使用外力的方法起动发动机，因为系统通电后，只要收到发动机信号，喷油就开始；若发动机长时间不着火，未燃烧的燃油就会积存在三元催化器内，一旦发动机开始工作，积存的燃油就会损坏转化器。

（6）当燃油过低警告灯亮时，应尽早加满燃油，以避免油箱燃油液面过低而使油路中出现空气或油气、混合气过稀，导致发动机空燃比不在理论空燃比附近，增加三元催化器的负荷。

（7）维修时，对于不带断火、断油保护的车辆，不能用断火法来判断各缸的工作情况，这样会损坏三元催化器。

（8）三元催化器属于贵重易碎物，为防止颠簸损坏催化剂载体，应紧固氧传感器和三元催化器接口端面螺栓，确保接头面的密封。

（9）第2～3年附加保养项目应检测废气排放。排气背压在三元催化器之前小于440×10^2Pa。

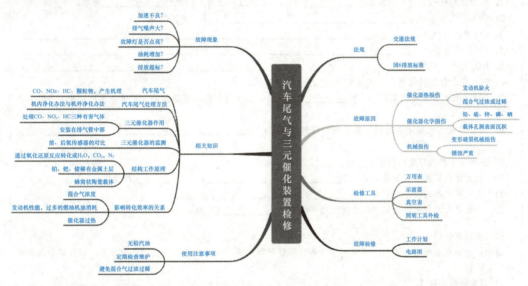

尾气检测是车辆年检的重要组成部分，车辆年检可以及时消除车辆安全隐患，督促加强汽车的维护保养，减少交通事故的发生。作为车主和将来的准车主，要正确保养车辆，遵守交通法规，按时完成车辆年检，做一名合格的"老司机"。

任务工作单 4.1　汽车尾气与三元催化装置检修

课题名称	排放控制系统故障检修	学时	2	班级	
学生姓名		学生学号		任务成绩	
实训设备	AJR 发动机、万用表、故障诊断仪、示波器	实训场地	发动机电控实训室	日　期	
工作任务	一辆"时代超人"轿车出现下面故障现象：噪声，排污超标，油耗增加，故障灯亮				
任务目的	掌握三元催化器的结构与工作原理，能利用诊断设备确定三元催化器是否失效、堵塞，并对故障部件进行检测和更换				

续表

一、资讯

1. 我国目前执行的排放法规是_____标准,从2023年7月开始执行_____标准。
2. 汽车尾气主要有_____、_____、_____三种有害气体。
3. CO的产生机理:_____。
4. HC的产生机理:_____。
5. NO_x的产生机理:_____。
6. 三元催化器的转化效率与发动机的_____有关。
7. 采用OBD Ⅱ系统的车辆,采用_____以监测三元催化器的转换效率及其他与排放相关元件的工作情况。
8. 以整体式三元催化器为例,其主要由四部分组成:_____、_____、_____、_____。
9. 三元催化器进口处的温度_____出口处的温度。
10. 三元催化装置可有效降低排气中_____、_____、_____的含量。
11. 三元催化器的损伤形式有_____、_____、_____。
12. 为避免三元催化器损伤,只能使用规定牌号的_____汽油。

二、决策与计划

请根据故障现象和任务要求,确定所需要的检测仪器和工具,并对小组成员进行合理分工,制订详细的诊断和修复计划。

1. 需要的检测仪器、工具:_____。
2. 小组成员分工:_____。
3. 诊断和修复计划:_____。

三、实施

1. 第一项内容:三元催化器前后都有氧传感器的车辆检测。

(1) 起动发动机,在发动机暖机进入闭环控制后,用示波器观察前空燃比传感器和后氧传感器波形有什么区别?

前空燃比传感器波形	后氧传感器波形

区别:_____

(2) 发动机停机,所有传感器的波形发生了什么变化?_____。是否正常?_____。

(3) 将某缸的喷油器连接线取下,使发动机有一缸缺火,此时,后氧传感器的信号电压波形是上升还是下降?_____。氧传感器信号电压指示是否为混合气变浓的状态?_____。

(4) 进行喷油器动态测试,通过诊断测试设备指令混合气变浓,观察后氧传感器的信号电压变化情况:_____。

(5) 氧传感器故障相关故障码:_____。

(6) 用示波器观察前、后氧传感器波形。

前氧传感器波形	后氧传感器波形

> 续表

通过上述检查，得出以下结论：_____
_____。

四、检查
故障排除后，进行以下检查。
1. 起动发动机，检查故障灯是否点亮：_____。
2. 检查怠速情况：_____。
3. 检查排放情况：_____。

五、评估
1. 请根据自己任务完成的情况，对自己的工作进行自我评估，并提出改进意见。
_____。
2. 教师对学生工作情况进行评估，并进行点评。
_____。
3. 学生本次任务成绩：_____。

任务二 废气再循环控制系统检修

◆ 知识目标
1. 掌握废气再循环控制系统的作用、控制条件及控制原理；
2. 熟悉废气再循环阀的结构、安装位置及工作原理。

◆ 能力目标
1. 能完成废气再循环控制的时机监测；
2. 能完成废气再循环阀的检修。

◆ 素质目标
1. 能快速准确收集信息与资料；
2. 养成善于沟通，合作，服从集体的良好习惯；
3. 具有安全与环保意识；
4. 具有车间 5S 管理意识。

10 款日产天籁 2.0 发动机因废气再循环阀故障，关闭不严出现以下现象：怠速、低速抖动、不稳，甚至熄火，故障灯不亮。用废气再循环控制系统进行检测，以验证故障。

一、废气再循环的概念

废气再循环（Exhaust Gas Recirculation，EGR）主要由废气再循环（EGR）阀、节气门位置传感器、水温传感器、发动机转速传感器、空气流量传感器、起动信号及ECU等组成，如图4-2-1所示。它是将5%～20%的废气再引入进气管，与新鲜混合气一道进入燃烧室，使最高燃烧温度降低，从而减少NO_x的生成量。

NO_x是在燃烧过程中峰值温度状态下形成的。要想减少并控制NO_x的形成，就要降低其形成的温度。只要往空气/燃油的混合进气中喷入少量废气，温度就会降低几百摄氏度，可以有效地减少NO_x的生成。但因为废气占据了空间，并不燃烧，而空气、燃油的混合进料体积变小了，燃烧温度随之下降，降低了燃烧效率，也会使发动机的功率下降，怠速、低速等工况运转不稳定。为此，需要由电控单元根据发动机的工况控制废气再循环系统的工作：废气再循环不能在怠速时进行，它适用于有负载时、燃烧时的高温可能产生氮氧化合物（NO_x）的情况下。

1. EGR阀的结构

在EGR控制系统中，EGR阀是关键部件。不同的EGR率是通过EGR阀的调节来实现的，电控发动机中广泛采用电子控制EGR阀的方法。

ECU控制针阀位置，废气从排气管2进入进气歧管3，调节孔口的大小，精确地控制EGR率，如图4-2-2所示。EGR工作期间通过监测针阀位置反馈信号控制针阀位置，并根据冷却水温度、节气门位置和进气流量控制EGR针阀的位置。

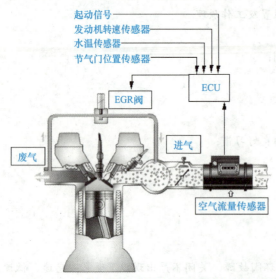

图4-2-1 废气再循环控制系统的组成与工作原理

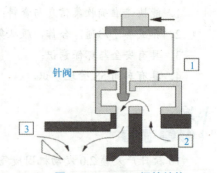

图4-2-2 EGR阀的结构
1—阀体；2—排气管；3—进气歧管

2. EGR阀工作过程

如图 4-2-2 所示，EGR 阀有三个通气孔，不通电时，弹簧将阀体 2 向上压紧，通大气阀口被关闭。此时，EGR 阀使进气管与 EGR 阀真空室相通；当 EGR 阀线圈 3 通电时，产生的电磁力使阀体下移，阀体下端将通进气管的真空通道关闭，而上端的通大气阀口打开，于是，就使 EGR 阀的真空室与大气相同。

二、EGR 率的控制策略

1. EGR 率一般控制策略

EGR 率用来衡量废气的引入量，它用进入气缸的气体中废气所占的百分比来表示。EGR 率与发动机动力性、经济性和排放性能有关。试验结果说明：当 EGR 率小于 10% 时，燃油消耗量基本上不增加；当 EGR 率大于 20% 时，发动机燃烧不稳定，工作粗暴，HC 排放物将增加 10%。因此，通常将 EGR 率控制在 10%～20% 范围内较合适，如图 4-2-3 所示。

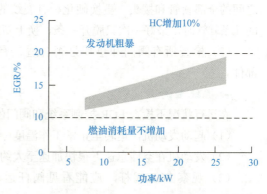

图 4-2-3　EGR 率与发动机性能的关系

2. 特殊工况下 EGR 率的控制

（1）怠速和低负荷时，NO_x 排放浓度低，为了保证稳定燃烧，不进行 EGR。

（2）只有热态下进行 EGR。发动机温度低时，NO_x 排放浓度也较低，为了保证正常燃烧，冷机时不进行 EGR。

（3）大负荷、高速时，为了保证发动机有较好的动力性，此时混合气较浓，NO_x 排放生成物较少，可不进行 EGR 或减少 EGR 率。

（4）废气再循环量对 NO_x 排放和油耗的影响还受到空燃比、点火提前角等因素的影响。因此，在 EGR 率进行控制时，同时对点火等进行综合控制，就能得到较好的发动机性能。

一、废气再循环控制系统主要的故障

废气再循环控制系统装置的主要故障有：废气循环时通道堵塞不能进入发动机进行循环，而不该循环时反而进入发动机循环。低速时，由于发动机怠速时混合气数量很少，此时，废气不该进行循环，如果进行废气循环，废气会冲稀混合气的浓度，从而对发动机的怠速运转产生明显的影响，使发动机的怠速极不稳定，甚至熄火。而在高速时，应该进行再循环时，由于阀或通道的卡死，会造成排放不合格，氮氧化合物

微课：废气再循环阀检修

超标。

废气再循环控制系统中的任一部件损坏都会造成系统工作不正常。

二、废气再循环控制系统的检修

典型的 EGR 系统需按平均 10 000 km 或 12 个月的周期做全面检查和测试，以保证系统功能正常。检查的一般方法如下：

（1）检查进气歧管、EGR 控制阀、真空放大器、EGR 延迟电磁开关、温度阀等零部件之间的全部软管和接头，更换硬化、有裂纹的软管或有缺陷的接头。当要更换一个装置上的几条软管时，最好一次只脱开一条，换上新管后再脱开另一条，以防接错。

（2）检查所有阀门和垫片是否合适、有无损坏，如有必要，修理或更换损坏的零部件。

1. 系统测试

在运行状况下检查 EGR 控制系统和阀门的动作情况：

（1）起动发动机，运转至正常工作温度。

（2）发动机在空挡急速下很快加速至大约 2 000 r/min，但不超过 3 000 r/min。

（3）观察 EGR 阀杆，应能看见阀杆运动（可由 EGR 阀杆上槽相对位置的改变看出来）。

重复上述过程几次，以确认杆的运动。如果阀杆运动，则表明系统工作正常，否则需按不同故障现象做相应的诊断维修。

2. 测试 EGR 阀和气道

如果控制系统工作正常，则应测试 EGR 阀和气道。

（1）将一只转速表接到发动机上。

（2）起动发动机并运转至正常工作温度。

（3）脱开通往 EGR 阀的真空软管，在其接头处插入手动真空泵软管。

（4）发动机置于空挡急速下向 EGR 阀施加 4 kPa 左右的真空信号。

（5）观察发动机转速表读数：如果随着真空信号的施加，急速转速下降 150 r/min 或更多，则说明 EGR 阀正在工作；如果转速不发生变化或下降量低于规定的最小值，则说明有废物沉积在 EGR 阀和进气歧管气道上，需卸下 EGR 阀，检查、清洁其气道及进气歧管的气道。

3. EGR 阀的维修

如果诊断出 EGR 阀有过量的沉积物，则须从发动机上卸下此阀，检查提升阀及安置部位的状况。如果沉积物已超过一层薄膜，可用以下方法清洗：

（1）向提升阀及安置部位加入适量的歧管热控阀溶剂，加溶剂时要极其小心，以免泼洒到膜片上损坏膜片。

（2）等待约 30 min，让溶剂充分软化沉积物。

（3）将手动真空泵软管连接膜片接头，施加足够的真空度使提升阀全开，不要推动膜片开启阀门，只能利用其真空源。

（4）用一个有利刃的工具细心刮去提升阀及座上已软化变松的沉积物，如果清洁阀门后发现阀杆，则说明阀与座有过量磨损，需更换 EGR 阀总成。

（5）在发动机上安放新垫片，更换 EGR 阀，然后用 14 N·m 左右的扭矩拧紧安装螺栓。

（6）连接通往阀的真空管路，按前述方法测试系统。

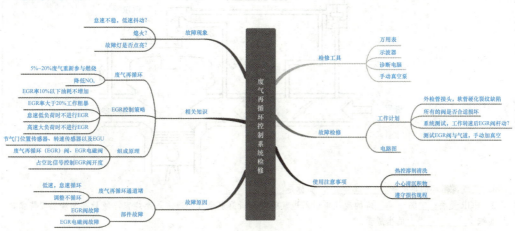

车辆年检对氮氧化合物是不检测的，氮氧化合物排放对环境有一定的污染。除了从技术上减少废气排放，还可以从源头上减少尾气排放，那就是"绿色出行"。绿色出行就是采用对环境影响较小，既节约能源、提高能效、减少污染，又有益于健康、兼顾效率的出行方式，如乘坐公共汽车、地铁等公共交通工具，合作乘车，环保驾车，或者步行、骑自行车等。

任务工作单 4.2 废气再循环控制系统故障检修

单元名称	排放控制系统故障检修	学时	2	班级	
学生姓名		学生学号		任务成绩	
实训设备	10 款日产天籁 2.0 电喷车、万用表、故障诊断仪、示波器	实训场地	汽车电控实训室	日期	
工作任务	10 款日产天籁 2.0 发动机出现下面故障现象：怠速、低速抖动、不稳、排气管冒黑烟且排污超标、故障灯亮				
任务目的	掌握废气再循环起作用的工况要求，熟悉废气再循环系统的组成与安装位置，学会对系统进行总体动作测试和各部件的检测与更换				

一、资讯

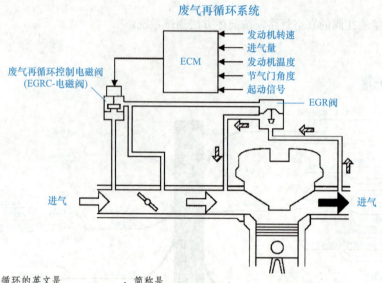

废气再循环系统

1. 废气再循环的英文是_____，简称是_____。
2. EGR 是将____%～____%的废气再引入进气管，与新鲜混合气一道进入燃烧室，使最高燃烧温度降低，从而减少_____的生成量。
3. 废气再循环也会使发动机的_____下降，_____、_____工况运转不稳定。为此，需要由电控单元根据发动机的工况控制废气再循环系统的工作。
4. 废气再循环系统主要由_____、_____及_____组成。
5. EGR 率是_____。
6. 废气再循环系统常见的故障现象有_____。

二、决策与计划

请根据故障现象和任务要求，确定所需要的检测仪器、工具，并对小组成员进行合理分工，制订详细的诊断和修复计划。

1. 需要的检测仪器、工具：_____。
2. 小组成员分工：_____。
3. 诊断和修复计划：_____。

三、实施

1. EGR 控制是自诊项目吗？是 / 否
2. 使用 CONSULT 诊断仪读取自诊结果是否能检测到任何当前故障？是 / 否
* 当检查 EGR 的功能时确保发动机处于暖机状态，驱动车轮被支起并且换挡杆处于 1 挡位置；
* 用手操作 EGR 控制阀时应十分小心，因为其温度可能很高。
3. EGR 控制阀按照维修手册中说明的情况工作吗？是 / 否
（1）起动发动机，运转至正常工作温度；
（2）发动机在空挡怠速下很快加速至 2 000 r/min，但不超过 3 000 r/min。
（3）观察 EGR 阀杆，应能看见阀杆运动（可由 EGR 阀杆上槽相对位置的改变看出来）。
4. 检查通至 EGR 控制阀的真空源。
（1）将一只转速表接到发动机上；
（2）起动发动机并运转至正常工作温度；

续表

（3）脱开通往 EGR 阀的真空软管，在其接头处插入手动真空泵软管；
（4）发动机置于空挡怠速下向 EGR 阀施加 4 kPa 左右的真空信号；
（5）观察发动机转速表读数：结论：_____。
5. 检查结果是否在维修手册技术参数范围内？是 / 否
6. 检查控制功能时应检查哪个 ECM 端口？ECM 端口_____
7. 应在什么发动机转速条件下检查控制功能？
8. 检查控制功能电压读数是否在维修手册技术参数范围内？是 / 否
9. 检查真空软管是否堵塞开裂或连接不正确？是 / 否
10. 参见 EGR 控制电路图向 EGRC- 电磁阀提供电压的电线是什么颜色？
11. 保险丝的额定值是多少？_____A
12. 检查供电情况获得的电压读数是多少？_____V
13. 电压值在维修手册技术参数范围内吗？是 / 否
14. 如果测量电压为 0 应检查哪个线束插头？_____插头。
15. 检查输出信号的导通性时应检查哪个端口？_____端口。
*断开或连接 ECM 线束插头之前应关闭点火开关并断开电瓶负极电缆。
16. 是否检查输出信号电路导通？是 / 否
17. 按照维修手册中的说明使用 CONSULT 诊断仪检查 EGRC- 电磁阀的工作情况。
18. 使用此检查方法 EGRC 电磁阀的工作正常吗？是 / 否
19. EGRC- 电磁阀的检查结果是否在维修手册技术参数范围内？是 / 否
*如果 EGR 电磁阀的检查结果不在维修手册技术参数范围内应将其更换。
*当使用 CONSULT 诊断仪检查 EGR 电磁阀时只能检查电气部分，如果要确认部件的工作情况还应进行机械检查。
通过上述检查，得出以下结论：
（1）_____。
（2）_____。
（3）_____。

四、评估
1. 请根据自己任务完成的情况，对自己的工作进行自我评估，并提出改进意见。
_____
2. 教师对学生工作情况进行评估，并进行点评。
_____
3. 学生本次任务成绩：_____。

任务三　EVAP、ORVR、DMTL 控制系统故障检修

◆知识目标

1. 掌握 EVAP、ORVR、DMTL 控制系统的作用、组成与工作原理；
2. 掌握 EVAP 燃油蒸发控制系统的工作条件。

◆ 能力目标
1. 能完成 EVAP 燃油蒸发系统的性能检测；
2. 能完成活性炭罐电磁阀的检修。

◆ 素质目标
1. 能快速准确收集信息与资料；
2. 养成善于沟通，合作，服从集体的良好习惯；
3. 具有安全与环保意识；
4. 具有车间 5S 管理意识。

18 款大众迈腾 B8L（EA888）发动机因 EVAP 故障，出现以下故障现象：怠速不稳、排气管冒黑烟且排污超标。请进行检修。

一、国 6 标准新增 ORVR 加油排气回收装置

加油排气回收装置（Onboard Refueling Vapour Recovery，ORVR）根据国 6 排放标准的要求，如图 4-3-1 所示，在加油过程中需要对从油箱出来的蒸气进行回收，该蒸气需要通过活性炭罐过滤，然后排放到大气，法规限值不超过 0.05 g/L，即加 50 L 油，排放 2.5 gHC，相当于约 3.3 mL 汽油。国 5 标准里加油蒸气直接通过管道通向加注口，排放到大气，允许加 50 L 油，排放 75 gHC，相当于约 100 mL 汽油，如图 4-3-2 所示。

为满足 ORVR 的要求，对活性炭罐的容积和炭粒的性能都做了较大提升，如图 4-3-3 所示。

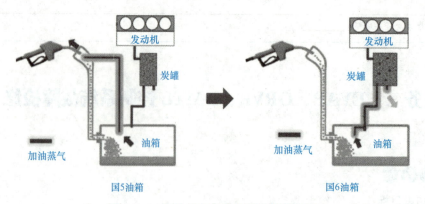

图 4-3-1 加油排气回收装置组成及原理

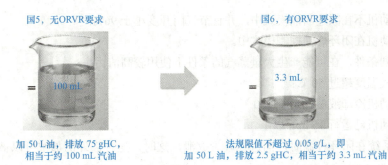

图 4-3-2 国 6 标准与国 5 标准对加油排放控制的差别

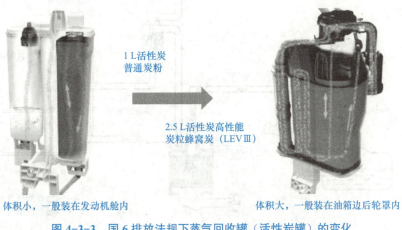

图 4-3-3 国 6 排放法规下蒸气回收罐（活性炭罐）的变化

二、燃油蒸发控制（EVAP）

1. 燃油蒸发控制的作用

燃油蒸发控制系统（Evaporative Emission System，EVAP）用于减少燃油系统排放到大气中的 HC，这种减少是通过使用 EVAP 炭罐中的活性炭实现的。当发动机停机或处于怠速时，来自密封油箱中的燃油蒸气进入 EVAP 炭罐存储起来。如图 4-3-4 所示，当发动机转速较高时，ECM 打开 EGRC 和 EVAP 炭罐净化控制电磁阀，让真空进入 EVAP 净化容量控制阀，当阀打开时，燃油蒸气被吸入进气歧管用于燃烧。

2. 燃油蒸发控制的控制时机

燃油蒸气重新燃烧的时机：汽油蒸气应在发动机处于闭环控制时导入燃烧室燃烧，只有在闭环控制时才能对因额外蒸气作用导致混合气变浓的情况下调节喷油量。同时，还必须根据发动机工况，控制导入气缸内参加燃烧的汽油蒸气量。对 EVAP 系统进行不正确的操作会造成因混合气浓而出现驱动性下降、怠速不稳或排放不合格等问题。

以上海别克景程为例，现代车辆的 EVAP 系统的工作要满足以下条件：

（1）冷起动时发动机冷却液温度低于 20 ℃，且发动机运行 3 min 10 s 以上；

（2）热起动时发动机冷却液温度高于 80 ℃，且发动机运行 5 s 以上；

（3）发动机不在减速断油模式中，并且节气门开度小于96%；

（4）发动机在闭环燃油控制模式中。

满足下列条件，在可能产生大量蒸气的条件下使用较高清污率：

（1）进气温度超过50 ℃；

（2）发动机冷却液温度高于100 ℃；

（3）发动机已运行15 min以上。

EVAP系统在闭环控制时，向进气歧管放泄，这时，这种额外的加浓可以被闭环燃油控制系统控制。

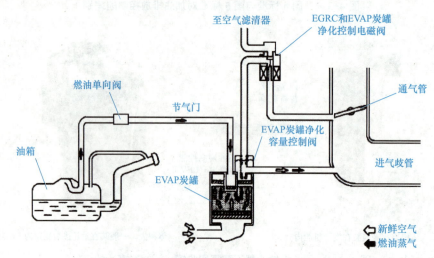

图4-3-4　燃油蒸发控制系统（EVAP）的组成

3. 燃油蒸发控制系统的组成与工作原理

燃油蒸发控制系统包括普通型和增强型两种类型。普通型燃油蒸发控制系统不能监测燃油箱的压力及系统泄漏，增强型燃油蒸发控制系统能够监测燃油箱的压力及系统泄漏。

（1）普通型燃油蒸发控制系统。普通型EVAP系统由EVAP炭罐、炭罐净化控制电磁阀、炭罐净化容量控制阀、燃油单向阀及相应的蒸气管道和真空软管等组成，如图4-3-4所示。

油箱内的汽油蒸气从安装在油箱顶部的单向阀出口经管道进入EVAP炭罐。单向阀的作用是防止汽车翻倾时油箱内的燃油从蒸气管道中漏出。炭罐里的活性炭粒将燃油蒸气吸附在其表面，即储存起来。当发动机计算机认为条件成熟，将炭罐净化控制电磁阀通电打开，真空进入炭罐，打开容量控制阀从活性炭上吸离燃油蒸气，同时，将外界新鲜空气通过空气滤清器吸入炭罐，新鲜空气和燃油蒸气混合被吸入进气道，进入燃烧室燃烧。

（2）增强型燃油蒸发控制系统。增强型燃油蒸发控制系统在硬件方面主要增加了炭罐通风电磁阀、燃油箱压力传感器、检修口等，如图4-3-5所示。炭罐通风电磁阀被安装在炭罐通风软管入口处，控制新鲜空气进入活性炭罐。只有在燃油蒸发控制系统泄漏测试过程中，ECM才会控制炭罐通风电磁阀关闭，同时ECM监测通风电磁阀的反馈电压，以确定控制电路是否开路或短路。油箱压力传感器用来测量燃油箱内气体压力与大气压力的差值，以便ECM根据实际情况调节燃油箱内部的压力。

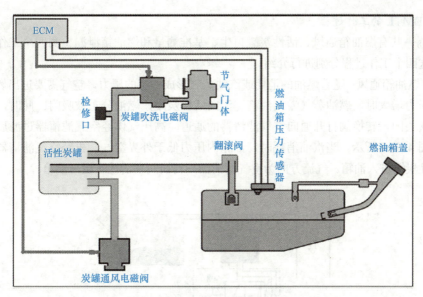

图 4-3-5 增强型燃油蒸发控制系统的组成

三、油箱泄漏诊断模块

1. 油箱泄漏诊断模块的作用与组成

为了满足国 6 排放法规,在燃油蒸气回收系统 EVAP 基础上增加油箱泄漏诊断模块 (Diagnostic Module Tank Leakage,DMTL)。该模块主要用于检测车辆油箱蒸发气体的泄漏情况。在驻车熄火后,通过发动机控制器控制 DMTL 模块运行自检测。该系统可以识别最小直径为 0.5 mm 的泄漏,并可以通过记录故障码,点亮发动机故障灯提醒系统故障。模块包括识别燃油箱、燃油蒸气管路到炭罐电磁阀系统泄漏的功能组件等。

在大众国 6 排放标准的相应发动机的车型上,该模块安装在右后翼子板内衬中,左侧口连接活性炭罐,右侧口连接空气滤清器,防止灰尘杂质进入模块和燃油泵系统。该模块的组成:一个电动真空泵、转换阀和基准孔(节流孔)。发动机电控单元根据使用需要单独控制电子泵和切换阀。DMTL 系统在车上的整体布局如图 4-3-6 所示。

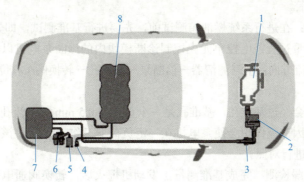

图 4-3-6 油箱泄漏诊断模块的总体布局

1—发动机;2—活性炭罐电磁阀;3—排气管路;4—油箱盖;5—空气滤清器;6—燃油系统诊断泵;
7—活性炭罐;8—燃油箱

2. DMTL 的工作过程

系统一共有燃油箱通风、活性炭罐再生、基准测量和燃油箱泄漏检测四个工作过程。下面对这四个工作过程分别进行介绍。

（1）燃油箱通风：随着燃油的消耗或汽油蒸气形成一定的压力，空气需要进出燃油箱。当油箱压力增大时，燃油蒸气溢出油箱，流向活性炭罐，燃油分子被吸附。此时，活性炭罐电磁阀关闭，转换阀打开通向空气滤清器的通道。高压气体经空气滤清器过滤后进入大气，如图 4-3-7 所示。当汽油消耗时，油箱内压力低于外界空气，再经空气滤清器、转换阀、活性炭罐进入油箱。气流方向为空气滤清器→转换阀→活性炭罐→油箱。

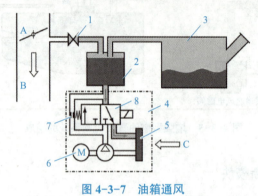

图 4-3-7 油箱通风

A—节气门；B—到发动机；C—新鲜空气；
1—活性炭罐电磁阀 N80；2—活性炭罐；3—油箱；4—燃油泄漏诊断模块；
5—空气滤清器；6—诊断泵；7—基准孔 0.5 mm；8—转换阀

（2）活性炭罐再生：发动机运转后，在冷却液温度高于 40 ℃ 且发动机闭环控制以后执行炭罐再生程序，发动机电控单元采用占空比控制开启活性炭罐电磁阀，因进气歧管产生的负压，使新鲜空气经过模块空气滤清器、转换阀、活性炭罐，带走炭罐内的汽油蒸气进入发动进气道参与燃烧，此过程称为活性炭罐再生。其目的是将炭罐内吸附的汽油蒸气排出，如图 4-3-8 所示。

此过程无须转换阀通电，气流方向为空气滤清器→转换阀→活性炭罐→活性炭罐电磁阀→发动机进气歧管。

（3）基准测量：在进行系统燃油箱测试前，先要进行基准测试，即先确定 DMTL 的功能是否正常。其测量过程：电控单元先控制诊断模块内的诊断泵电机以标准的速度工作，转换阀未通电。气流方向：空气滤清器→诊断泵→基准孔→转换阀（右位）→空气滤清器，如图 4-3-9 所示。

被加压的空气会经过基准孔，基准孔是一个直径为 0.5 mm 的节流孔。当诊断泵驱动的空气流过该孔时，因节流作用会使泵电机在一定负荷下工作。ECU 将该测量值记录后用来与燃油箱测量模式进行对照。

（4）燃油箱泄漏检测：完成基准测量，发动机熄火后，转换阀通电切换到左位，活性炭罐电磁阀处于关闭状态，泵产生的压力经炭罐进入燃油箱，并产生 2～3 kPa 的压力，随着压力的增加，泵电流将增加。在 10 min 内压力能达到 2 kPa 以上，即判断为合格，否则判断为存在泄漏。其空气流动方向：空气滤清器→诊断泵→转换阀→活性炭罐→汽油箱，如图4-3-10所示。

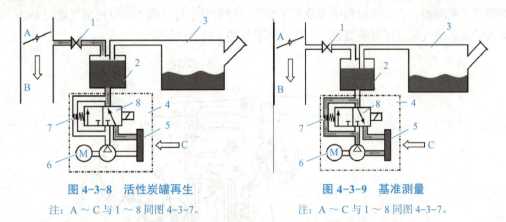

图4-3-8　活性炭罐再生
注：A～C与1～8同图4-3-7。

图4-3-9　基准测量
注：A～C与1～8同图4-3-7。

电动机负荷与泵电流成正比。而电动机的负荷又与系统的密封性紧密相关。发动机电控单元通过监测泵电流大小和变化来判断系统是堵塞还是泄漏。若活性炭罐或活性炭罐到汽油箱的蒸汽管严重堵塞，则泵电流急剧增大。若活性炭罐、汽油蒸气系统破损或油箱盖漏气，因不能形成压力则泵电流将持续小于标准电流。依据电流的变化来监测故障程度，这样可以避免因燃油蒸气系统故障造成对环境污染。因检漏仪形成的烟雾中有荧光剂，从而确认泄漏位置。判断故障后，发动机电控单元将存储故障码并点亮发动机故障灯。

（5）DMTL的运行前提条件：DMTL的运行前提条件见表4-3-1。

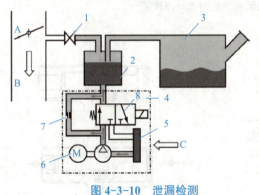

图4-3-10　泄漏检测
注：A～C与1～8同图4-3-7。

表4-3-1　DMTL的运行前提条件

起动标准	起动条件
发动机停机时间	>6 h
无故障运行时间	>10 min
大气压力	>730 hPa
环境温度	>3.8 ℃且<35.3 ℃
水温	>3.8 ℃
蓄电池电压	11～16 V
燃油箱油位	>15%且<85%

四、曲轴箱强制通风系统

活塞在气缸内做循环往复运动时，无论哪种活塞环，都不能完全将燃烧室与曲轴箱分开，燃烧室内总有一小部分气体经活塞环进入曲轴箱。主要包括未燃烧的碳化氢及混合气部分燃烧产物，会造成机油污染，曲轴箱压力上升，曲轴油封泄漏。主要处理方法是设置曲轴箱强制通风系统（Positive Crankcase Ventilation，PCV），将曲轴箱窜气导入发动机气缸进行二次燃烧。

如图 4-3-11、图 4-3-12 所示，PCV 系统使窜气返回进气歧管和空气滤清器，在怠速和小负荷情况下，进气歧管真空通过 PCV 阀吸入窜气，过滤的空气通过摇臂室盖从空气滤清器进入曲轴箱。在加速过程中或重载工况下，歧管真空度可能不足以使窜气通过 PCV 阀吸入，最后窜气流过摇臂室盖进入空气滤清器与进入的空气混合。

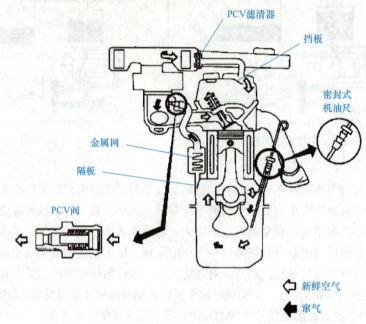

图 4-3-11 曲轴箱强制通风系统的组成与原理图

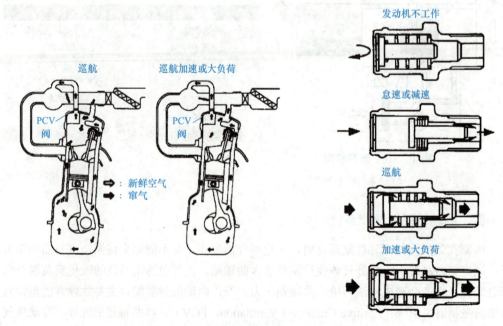

图 4-3-12 曲轴箱强制通风系统工作示意

一、EVAP 系统故障现象与原因

EVAP 系统的不正确运行，将造成怠速不稳、失速和驾驶性能恶化或排放测试不过关等。

1. 炭罐饱和

由于使用时间过长或其他原因，造成炭罐内液态燃油过多，将会使 EVAP 系统放泄时液态燃油进入进气歧管，混合气过浓，发动机工作不平稳。

炭罐电磁阀检修

2. 新鲜空气管的空气滤清器脏污堵塞

新鲜空气管的空气滤清器脏污堵塞造成 EVAP 系统放泄时进入进气歧管的是纯 HC（即未燃着的燃油），使混合气过浓，发动机工作不平稳。

3. 蒸汽分离阀损坏

蒸汽分离阀损坏将不能阻止液态燃油进入炭罐，从而造成炭罐饱和。

4. 软管开裂、断裂

软管开裂、断裂会造成额外空气进入进气道。如用 MAF 计量空气，则会造成混合气过稀、怠速不稳、加速无力。

5. 炭罐净化电磁阀卡滞

如果炭罐净化电磁阀卡滞在开启位置，会造成燃油消耗量增加。

二、EVAP 系统注意事项

（1）不允许取消 EVAP 系统，否则会造成发动机燃油经济性变差。

（2）拆卸油箱时，拔蒸汽管，不要损坏蒸汽分离阀。

（3）炭罐饱和要分析确切原因，不要更换炭罐，否则时间不长又要饱和。

三、EVAP 控制系统诊断与检修

（一）系统检测

进入进气歧管的回收燃油蒸气量必须加以控制，以防破坏正常的混合气成分。这一控制过程由微机根据发动机的水温、转速、节气门开度等运行参数，通过操纵控制电磁阀的开、闭来实现。

在发动机停机或怠速运转时，微机使电磁阀关闭，从油箱中逸出的燃油蒸气被蒸气回收罐中的活性炭吸收。当发动机以中、高速运转时，微机使电磁阀开启，储存在蒸气回收罐内的汽油蒸气经过真空软管后被吸入发动机。此时，由于发动机的进气量较大，少量的燃油蒸气不会影响混合气的成分。

（1）将发动机预热至正常工作温度，并使之怠速运转。

（2）发动机计算机用氧传感器检测 EVAP 系统的蒸气放泄，放泄时计算机应从氧传感器收到一个浓空燃比的信号，同时，发动机计算机利用闭环燃油控制系统控制放泄率。如果发动机计算机命令 EVAP 系统放泄时没有收到加浓信号，则须设置故障码表明 EVAP 系统有故障。

(3) 最实用的方法是暂时取消 EVAP 系统，拔下蒸气回收罐上的真空软管，检查软管内有无真空吸力，如图 4-3-13 所示。若燃油蒸发控制系统工作正常，在发动机怠速运转中电磁阀应关闭、真空软管内无真空吸力。如果此时真空软管内有真空吸力，则用万用表 V 挡检查电磁阀线束连接器端子上是否有电压。若电磁阀线束连接器端子上有电压，说明微机有故障；若无电压，则说明电磁阀有故障（卡死在开启位置）。

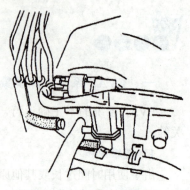

图 4-3-13 检查真空吸力

(4) 踩下加速踏板，当发动机转速大于 2 000 r/min 时，检查上述真空软管内有无真空吸力。若真空软管内有真空吸力，则说明该系统工作正常；若真空软管内无真空吸力，则用万用表 V 挡检查电磁阀线束连接器端子上是否有电压。若电压正常，则说明电磁阀有故障；若电压异常，则说明微机或控制线路有故障。

（二）电磁阀的单件检测

(1) 检查电磁阀电磁线圈的电阻值。拔下电磁阀线束连接器，用万用表 Ω 挡测量电磁阀电磁线圈的电阻值。电阻值应符合规定，否则应更换电磁阀。

(2) 检查电磁阀的工作。拆下电磁阀，首先向电磁阀内吹气，电磁阀应不通气；然后将蓄电池电压加到电磁阀连接器的两个端子上，如图 4-3-14 所示，并同时向电磁阀内吹气，此时电磁阀应通气。如电磁阀的状态与上述情况不符，则表示该电磁阀有故障，应对其进行更换。

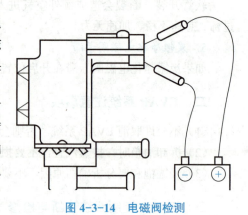

图 4-3-14 电磁阀检测

四、DMTL 泄漏问题的排查步骤

DMTL 故障后连续 2 个驾驶循环点亮故障灯，连续 3 个驾驶循环 DMTL 故障未再现，故障灯自动熄灭。

1. 作动器诊断

使用大众专用软件 ODIS 对 DMTL 检测泵及电磁转换阀进行作动器诊断，检查是否可以正常工作。

2. 加油口盖检查

检查加油口盖及安装孔是否有异物、密封圈是否有损伤。

3. 系统密封性诊断

清除故障码，使用 ODIS 检测油箱通风系统密封性，确认故障是否排除。

4. 烟雾探测仪

参照维修手册，使用烟雾探测仪进行泄漏检测及漏点确定。

5. 修复确认

使用 ODIS 检测油箱通风系统的密封性，确认故障是否修复。

注：油箱盖拧紧时，必须听到"咔嗒"一声。

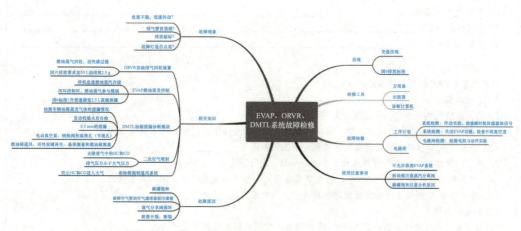

排放法规的加严可以看出我国在环境保护上做出的努力，体现了我国与国际接轨，重视环境空气质量改善的发展理念。

任务工作单 4.3　EVAP、ORVR、DMTL 系统故障检修

单元名称	排放控制系统故障检修	学时	2	班级	
学生姓名		学生学号		任务成绩	
实训设备	2010 款日产天籁 2.0 电喷车、万用表、故障诊断仪、示波器	实训场地	发动机电控实训室	日期	
工作任务	2010 款日产天籁 2.0 发动机因 EVAP 故障，造成怠速不稳、排气管冒黑烟且排污超标				
任务目的	掌握 EVAP 的作用与原理，学会对 EVAP 系统测试，学会利用合理的工具对活性炭罐、控制电磁阀等主要部件进行检修				

续表

一、资讯
1. EVAP 控制系统的作用是＿＿＿＿＿＿＿＿＿＿＿＿＿＿＿＿＿＿＿＿＿＿＿＿＿＿＿＿＿＿＿＿＿＿＿。
2. EVAP 控制的类型分为＿＿＿＿＿＿和＿＿＿＿＿＿两大类，＿＿＿＿＿＿能对燃油箱的压力与泄漏进行监测。
3. 燃油蒸气重新参与燃烧的时机是：＿＿＿＿＿＿＿＿＿＿＿＿＿＿＿＿＿＿＿＿＿＿＿＿＿＿＿＿＿。
4. ORVR 系统的油箱相比国 5 的油箱主要区别在：＿＿＿＿＿＿＿＿＿＿＿＿＿＿＿＿＿＿＿＿＿。
5. DMTL 主要是检测：＿＿＿＿＿＿＿＿＿＿＿＿＿＿＿＿＿＿＿＿＿＿＿＿＿＿＿＿＿＿＿＿＿＿。
6. PCV 控制系统的作用是：＿＿＿＿＿＿＿＿＿＿＿＿＿＿＿＿＿＿＿＿＿＿＿＿＿＿＿＿＿＿＿。

二、决策与计划
请根据故障现象和任务要求确定所需要的检测仪器和工具，并对小组成员进行合理分工，制订详细的诊断和修复计划。
1. 需要的检测仪器、工具：＿＿＿＿＿＿＿＿＿＿＿＿＿＿＿＿＿＿＿＿＿＿＿＿＿＿＿＿＿＿。
2. 小组成员分工：＿＿＿＿＿＿＿＿＿＿＿＿＿＿＿＿＿＿＿＿＿＿＿＿＿＿＿＿＿＿＿＿＿＿＿。
3. 诊断和修复计划：＿＿＿＿＿＿＿＿＿＿＿＿＿＿＿＿＿＿＿＿＿＿＿＿＿＿＿＿＿＿＿＿＿＿。

三、实施
日产天籁 EVAP 控制系统检修。
（一）就车检查
1. 将发动机预热至正常工作温度，并使之怠速运转。
（1）拔下蒸气回收罐上的真空软管，检查其真空吸力，检查结果是（有、无）真空吸力。
（2）用万用表 V 挡检查电磁阀线束连接器端子上的电压为＿＿＿＿＿＿＿＿。
2. 踩下加速踏板，使发动机转速大于 2 000 r/min，进行下述检查。
（1）拔下蒸气回收罐上的真空软管，检查其真空吸力，检查结果是（有、无）真空吸力。
（2）用万用表 V 挡检查电磁阀线束连接器端子上的电压为＿＿＿＿＿＿＿＿。
（二）电磁阀检测
1. 拔下电磁阀线束连接器，用万用表 Ω 挡测量电磁阀电磁线圈的电阻值为＿＿＿＿＿＿＿＿。
2. 拆下电磁阀，向电磁阀内吹气，电磁阀处于（通、断）状态。
3. 将蓄电池电压加到电磁阀连接器的两端子后，再向电磁阀内吹气，此时电磁阀处于（通、断）状态。
通过上述检查，得出以下结论：＿＿＿＿＿＿＿＿＿＿＿＿＿＿＿＿＿＿＿＿＿＿＿＿＿＿＿。
大众迈腾 DMTL 系统故障检修：
1. 作动器诊断
使用大众专用软件 ODIS 对 DMTL 检测泵及电磁转换阀进行作动器诊断，检查是否可以正常工作。
2. 加油口盖检查
检查加油口盖及安装孔是否有异物，密封圈是否有损伤。
3. 系统密封性诊断
清除故障码，使用 ODIS 检测油箱通风系统密封性，确认故障是否排除。
4. 烟雾探测仪
参照维修手册，使用烟雾探测仪进行泄漏检测及漏点确定。

四、检查
故障排除后，进行以下检查。
1. 检查怠速时真空软管情况是＿＿＿＿＿＿＿＿＿＿＿＿＿＿＿＿＿＿＿＿＿＿＿＿＿＿＿＿。
2. 检查发动机转速超过 2 000 r/min 真空软管的情况是＿＿＿＿＿＿＿＿＿＿＿＿＿＿＿＿＿。

五、评估
1. 请根据自己任务完成的情况，对自己的工作进行自我评估，并提出改进意见。
＿＿
2. 教师对学生工作情况进行评估，并进行点评。
＿＿
3. 学生本次任务成绩：＿＿＿＿＿＿＿＿。

单元五
共轨式柴油控制系统故障检修

任务一　柴油发动机电控系统

◆知识目标
1. 了解柴油发动机电控的主要历程；
2. 熟悉现阶段柴油车的排放法规；
3. 掌握高压共轨系统的部件组成及供油原理。

◆能力目标
1. 能够正确认知柴油电控系统的组成与零部件；
2. 能够对高压共轨系统进行拆装。

◆素质目标
1. 具有安全环保与车间5S管理意识；
2. 能够与客户交流，并提供咨询服务。

观察大众宝来柴油发动机电控台架，辨认属于哪种类型的燃油喷射系统，并正确指认零部件名称。做好维修前的准备工作，排气充油，对维修注意事项进行了解。

一、汽油车与柴油车的区别

汽油车与柴油车的区别见表5-1-1。

表 5-1-1 汽油车与柴油车的区别

项目	汽油机	柴油机
燃料	汽油	柴油
点火方式	点燃	压燃
工作压力	低	高
系统组成	有点火系统	无点火系统
燃烧室	统一式	分隔式与统一式
混合气	浓	稀

二、柴油喷射系统简介

柴油喷射技术经历了传统的纯机械操纵式喷油和现代的电控操纵式喷油两个发展阶段。目前，电控喷油技术已从初期的位置控制型、后期的时间控制型发展到现在的时间 - 压力 - 时间复合控制型。

1. 电控分配泵系统

电控分配泵系统（Distributor Injection Pump，DIP）（典型的位置控制型）保留了传统的泵 - 管 - 嘴系统及齿条齿圈、滑套、螺旋槽等机械式传动机构，仅对齿条的位置由原来的机械调速器改用电子调速器，通过电控执行器实现对喷油量和喷油正时的控制。博世分配泵最新的第 4 代产品中的 VP30 轴向分配泵和 VP44 径向分配泵的最大喷射压力分别可达到 1 550 bar 和 2 000 bar。高喷射压力提升了喷嘴雾化效果，进而降低了油耗及排放（图 5-1-1）。

2. 泵喷嘴系统

泵喷嘴系统（Unit Injector System，UIS）是将喷油泵与喷嘴合成一体，以省去高压油管并获得高喷射压力的燃油喷射系统，如奥迪、宝来的 TDI 发动机（由时间控制喷射量）（图 5-1-2）。喷油泵和喷油嘴组成一个单元。每个发动机气缸都在其缸盖上装有这样一个单元，它或是直接通过摇臂或是间接地由发动机凸轮轴通过推杆来驱动。

图 5-1-1 电控分配泵系统

图 5-1-2 泵喷嘴系统

3. 单体泵系统

单体泵系统（Unit Pump System，UPS）是模块式结构的高压喷射系统。其喷油嘴和油泵用一根较短的喷射油管连接，单体泵系统中每个气缸都设置一个单柱塞喷油泵，由发动机凸轮轴驱动。因发动机机体设计不同，安装方式有直接安装在缸体上和由组合泵箱固定在机体外两种（只有时间控制，压力受机械控制无改变）（图5-1-3）。

4. 共轨喷射系统

在共轨喷射系统（Common Rail System，CRS）中，ECU通过接收各传感器的信号，借助喷油器上的电磁阀，让柴油以正确的喷油压力在正确的喷油点喷射出正确的喷油量，保证柴油机最佳的燃烧比、雾化和最佳的着火时间，以及良好的经济性和最少的污染排放（图5-1-4）。

图 5-1-3 单体泵系统

图 5-1-4 共轨喷射系统

三、柴油共轨控制技术

1. 柴油机喷油过程中的问题

（1）当柴油机高速运转时，喷射过程的时间只有千分之几秒。

（2）由于柴油可压缩，故高压油管各处的压力随时间和位置不同而变化，造成压力波动，从而使实际喷油状态与规定的供油规律有较大的差异。压力波动会使柴油喷射后，油管内的压力再次上升，达到喷油器针阀开启的压力后，将已经关闭的针阀重新打开，会产生二次喷油现象。二次喷油不能完全燃烧，增加了烟度和碳氢化合物（HC）的排放量，污染环境并使油耗增加。

（3）每次喷射循环后，高压油管内的残压都会发生变化，造成喷油不均匀，严重时发生间歇性不喷射现象。

采用高压共轨技术的柴油机能够解决上述燃油压力变化所造成的缺陷。

2. 高压共轨技术

高压共轨技术是指在高压油泵、压力传感器和ECU组成的闭环系统中，将喷射压力的产生和喷射过程完全分开的一种供油方式。高压油泵将高压燃油输送到公共供油轨，通过对公共供油轨内的油压实现精确控制，使油轨内燃油的压力大小与发动机的转速无关。这样就可以大幅度减小柴油机供油压力随发动机转速的变化现象，从而克服了传统柴油机燃油压力的缺陷。

ECU 控制喷油器的喷油量大小，取决于油轨（燃油轨道）压力和电磁阀开启时间的长短。共轨式电控燃油喷射技术是通过共轨直接或间接地形成相对恒定的高压燃油，分别送到每个喷油器，并借助结合在每个喷油器上的高速电磁阀的开启与闭合，定时、定量地控制喷油器喷射至柴油机燃烧室的油量，从而保证柴油机达到良好的雾化、最佳的空燃比、最佳的发火时间、足够的发火能量和最少的污染排放。

3. 高压共轨技术的要点

（1）柴油机的电控喷射系统是通过控制喷油时间或喷油压力来调节出油量大小的。

（2）喷油量控制是由发动机的转速和加速踏板位置（油门拉杆位置）来决定的。其基本原理是计算机根据转速传感器和油门位置传感器的输入信号，首先计算出基本喷油量，然后根据水温、进气温度、进气压力等传感器的信号进行修正，再与来自控制位置传感器的信号进行反馈修正，从而确定最佳喷油量。

（3）电控柴油喷射系统由传感器、电子控制单元（ECU）和执行机构三部分组成。其任务是对喷油系统进行电子控制，实现对喷油量及喷油定时随运行工况的实时控制。

（4）采用转速、温度、压力等传感器，将实时检测的参数同步输入 ECU，与已储存的参数值进行比较，经过处理计算，按照最佳值对喷油泵、废气再循环阀、电热塞等执行机构进行控制。驱动喷油系统使柴油机运作状态达到最佳。

4. 柴油共轨控制技术的优点

柴油共轨控制技术结合了计算机控制技术、现代传感检测技术及先进的喷油结构。它不仅能达到较高的喷射压力，实现喷射压力和喷油量的精确控制，而且能实现预喷射和后喷，从而优化喷油特性曲线形状，降低柴油机噪声和减少废气的排放量。

其优点具体表现如下：

（1）共轨系统中的喷油压力柔性可调，对不同工况可确定所需的最佳喷射压力，从而优化柴油机综合性能。

（2）可独立地柔性控制喷油正时，喷油系统压力波动小，各喷油嘴之间相互影响小，配合高的喷射压力（120～200 MPa），可同时控制 NO_x 和微粒在较小的数值内，以满足排放要求。

（3）柔性控制喷油速率变化，实现理想喷油规律，容易实现预喷射和多次喷射，既可降低柴油机 NO_x，又能保证优良的动力性和经济性。

（4）由电磁阀控制喷油，其控制精度较高，使高压油路中不会出现气泡、热量不均、压力波动的现象。因此，循环喷油量变动小，各缸供油不均匀可得到改善，从而减轻柴油机的振动和降低排放。

（5）采用先进的电子控制装置及配有高速电磁开关阀，使喷油过程的控制十分方便，并且可控参数多，易于柴油机燃烧过程的全程优化。

（6）系统结构移植方便，适应范围宽，不像其他几种电控喷油系统，对柴油机的结构形式有专门要求；尤其是高压共轨系统，均能与目前的小型、中型及重型柴油机很好匹配。

四、共轨式电控燃油喷射系统的类型

按照共轨中的压力高低划分，共轨系统可分为高压共轨和中压共轨两种基本类型；按控制喷油器喷油的电控执行元件划分，共轨系统可分为电磁阀式和压电式两种类型。

以博世公司为例，1997年至今已经连续推出了三代共轨系统，前两代共轨系统主要重视喷油压力的提升。发动机ECU通过接收各传感器的信号控制喷油器电磁阀，使柴油以正确的喷油压力在正确的喷油时间喷射出正确的喷油量。而第三代共轨系统的重心转移到了系统的技术复杂度和精密度上。

1. 高压共轨系统

高压共轨系统是指由高压输油泵（压力在120 MPa以上）直接产生高压燃油输送至共轨中，经消除压力的脉动后，再分送到各喷油器；ECU根据柴油发动机的工作需要控制高速电磁阀迅速打开或关闭，进而控制喷油器按设定的要求开始喷油或停止喷油。此类系统一般采用"时间-压力控制"方式，又称为第一代共轨式电控燃油喷射系统。

2. 中压共轨系统

中压共轨系统是指由中压输油泵（压力为4~23 MPa）将中压燃油输送到共轨中，经消除压力的脉动后再分送至带有增压作用的喷油器；ECU根据柴油发动机的工作需要通过高速电磁阀控制喷油器开始喷油或停止喷油，与高压共轨系统不同的是在喷油开始前，喷油器内的增压装置先对来自共轨的中压柴油进行增压，使之达到规定的喷油压力（120~160 MPa）。此类系统一般通过控制共轨中的油压来控制喷油量，即采用"压力控制"方式，称为第二代共轨式电控燃油喷射系统。

第一代和第二代共轨式电控燃油喷射系统利用电磁阀作为执行元件，通过控制喷油器喷油的开始与结束来实现燃油喷射控制。

3. 压电式共轨系统

压电式共轨系统也被称为第三代共轨式电控燃油喷射系统。保持喷射压力为160 MPa不变，它采用了一个快速开关紧凑的压电直列喷油器，设计将一个压电执行器内置于喷油器轴体上，且非常靠近喷油器喷嘴针阀，通过控制喷油器针阀的升程（或喷油开始与结束）来实现燃油喷射控制。新的喷油器减少了约75%的运动件及75%的质量，使它比传统的电磁阀控制的喷油器开关速度快一倍。可以降低柴油发动机排放达到20%，增加发动机功率5%~7%，减少燃油消耗3%，并明显降低发动机噪声约3 dB（A）。

五、典型的共轨系统

德国ROBERT、BOSCH的高压共轨喷油系统，国内主要采用厂家有潍柴、云内。

日本NIPPON、DENSO电装的ECD-U2高压共轨喷油系统，国内主要采用厂家有日野、锡柴、上柴。

美国DELPHI高压共轨系统，国内主要采用厂家有玉柴。

一、柴油电控汽车高压共轨系统维修前准备

警告： 柴油机第一次起动时必须进行低压油路和高压油路的排气和充油！

如图 5-1-5 所示，排气和充油的步骤如下：

（1）拧松排气螺母。

（2）压缩手动泵，直到有柴油和空气从排气螺母排出。

（3）拧紧排气螺母，等待进入泵内的柴油达到 60 mL。

（4）排出高压回路的空气。

①拧松第一缸喷油器和高压油管接头。

②用起动电动机拖动柴油机转动。

③在起动电动机允许的单次时间内多次拖动柴油机转动。直至第一缸接头处有持续的无气泡的柴油流出。

④按规定拧紧力距重新拧紧第一缸高压管接头。

（5）起动柴油机。

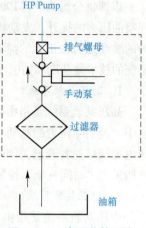

图 5-1-5 高压共轨系统排气和充油

二、高压共轨系统的维修注意事项

（1）高压共轨系统对低压油路有非常高的要求，在从油箱到泵箱的过程中包括油水分离器和输油泵。其中，油水分离器的保养行程为 12 000 km，若燃油不清洁，非常容易导致油水分离器堵塞，严重的情况下可能会出现输油泵的工作能力下降和油泵柱塞卡死的故障。系统要求油水分离器 30 μm、精滤 5 μm，在保养过程中不可用常规滤清器代替。

（2）柴油发动机若要达到国家排放标准，不仅对燃油有较高的要求，而且对进气量要求也比较高。增压器前面是空气滤清器，后面是中冷箱，空气滤清器保养情况对进气量的影响非常大，长时间在恶劣的环境下行驶，空气滤清器容易集灰堵塞。因此，对空气滤清器芯要进行定期的保养。

（3）整个系统不得与其他发动机部件有任何干涉情况。整车线束、各传感器和电磁铁驱动接线不得与其他线路捆绑在一起。

（4）车辆运行一段时间后，飞轮壳内会因磨合出现大量碎片和灰，吸附在曲轴位置传感器上，出现冒烟或油耗上升的现象。因此，在车辆保养过程中，注意清扫飞轮壳内的杂物，保证发动机的正常运转。

（5）发动机或车辆在进行其他的带电操作前（如焊接），必须切断对 ECU 的供电线路（断开蓄电池的正极），并将 ECU 拆离发动机或车辆。发现电控单元损坏时，应对其进行整体更换，并送售后服务部门维修和处理，严禁私自打开控制壳体及维修。

（6）在处理有故障的车辆时，首先要了解清楚车辆最近的运行情况、车辆保养和故障现象，再通过故障诊断仪观察数据和故障代码，最后诊断及排除故障。在排除故障的过程中，要按照从外到内、先易后难的顺序进行排除。所以，一问、二看、三检查是排除故障的首要条件。

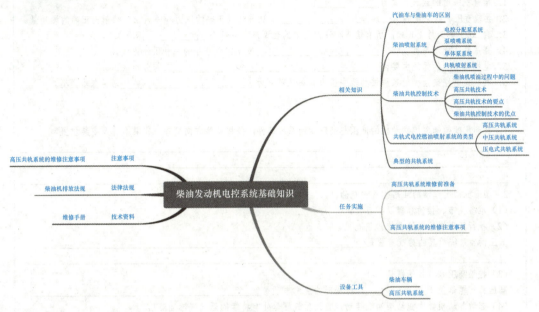

教师在讲述柴油机的发展与汽油机的区别时，引导学生用辩证的角度判断产品的好坏，只要找到合适的应用场景，就是成功的产品；柴油车虽然在乘用车市场上比汽油车要差，但在重型卡车、货车上就是好产品。

任务工作单 5.1　柴油发动机电控系统基础知识

单元名称	共轨式柴油控制系统故障检修	学时	4	班级	
学生姓名		学生学号		任务成绩	
实训设备	大众柴油发动机电控台架、万能工具1套、手电1支	实训场地	柴油发动机电控实训室	日期	
工作任务	辨认大众柴油发动机电控台架的燃油喷射系统类型，并正确指认零部件名称，同时，能进行柴油机的正确排气充油操作				
任务目的	1. 熟知典型柴油发动机燃油喷射系统零件名称、安装位置及作用； 2. 进一步理解柴油机的排放法律法规及现状； 3. 掌握柴油发动机排气充油的正确流程及操作规范				

续表

一、资讯
1. 柴油机采用的点火方式为_____。
2. 共轨蓄压喷射系统利用喷油器上的_____，让柴油以正确的压力和喷射正时喷射出正确的燃油量。
3. 自 2023 年 7 月 1 日起，所有销售和注册登记的轻型汽车应符合_____标准。
4. 高压共轨技术是可以将_____和_____彼此完全分开的一种供油方式。
5. 电控柴油喷射系统主要由_____、_____和_____三部分组成。
6. 共轨式电控柴油喷射系统按共轨中压力的高低可分为_____和_____两种基本类型。

二、实施
1. 找到此款柴油电控发动机的低压与高压供油系统部件，并按油路方向顺序写出其名称及安装位置。
_____
_____
2. 柴油机初次起动的油路排气和充油。
（1）准备抹布、接油容器及护目镜。
（2）执行低压燃油供给系统排气流程。
低压供油系统简要的排气流程是_____
_____。
（3）拧松高压系统排气螺母。
高压排气螺母位于_____，拧松时的注意事项是_____。
（4）起动电动机数次拖动柴油机转动，直到排气螺母处有持续的无气泡燃油流出。
起动马达的单次运行时间不得超过_____，以免起动马达过热及影响蓄电池使用寿命。
（5）调整扭力扳手，按规定力矩拧紧排气螺母，使用抹布擦净接口处残油。
（6）连接尾排装置，做好安全工作，起动发动机。

三、检查
发动机起动后，进行如下检查。
1. 检查各管路、接口有无燃油渗漏：_____。
2. 检查发动机运转情况是否正常：_____。

四、评估
1. 请根据自己任务完成的情况，对自己的工作进行自我评估，并提出改进意见。
_____
2. 教师对学生工作情况进行评估，并进行点评。
_____
3. 学生本次任务成绩：_____。

任务二　共轨式供油系统故障检修

◆知识目标
1. 掌握共轨式燃油喷射系统的部件组成及供油原理；
2. 熟悉共轨式燃油喷射系统主要零部件的结构、类型与工作原理；

3．掌握各典型零部件的拆装和检修方法及流程；
4．掌握共轨式燃油喷射系统的失效控制策略。

◆能力目标
1．能运用正确的检测设备对共轨式燃油喷射系统典型零部件进行检测；
2．能运用正确的维修工具对典型零部件进行更换。

◆素质目标
1．能快速准确收集信息与资料；
2．养成善于沟通、合作、服从集体的良好习惯；
3．具有安全与环保意识。

对大众宝来柴油发动机的高压油泵、喷油器、油轨等按照规范要求进行拆装，并进行喷油器修正码改写。

一、共轨式燃油喷射系统的组成与原理

1．共轨式燃油喷射系统的组成

共轨式燃油喷射系统由低压部分（油路）与高压部分（油路）两部分组成。其中，低压部分为高压部分供给足够的油量，高压部分产生高压，燃油分配和燃油计量发生在高压部分。

如图 5-2-1 所示，共轨式燃油喷射系统主要由电控单元、高压油泵、高压油轨、高压油管、喷油器及各种传感器等组成。低压燃油泵将燃油输入高压油泵，高压油泵将燃油加压送入高压油轨，高压油轨中的压力由电控单元根据油轨压力传感器测量的油轨压力及需要进行调节，高压油轨内的燃油经过高压油管，由喷油器喷入气缸。

2．共轨式燃油喷射系统的工作原理

如图 5-2-1 所示，高压油泵从油箱中吸出柴油并将油压提高到约 160 MPa 后输入到高压油轨，高压油泵的供油量一般几倍于实际喷油量以保证供油的可靠性，多余的燃油经低压油管流回油箱。高压油泵的出口端装有一个用来调节共轨中油压的调压阀，ECU 根据柴油发动机的转速、油门踏板位置等信号控制调压阀的占空比，从而调节共轨的油压，并通过轨压传感器的信号对共轨中的油压进行闭环控制，以保证供油压力稳定在目标值。ECU 从预设的 MAP 图中确定合适的喷油定时和喷油持续期，并由喷油器将燃油喷入气缸。

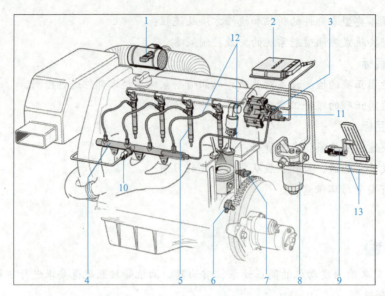

图 5-2-1　共轨式燃油喷射系统组成

1—空气流量传感器；2—ECU；3—高压油泵；4—高压油轨；5—喷油器；6—曲轴转速传感器；
7—冷却液温度传感器；8—燃油滤清器；9—油门踏板位置传感器；10—轨压传感器；
11—燃油压力调节阀；12—高压油管；13—低压油管

二、高压油泵

（一）高压油泵的作用

在共轨式电控燃油喷射系统中，普遍采用高压油泵将低压输油泵输出的燃油进一步加压，使其达到共轨供油压力的需要。为满足不同共轨系统的需要，高压油泵除产生高压油的功能外，还可以通过由 ECU 控制的电磁阀（调压阀）来控制向共轨输送的燃油量，最终实现共轨中燃油压力的控制。

高压油泵

（二）高压油泵的类型与原理

高压油泵通常采用由凸轮轴驱动的带有多个分泵的工作方式，主要分为两种类型：一种是直列柱塞式高压油泵，主要适用于大型柴油发动机；另一种是径向柱塞式高压油泵，主要适用于小型柴油发动机。

驱动高压油泵的凸轮轴上可布置一个或多个凸轮，按每个凸轮上的凸起数可分为单作用型、双作用型、三作用型和四作用型等形式。采用多作用型凸轮，可以实现凸轮每转一圈完成多个（与凸轮凸起数相等）供油过程，因此，在要求的输油泵供油量一定时，可以降低油泵驱动装置的转速或输油泵的分泵数量，从而降低功耗，简化结构，但凸轮的凸起数一般不超过 4 个。

无论是直列柱塞式高压油泵还是径向柱塞式高压油泵，其分泵的数量、凸轮的凸起数量均应与发动机的气缸数量匹配。为保证共轨中的压力稳定，一般要求高压油泵的供油频率与喷油频率一致。例如，六缸柴油发动机的喷油频率为每工作循环 6 次，若匹配每循环转一圈的柱塞式高压油泵，采用单作用型凸轮时应有 6 个分泵，采用双作用型凸轮时应有

3个分泵，采用三作用型凸轮时应有2个分泵；若高压油泵由曲轴驱动，每循环转两圈，则高压油泵的分泵数可减少一半。

1. 直列柱塞式高压油泵

如图5-2-2所示，直列柱塞式高压油泵从外形上看有高压泵进、出油口，燃油计量阀，低压输油泵，传感器等。如图5-2-3所示，该直列泵为三作用型凸轮的直列柱塞式高压油泵，其结构与传统直列柱塞式高压油泵基本相同，主要由柱塞、柱塞套筒、柱塞回位弹簧、凸轮轴、滚轮体、出油阀（单向阀）、调压阀、进油控制电磁阀等组成。

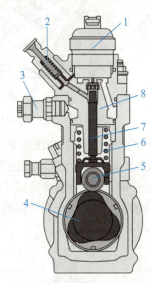

图5-2-2　直列柱塞式高压油泵

1—输油泵进油口；2—输油泵出油口；3—低压输油泵；
4—燃油计量阀；5—溢流阀；6—高压泵回油器；
7—凸轮轴传感器；8—高压泵进油口；9—高压泵出油口

图5-2-3　直列柱塞式高压油泵工作原理

1—进油控制电磁阀；2—出油阀；3—调压阀；
4—凸轮轴；5—滚轮体；6—柱塞回位弹簧；
7—柱塞；8—柱塞套筒

发动机工作时，凸轮轴每转一圈，凸轮上的3个凸起轮流驱动柱塞压油，每个柱塞分泵可完成3个泵油过程。每个柱塞分泵的进油口处都安装一个进油控制电磁阀，用来控制分泵供油正时和供油量。高压油泵一般利用发动机润滑油进行强制润滑。

直列柱塞式高压油泵的泵油过程可分为吸油行程和压油行程，如图5-2-3所示。

（1）吸油行程：如图5-2-3所示，凸轮轴的凸起最大升程转过后，柱塞在回位弹簧作用下向下运行，泵油腔内容积增大而产生真空度，此时出油阀关闭，进油控制电磁阀处于断电开启状态，低压燃油经进油控制电磁阀被吸入泵油腔。

（2）压油行程：如图5-2-3所示，柱塞在凸轮驱动下向上运行，但开始阶段（预行程）进油控制电磁阀尚未通电，仍处于开启状态。泵油腔内的部分燃油经进油控制电磁阀被压回低压腔，泵油腔内不能建立高压，出油阀关闭不向共轨供油；当ECU计算出满足必要供油量的供油正时，适时地给进油控制电磁阀通电时，进油控制电磁阀关闭回油通道，使泵油腔内的燃油迅速增压，高压燃油顶开出油阀供往共轨，直到柱塞运行到上止点，进油控制电磁阀再次开启为止。进油控制电磁阀通电关闭的时刻即为高压输油泵供油的开始时刻，进油控制电磁阀通电关闭的时间（柱塞有效压油行程）决定供油量的多少。

2. 径向柱塞式高压油泵

与直列柱塞式高压油泵相比，径向柱塞式高压油泵体积更小、结构更紧凑，如图 5-2-4 所示。

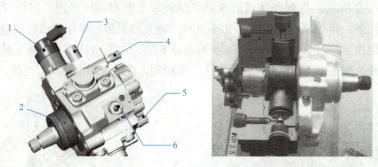

图 5-2-4　径向柱塞式高压油泵
1—油量计量阀；2—补偿孔；3—高压接头；4—回油管；5—进油管；6—溢流阀

常见的径向柱塞式高压油泵多采用三作用型凸轮，有 3 个分泵，如图 5-2-5 所示。3 个分泵及凸轮的 3 个凸起均相互错开 120°，这样可使 3 个柱塞泵同时吸油和压油，且凸轮轴每转一圈，3 个分泵各完成 1 次泵油过程，即高压油泵完成 3 次供油。此高压油泵由发动机曲轴驱动，每工作循环供油 6 次，与六缸柴油发动机的喷油频率相同。

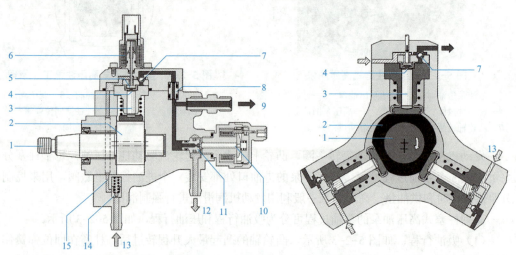

图 5-2-5　径向柱塞式高压油泵的结构与工作原理
1—驱动轴；2—偏心凸轮；3—带有柱塞的泵元件；4—泵腔；5—进油阀；6—切断阀；7—出油阀；
8—密封圈；9—高压共轨连接口；10—压力控制阀；11—球阀；12—回油；13—进油；
14—带有节流孔的安全阀；15—到泵腔的低压管路

径向柱塞式高压油泵泵油经进油管通过节流孔、进油阀进入压油腔，此时，进油阀断电。当偏心轮带动柱塞向下移动时，此为吸油过程，当偏心轴凸起部位顶起柱塞单元向上移动时，在最初阶段，进油阀并不通电，压油腔内的燃油又被压回到低压腔。泵油过程进油阀关闭，出油阀打开，通过燃油压力调节阀进行调压，使适当压力的燃油通过管接头流向共轨，多余的燃油流回低压管路。

三、油轨压力控制阀

油轨压力控制阀也称调压阀（图 5-2-5 中的 10），通常安装在高压油泵上，也有的安装在共轨上，其功用是根据 ECU 的指令实现对共轨压力的闭环控制。

在采用"时间-压力控制"方式的共轨系统中，ECU 主要根据燃油压力传感器的信号来控制调压阀工作，通过调压阀保持共轨压力（喷油压力）不变。

在采用"压力控制"方式的共轨系统中，ECU 首先根据各种传感器的信号确定循环喷油量，并根据循环喷油量与共轨压力的函数关系，利用调压阀调节共轨压力，使之达到预定喷油量所需要的目标值。

调压阀为占空比控制型电磁阀，其结构如图 5-2-6 所示。其采用的压力调节方式分为高压端调节和进油端调节两种方式。

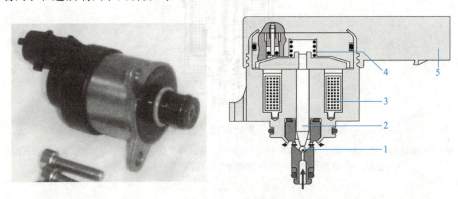

图 5-2-6 调压阀
1—球阀；2—电枢；3—电磁线圈；4—弹簧；5—线束连接器

1. 高压端调节

如果调压阀安装在高压油泵的高压出油端或安装在共轨上，其压力调节就属于高压端调节方式。

如图 5-2-5 和图 5-2-6 所示，在柴油发动机工作时，调压阀始终处于通电状态，电磁线圈产生的电磁力和弹簧力通过电枢共同作用在球阀上，共轨的燃油压力则作用在球阀的底部；当共轨压力大于电磁力和弹簧力时，球阀开启共轨回油通道，使共轨压力下降；当共轨压力小于电磁力和弹簧力时，球阀关闭共轨回油通道，使共轨压力升高；当共轨压力与电磁力和弹簧力平衡时，球阀保持一定开度，使共轨压力保持稳定，此稳定的共轨压力取决于电磁力，电磁力越大，共轨压力越高。电磁线圈产生的电磁力与通电占空比成正比，共轨系统对共轨压力的控制就是由 ECU 通过调整电磁线圈的通电占空比来实现的。

调压阀不通电或通电占空比保持不变时，实际就是一个限压阀。调压阀不通电时的限制压力一般为 10 MPa。

2. 进油端调节

如果调压阀安装在高压油泵的低压进油端，其压力调节就属于进油端调节方式。

控制进入高压油轨油量的进油计量比例阀（M-prop 或 ZME），其作用同德尔福系统的燃油计量阀（IMV）。进油计量比例阀安装在高压油泵的进油位置，用于调整燃油供给量和燃油压力值，而其调整要求受ECU控制。在控制线圈没有通电时，进油计量比例阀是畅通的，可以提供最大流量的燃油。ECU通过脉冲信号改变高压油泵进油截面面积而增大或减小油量，如图5-2-7所示。

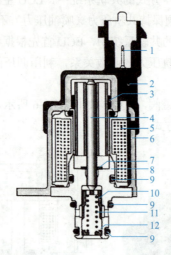

图 5-2-7　进油计量比例阀（M-prop/ZME）

1—插座；2—电磁阀壳体；3—轴承；4—带挺杆的枢轴；5—带线圈壳体的线圈；6—外壳；7—剩余气隙垫片；8—磁芯；9—O形圈；10—带有控制缝隙的柱塞；11—弹簧；12—安全元件

四、电磁式喷油器

1. 电磁式喷油器的结构与原理

柴油发动机第一代和第二代共轨系统采用的喷油器均为电磁控制式，如图5-2-8所示。它主要由高速电磁阀和各种液压伺服机构组成。ECU通过控制高速电磁阀工作对喷油器喷油的开始时刻和喷油时间进行控制。液压伺服机构的工作油液就是共轨中的高压柴油。

图 5-2-8　电磁式喷油器

如图5-2-9所示，来自共轨中的高压柴油进入喷油器后分成两路：一路直接进入喷油器下部的油腔，另一路经过充油控制孔（进油节流孔）进入喷油器针阀杆顶端的控制室；当电磁阀不通电时，控制室回油通道关闭，控制室与喷油器下部油腔内的油压相等，在针阀杆（相当于一个液压控制活塞）上部油压和回位弹簧力作用下，喷油器针阀关闭，喷油器不喷油；当电磁阀通电时，控制室回油通道开启，作用在针阀杆上部的油压迅速下降，喷油器下部油腔内的高压燃油将针阀顶开，使喷油器开始喷油，直到电磁阀再次断电时喷油结束。

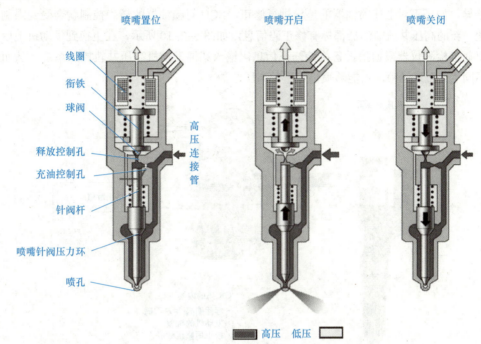

图 5-2-9 电磁式高压共轨喷油器的结构及工作原理

在喷油器控制室的进、回油通道中各有一个节流孔，即充油控制孔（进油节流孔）和释放控制孔（泄油孔）。充油控制孔的孔径要小于释放控制孔的孔径，使电磁阀在开启回油通道时，控制室油压能够下降，从而使喷油器针阀抬起喷油。

释放控制孔主要用于实现"先缓后急"的喷油规律，当电磁阀通电开启控制室回油通道后，释放控制孔可减缓控制室油压下降的速度，从而减慢针阀上升的速度，满足"先缓"的喷油要求。

充油控制孔主要用于保证喷油器针阀座（压力环）处的柴油高压。

针阀抬起速度取决于释放控制孔与充油控制孔的流量差，针阀关闭速度取决于充油控制孔流量，喷射响应时间一般应为 0.1～0.3 ms（喷油速率控制的要求）。

2. 高压共轨喷油器修正码设置技术

电控柴油发动机最大的优势在于对喷油量及喷油规律的控制自由度大，可以根据不同的工况点要求，精确控制喷油量、喷油时间和喷油规律，从而满足柴油发动机动力性、经济性及排放法规的要求。

由于喷油器本身的制造偏差会对喷油量等的控制精度产生影响，为克服这种影响，电控柴油发动机普遍采用了喷油器修正码技术。

在高压共轨系统中，喷油量取决于共轨压力和喷油器线圈的激励时间。对同一只喷油器而言，当其喷孔数量、喷孔直径及喷油锥角已确定，在相同的共轨压力及激励时间下，喷油量在理论上是一个定值。但在喷油器批量生产过程中，喷油器本身的制造偏差不可避免，如喷孔直径、量孔大小、电磁阀开启时需要克服的阻力等参数，在各喷油器之间都存在差异，如果不对上述喷油器的差异进行修正，ECU对喷油器的精确控制就会受到限制。因此，新的高压共轨喷油器都标有修正码信息，如图5-2-10所示，在更换到发动机上后，需要通过检测仪器或通信设备将该修正信息码输入柴油发动机高压共轨控制系统，从而确保不同生产批次的喷油器能够喷出等量的高压柴油。

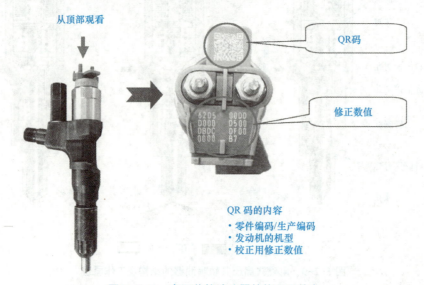

图 5-2-10　高压共轨喷油器的修正码信息

喷油器外表面有喷油器油量修正码（博世公司为IQA码，7位；日本电装公司为QR码，30位），QR码还包括部件号和产品号，每个QR码都代表着一个唯一的喷油器。当一台柴油机装配完成后，生产厂都会将该柴油机的每个喷油器上的QR码扫描到对应的ECU中。在柴油机工作时，ECU就会将QR码所对应的喷油量校正值从程序中调出来，并据此对柴油机的最终喷油量进行修正，排放相关的油量范围、全负荷油量范围、怠速油量范围和预喷射油量范围。

注意： 维修操作时，更换喷油器后，必须通过专用诊断工具，将原修正码擦除并输入新喷油器的修正码。另外，在维修拆装过程中，注意不要将喷油器与对应的气缸混淆，因为在ECU中，喷油器修正码与缸号是一一对应的。

五、压电式喷油器

博世公司于2005年年末推出的第三代共轨系统改进型采用了压电陶瓷执行器，其运动部件由原来的4个减少为1个，运动质量减少75%，开关时间比电磁阀少50%。该系统的喷射压力为 160 MPa，喷油器响应时间为 0.1 ms，每次循环可实现 5 次喷射。而其第四代共轨喷射系统最高喷射压力可达 250 MPa，并允许喷油压力逐步上升。其优点是节能、寿命长，可使喷油速率、喷射规律及精确度达到最优。

用压电元件控制针阀升程的喷油器，喷油器针阀中部无承压锥面和相应的压力室，称为无压力室（VCO）喷油器。VCO 喷油器没有增压功能，只适用于高压柴油共轨系统。此类喷油器在直喷式的汽油机和柴油机上均已得到应用。

1. VCO 喷油器的工作原理

VCO 喷油器的工作原理是利用压电元件直接控制针阀升程来改变喷油孔流通截面，从而实现对喷油量的控制。在喷油压力和喷油时间一定的前提下，喷油器的喷油量与喷油器针阀的升程成正比。对于 VCO 喷油器，其喷油器针阀的升程与施加在压电元件两端的反向电压成正比，所以，通过控制给压电元件施加的反向电压，即可控制喷油量。

当给压电元件施加反向电压时，压电元件收缩使针阀开启，喷油器开始喷油；施加正向电压时，压电元件膨胀使针阀关闭，喷油器不喷油。

为保证喷油器不喷油时，压电元件能将针阀压紧，依靠给压电元件施加正向电压将会导致电能损耗，所以在喷油器顶部设有差动螺纹，可通过差动螺纹来调整压电元件的刚度（预压力），而石英测量垫片用来精确测量差动螺纹的调整量。

2. VCO 喷油器的结构

VCO 喷油器的结构如图 5-2-11 所示，其主要由执行元件、连接模块、切换阀、喷嘴模块和油道、阀体及电气连接插头等部分组成。

（1）执行元件模块。执行元件模块的主要组成部分是压电元件，其结构如图 5-2-12 所示，共装有 264 层压电层。喷油器利用压电元件可以实现以下功能：

①每个工作行程可产生多个触发周期；

②多个喷油器之间切换时间非常短；

③能够产生很大的力来对抗共轨压力；

④燃油泄压时可以精确地控制行程；

⑤依据共轨压力，可以在 110～148 V 调整触发电压。

（2）连接模块。连接模块又称为液压放大器，主要由连接活塞和阀活塞组成，如图 5-2-13 所示。连接模块能够将执行元件模块长度的增长转化为液体压力和位移，然后作用到切换阀上。

连接模块在连接活塞和阀活塞之间起压力缓冲垫的作用。

通过上下连接活塞与阀活塞的直径差异，实现连接模块变形位移的放大，连接活塞的移动导致阀腔内的容积产生变化，由于液压油的体积一定，连接活塞向下移动会导致阀活塞同样向下移动，且移动位移远大于连接活塞的移动位移，从而实现位移量的放大。

（3）切换阀。切换阀的组成如图 5-2-14 所示，包括阀门芯、出口节流阀（A）、入口节流阀（Z）、喷嘴针阀及喷嘴弹簧等。工作原理如图 5-2-15 所示。

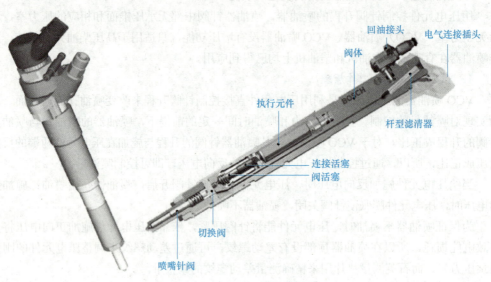

图 5-2-11　VCO 喷油器结构

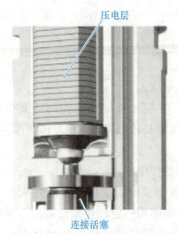

图 5-2-12　执行元件模块的结构

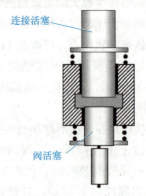

图 5-2-13　连接模块（液压放大器）的结构

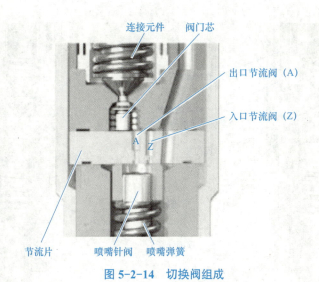

图 5-2-14 切换阀组成

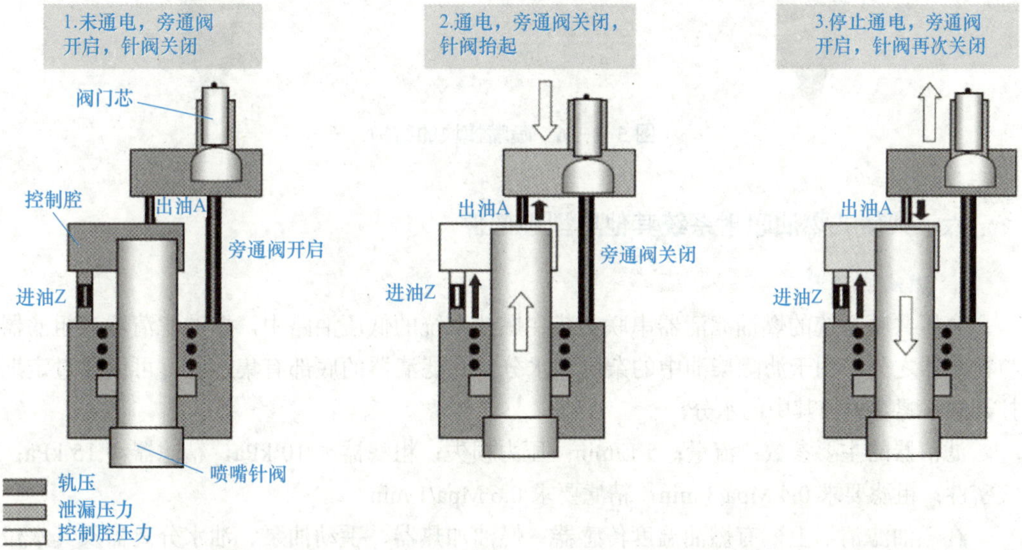

图 5-2-15 切换阀工作原理

① 喷嘴针阀关闭：断电时，阀门芯抬起，旁通阀开启，燃油（油压就是油轨中的压力）经节流片上的入口节流阀（Z）流到针阀上部的控制腔内。此时，喷嘴针阀上部和下部的压力达到平衡，在喷嘴弹簧的作用下，针阀保持在关闭的位置上。

② 喷嘴针阀打开：通电时，压下阀门芯，旁通阀关闭，回流通路被打开，控制腔内燃油首先流过较大的出口节流阀（A），而入口节流阀（Z）孔径小，控制腔油压不能被补充，喷嘴针阀就被该压力抬离针阀座，开始喷油。

压电元件的切换脉冲非常快，在每个工作行程中可以完成多次连续的喷油过程。

（4）喷嘴模块。喷嘴模块的结构如图 5-2-16 所示。可以看出，喷嘴针阀上取消了承压锥面，其喷油动作仅依靠压电元件直接控制针阀升程来实现对喷油器的通断控制。

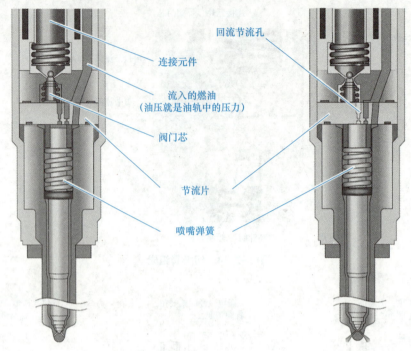

图 5-2-16 喷嘴模块的结构

六、共轨式燃油喷射系统其他典型零部件

1. 燃油滤清器

高压共轨系统的燃油滤清器串联安装在燃油系统的低压油路中,燃油滤清器有粗滤器与精滤器之分,用于滤除柴油中的杂质和水分。在滤清器的底部有集水腔,可以通过定期拧开放水螺塞放掉其中的水分。

滤清器的主要参数:流量:5 L/min;压力损失:粗滤器 ≤ 10 kPa,精滤器 ≤ 15 kPa;气密性:粗滤要求 0.4 Mpa/3 min,精滤要求 0.6 Mpa/1 min。

在燃油滤清器上,有燃油温度传感器、燃油加热器、手动油泵、油水分离器及其水位传感器。

手动油泵是向燃油滤清器内提供燃油的设备,也是保证发动机首次起动必须使用的设备(图 5-2-17)。当发动机燃油耗尽后,进行油水分离器内排水工作、更换燃油滤清器后,重新起动发动机前要先按压手动油泵,直到按不动为止。

水位传感器是燃油粗滤器中必配的电子元件,根据传感器反馈的信息,ECU 使仪表上的警告灯适时点亮,并通过降低发动机转速及输出扭矩对发动机共轨燃油系统采取保护。有的粗滤器上还带燃油加热器和燃油温度传感器。ECU 根据燃油温度传感器提供的信息决定是否控制燃油加热器继电器打开对燃油进行加热。燃油加热器是一个电阻式加热器。燃油温度传感器和普通温度传感器的特性基本相同,检测时可参考水温传感器或进气温度传感器的检测方法。

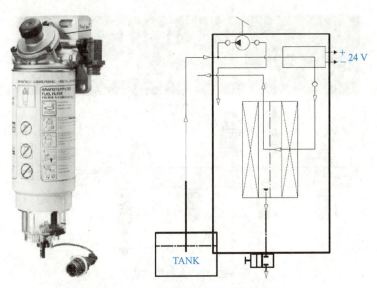

图 5-2-17 带手动油泵的燃油滤清器

2. 低压输油泵

低压输油泵的功用是将柴油从油箱内吸出并将具有一定压力的足够量的柴油输送给高压油泵（或油轨）。低压输油泵通常有齿轮式泵、容积式泵和电动泵三种类型。其中，齿轮式泵和容积式泵属机械式低压输油泵，如图 5-2-18 所示，通常都安装在高压油泵之中；电动输油泵与汽油发动机的电动燃油泵类似，安装在油箱内。

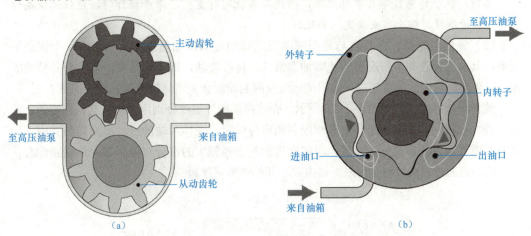

图 5-2-18 机械式低压输油泵
（a）齿轮式泵；（b）容积式泵

3. 高压油轨（共轨）

（1）共轨。高压油轨也称共轨，是喷油器的安装支架。其上通常装有喷油器流量限制器、限压阀和燃油压力轨压传感器，其结构如图 5-2-19 所示。在部分共轨系统中，共轨上还安装有调压阀。

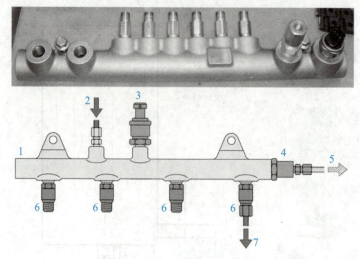

图 5-2-19 共轨的结构

1—共轨；2—进油管口；3—燃油压力（轨压）传感器；4—限压阀；5—回油管口；
6—流量限制器；7—喷油器供油口

共轨的主要功用包括储存高压输油泵提供的高压燃油，并根据需要分配给各喷油器，起到蓄压器的作用；另外，共轨能抑制高压油泵供油和喷油器喷油时引起的压力波动，以保持共轨中压力的稳定。共轨必须具有适当的容积，如果容积过小，将不能保持共轨中压力的稳定；如果容积过大，则共轨中的压力响应速度就会变慢。

注意：轨压传感器不可单独更换，必须与共轨同时更换。维修操作时，应注意提高作业环境的清洁度，防止有灰尘进入共轨。

（2）流量限制器。在共轨与每个喷油器之间相连的供油通道中都安装有 1 个流量限制器，其功用是在非常情况下防止喷油器常开并持续喷油，即一旦某喷油器常开并持续喷油，导致共轨输出的油量超过一定限值，流量限制器就会关闭该喷油器的供油通道。

流量限制器的结构如图 5-2-20 所示，壳体两端的外螺纹分别用来连接共轨和喷油器的供油管，壳体内部装有一个限制阀和限制阀回位弹簧，壳体两端的进、出油口与其内部的限制阀腔贯通以便形成供油通道；限制阀进油侧直径较大的部分与限制器壳体精密配合，其中心油道通过径向节流孔与限制器内腔下部的弹簧室连通。

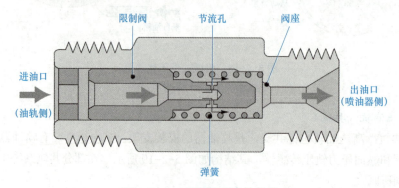

图 5-2-20 流量限制器的结构

喷油器不喷油且无异常泄漏时，限制阀在弹簧作用下被顶靠在共轨一侧的堵头上，共轨中的高压油经进油口、限制阀中心油道、节流孔、弹簧室、出油口供给喷油器；当喷油器正常喷油时，由于喷油速率较高，由节流孔流出的油不足以补偿喷油器喷出的油量，所以，限制阀下部（喷油器一侧）油压下降，共轨油压使限制阀压缩弹簧而向下移动，直到限制阀下部承受的油压和弹簧力与共轨油压平衡为止；当喷油器喷油结束后，共轨中的高压油继续经节流孔流出供给喷油器，使限制阀下部（喷油器一侧）的油压逐渐升高，限制阀也逐渐被弹簧推回到初始位置。

流量限制器的弹簧和节流孔都是经过精确计算选定的，喷油器正常喷油时，限制阀向下移动的升程不足以使其落座而关闭；但喷油器若存在异常泄漏现象，限制阀的升程会随泄漏量的增多而增大，即使喷油结束后，限制阀也不能回到初始位置，直到泄漏量超过一定限值时，限制阀完全关闭停止给喷油器供油。

（3）限压阀。限压阀可以安装在高压油泵上，也可以安装在共轨上，其功用是限制共轨中的最高压力。限压阀的结构如图 5-2-21 所示，阀和弹簧被空心螺塞限制在阀体内部的空腔内，弹簧的预紧力根据规定的共轨最高压力调定。通常情况下，阀被弹簧压靠在阀体左侧的阀座上，限压阀处于关闭状态；当共轨压力超过规定值时，阀左侧承受的共轨压力超过右侧的弹簧力，阀就会向右移动离开阀座，共轨中的燃油经限压阀流回油箱或输油泵进油侧，随共轨中燃油的溢流，共轨压力下降，阀在弹簧作用下重新回位，限压阀关闭。

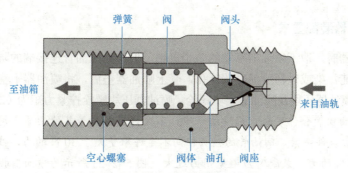

图 5-2-21 限压阀的结构

注意：限压阀与前面所述的调压阀不同，其主要区别见表 5-2-1。

表 5-2-1 调压阀与限压阀的区别

项目	调压阀	限压阀
安装位置	多安装在高压油泵上	多安装在共轨上
类型	由 ECU 控制的电磁阀	机械控制阀
响应速度	快	慢
调压范围	调压范围大	只能在其限制的最高压力附近很小的范围内调节压力

为加强工作的可靠性,在一些共轨系统中既装有调压阀,也装有限压阀。

4. 高压油管

高压油管用于输送高压燃油,如图 5-2-22 所示,由钢材制成,并能承受发动机在最大系统压力下的间歇高频压力变化。燃油轨道和喷油器之间所有高压油管的长度都相同,这意味着燃油轨道和各喷油器之间的长度相同,且各弯曲点补偿各长度差。

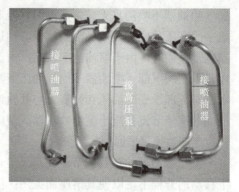

图 5-2-22 高压油管

一、高压油泵装配要求

将高压油泵总成用连接螺母装配在油泵法兰上,安装螺栓的拧紧力矩为 (30 ± 5) N·m。使用专用工装夹具将喷油泵正时皮带轮固定后,按规定力矩拧紧喷油泵正时皮带轮紧固螺母,紧固螺母的拧紧力矩为 (70 ± 5) N·m。

注意:装配回油管及线束的插接件时,避免用力过大。

二、喷油器装配要求

装配喷油器时,取下喷油器嘴端的防尘罩帽,但与高压油管连接端的防尘罩帽仍应保留,并注意不能污染或碰伤喷油嘴端针孔,套上喷油器垫后,将喷油器平稳装入缸盖喷油器孔,再装配喷油器压块及喷油器压块螺栓,喷油器压块螺栓拧紧力矩为 (25 ± 5) N·m。

注意:回油软管合件装配前应清洁干净,不允许有灰尘等其他杂质。用回油软管弹性环箍将回油软管合件夹紧。回油管的接头轴向不允许承受大于 30 N 的力,线束插接件不允许承受大于 50 N 的力,装配时应避免用力过大,图 5-2-23 所示为喷油器损坏的形式。另外,喷油器垫只能使用一次,否则会漏气。

压紧力造成喷嘴螺套擦痕　压紧力造成喷油器体擦痕　高压连接管孔受损　高压连接管尖受损

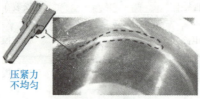

压紧力不均匀　　　电极受损

图 5-2-23 喷油器损坏的形式

三、博世喷油器 IQA 码输入方法

(1) 选择江铃宝典和博世柴油系统。

(2) 如图 5-2-24 所示,进入系统后选择喷油嘴数据。

(3) 选择"写全部喷油嘴数据"。

注意:一定要首先执行"写全部喷油嘴数据",才能单个修改数据。

(4) 从 1~4 缸依次输入四个喷油器的 IQA 码。

注意:

①博世喷油器是 7 位码,如图 5-2-24(f)所示,四个喷油器应该是 28 位。

②喷油器上数字"1"与字母"I"非常相似,不能输错,否则不能通过测试。

③28 位输入完毕后按"F1",然后按"输入"按钮。

喷油器 IQA 码已经输入完毕,此时也可以修改其中任意一个喷油器的数据。

(5) 退出后可以任意修改喷油器的数据。如修改 1 缸,应输入新的 IQA 码(注意:此时只需要输入 7 位)。

(6) 退出后再进入,可以看到修改后的数据已经写入 ECU。

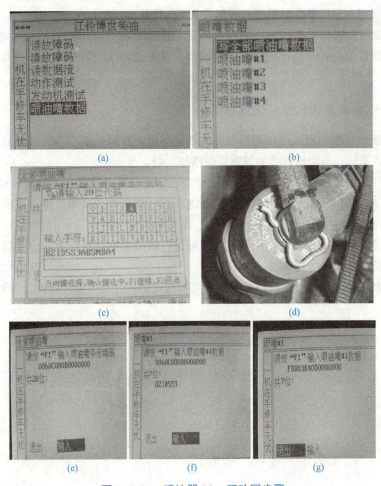

图 5-2-24 喷油器 IQA 码改写步骤

四、高压喷射管路装配

第 1~4 缸高压油管总成、高压油总管合件及高压燃油轨道总成在装配前必须带防尘专用罩帽,以满足燃油管路的清洁度要求。第 1~4 缸高压油管总成与高压燃油轨道总成、喷油器的装配应按气缸顺序一一对应装配。高压油管拧紧力矩:油嘴为(27±2)N·m;油轨为(25±2)N·m;油泵为(20±2)N·m。

注意:在拆高压油管与油嘴连接时一定要固定油嘴上的进油阀。必须去掉高压油管两端的保护帽,且在 2 min 内装配完高压油管总成和高压油总管合件。高压油管不能重复使用,如需要拆卸高压油管重新装配,则必须更换新件。

五、高压共轨系统装配顺序

(1) 装配固定高压油泵总成和喷油器。
(2) 装配高压燃油轨道总成,燃油轨道总成完全固定在支架上。
(3) 套上固定高压燃油轨道总成支架的螺栓,稍微拧紧但不到规定力矩。
(4) 套上高压油管、高压油总管螺母,稍微拧紧但不到规定力矩。
(5) 按规定力矩拧紧高压燃油轨道总成支架的螺栓。
(6) 按规定力矩拧紧高压油管螺母,首先是燃油轨道总成端,然后是喷油器喷嘴端。
(7) 按规定力矩拧紧高压油总管合件螺母,首先是高压油泵总成端,然后是燃油轨道总成端。

六、高压共轨发动机维修注意事项

(1) 不能用传统的方法进行新型电控柴油发动机的故障诊断。当发动机起动时,禁止拆卸高压共轨系统,不能松开喷油器油管做断缸检查。
(2) 油压高,易伤人,发动机一定要停机至少 5 min 后才能做相关检查和操作。
(3) 控制线路的各种线束接头只能在断电状态(点火开关关闭)进行拔插,当发现有故障码时请先检查插接件是否接好。
(4) 应遵循制造商的要求使用合适的设备进行故障诊断。进行故障诊断时,诊断设备应与发动机机体接地,防止烧毁、损坏设备。
(5) 诊断设备与发动机控制单元的连接接插应合适,注意不要弄弯接口的针脚。

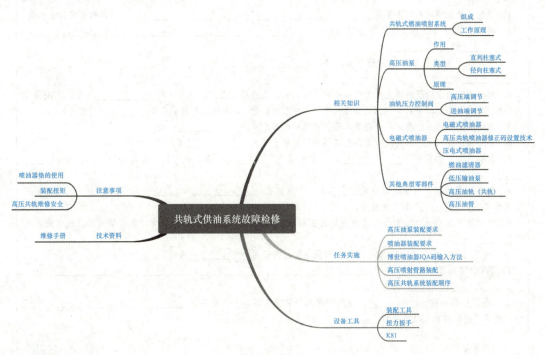

由于受到工作环境、工作强度、车型成本等影响，柴油机维修人员很短缺。其中，技术垄断和维修市场的不透明都制约着柴油车维修技术的发展。现今还需要建立正规的柴油车维修秩序，使柴油车维修越来越专业化、公开化。

任务工作单 5.2　共轨式供油系统故障检修

单元名称	共轨式柴油控制系统故障检修	学时	4	班级	
学生姓名		学生学号		任务成绩	
实训设备	大众柴油发动机电控台架、万能工具一套、手电一支	实训场地	柴油发动机电控实训室	日期	
工作任务	对大众宝来柴油发动机的高压油泵、喷油器、油轨等按照规范要求进行拆装，并进行喷油器修正码改写				
任务目的	1. 掌握柴油发动机的高压油泵、喷油器、油轨拆装正确流程及操作规范； 2. 掌握喷油器修正码改写				

续表

一、资讯
1. 共轨式燃油喷射系统主要由_____、_____、_____、_____及各种传感器等组成。
2. 共轨式燃油喷射系统低压部分零部件：_____、_____、_____、_____、_____和_____。
3. 共轨式燃油喷射系统高压部分零部件：_____、_____、_____、_____、_____和_____。
4. 驱动高压油泵的凸轮轴上可布置一个或多个凸轮，但凸轮的凸起数一般不超过_____个。无论是直列柱塞式高压油泵，还是径向柱塞式高压油泵，其分泵的数量、凸轮的凸起数量应与_____相匹配。
5. 保证共轨中的压力稳定，一般要求高压油泵的供油频率与_____一致。
6. 油压的升高一旦达到共轨压力，被压缩的燃油就会进入_____（油路）。
7. 油轨压力控制阀也称_____，通常安装在_____上，也有的安装在共轨上，其功用是_____。
8. 在喷油器控制室的进、回油通道中各有一个节流孔：_____和_____。回油节流孔主要用于实现"_____"的喷油规律。
9. 喷油器本身的制造偏差会对喷油量等的控制精度产生影响，为克服这种影响，电控柴油发动机普遍采用了_____。
10. 无压力室喷油器（VCO喷油器）无增压功能，只适用_____系统。
11. VCO喷油器主要由_____、_____、_____、_____和_____、_____及_____等部分组成。
12. 高压油轨也称_____，是喷油器的安装支架，其上通常装有_____和_____，在部分共轨系统中，共轨上还安装有_____。

二、决策与计划
请根据任务要求，确定所需要的检测仪器和工具，并对小组成员进行合理分工，制订详细的诊断和修复计划。
1. 需要的检测仪器、工具：_____。
2. 小组成员分工：_____。
3. 诊断和修复计划：_____。

三、实施
1. 安装此款柴油电控发动机的高压油泵。
使用专用工装夹具，高压油泵总成连接螺母安装螺栓拧紧力矩为_____，喷油泵正时皮带轮紧固螺母安装螺栓拧紧力矩为_____。
2. 安装此款柴油电控发动机的喷油器。
安装流程：_____。
喷油器压块螺栓拧紧力矩为_____。
3. 安装此款柴油电控发动机的高压喷射管路。
安装顺序：_____。
高压油管拧紧力矩：油嘴：_____，油轨：_____，油泵：_____。
4. 高压共轨系统装配顺序：
_____
_____
_____

5. 喷油器修正码改写步骤：
_____
_____
_____

续表

注意：一定要首先执行"_____"，才能单个修改数据。
博世喷油器是_____位码，4个喷油器应该是_____位。

四、检查
发动机起动后，进行以下检查。
1. 检查各管路、接口有无燃油渗漏：_____。
2. 检查发动机运转情况是否正常：_____。

五、评估
1. 请根据自己任务完成的情况，对自己的工作进行自我评估，并提出改进意见。
_____。
2. 教师对学生工作情况进行评估，并进行点评。
_____。
3. 学生本次任务成绩：_____。

任务三　共轨式电子控制系统

◆知识目标
1. 掌握共轨式柴油机电子控制系统的组成；
2. 熟悉各传感器的结构、原理及检修；
3. 掌握共轨式燃油喷射的控制内容；
4. 掌握共轨式电子控制系统的控制策略。

◆能力目标
1. 能运用正确的检测设备对共轨式燃油喷射控制内容进行监测；
2. 能通过各种数据分析共轨式燃油喷射系统的故障原因。

◆素质目标
1. 快速准确收集信息与资料；
2. 养成善于沟通、合作、服从集体的良好习惯；
3. 具有安全与环保意识。

一辆大众宝来柴油发动机，加速踏板不起作用，发动机能起动，但不能加速，车速只能维持 20 km/h 左右，故障灯亮。诊断故障并排除。

一、共轨式柴油机电子控制系统

1. 系统的组成及基本原理

共轨式柴油机电子控制系统由传感器、ECU 和执行器三部分组成，如图 5-3-1 所示。ECU 利用各种传感器提供的信号，可以感知驾车人的期望（由油门踏板位置确定）及发动机和整车的瞬时运行状况。并计算出喷油量、喷射起点、喷射持续时间和喷射压力等，控制燃油计量单元、喷油器等执行元件进行喷射控制。另外，进行排放控制、增压控制、空调控制、起动加热控制等。

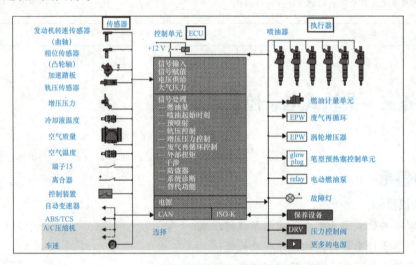

图 5-3-1 共轨式柴油机电子控制系统组成

2. ECU 的主要控制功能

（1）喷油方式控制：多次喷射（现用的为主喷射和预喷射两次）；

（2）喷油量控制：预喷射量自学习控制、减速断油控制；

（3）喷油正时控制：主喷正时、预喷正时、正时补偿；

（4）轨压控制：正常和快速轨压控制、轨压建立、喷油器泄压控制、轨压 Limp home 控制；

（5）扭矩控制：瞬态扭矩、加速扭矩、低速扭矩补偿、最大扭矩控制、瞬态冒烟控制、增压器保护控制；

（6）辅助控制：怠速与驱动怠速控制、过热保护控制、各缸平衡控制、EGR 控制、VGT 控制、辅助起动控制（电动机和电热塞）、系统状态管理、电源管理、故障诊断；

（7）挡位计算：根据车速和发动机转速计算挡位（有车速传感器）用于挂挡怠速控制，改善驾驶性；

（8）车速计算及输出：供仪表和最高车速限制使用；

（9）空调控制：根据空调负载调节发动机怠速转速、根据车辆对动力性的需求和发动机的工作状况对空调压缩机进行开 / 关控制；

（10）故障诊断：在线诊断并存储/输出故障码，具有 Limp home 功能；

（11）CAN 通信：整车其他控制器和仪表之间的通信。

3. 传感器

柴油发动机电子控制系统中的主要传感器有曲轴传感器、油门踏板位置传感器、共轨压力传感器等，见表 5-3-1。

表 5-3-1　博世共轨式发动机电子控制系统传感器列表

序号	名称	功能描述
1	曲轴位置传感器	精确计算曲轴位置，用于喷油时刻、喷油量和转速计算
2	凸轮轴位置传感器	判缸和曲轴传感器失效时用于"跛行回家"
3	进气温度传感器	测量进气温度，修正喷油量和喷油正时，过热保护
4	增压压力传感器	监测进气压力，和进气温度一起计算进气量，与进气温度传感器结合在一起
5	冷却液温度传感器	测量冷却液温度，用于冷起动、目标急速计算等，同时，还用于修正喷油提前角、过热保护等
6	共轨压力传感器	测量共轨管中的燃油压力，保证油压控制稳定
7	油门踏板位置传感器	将驾驶员的意图传递给 ECU
8	车速传感器	提供车速信号给 ECU，用于整车驱动控制，由整车提供
9	空气流量传感器	测量进气量，对喷油量进行修正

4. 执行器

柴油发动机电子控制系统中的主要执行器有燃油计量阀、喷油器电磁阀、继电器、指示灯、转速输出、CAN 总线、K 线（ISO K-line）等，见表 5-3-2。

表 5-3-2　共轨式发动机电子控制系统执行器列表

序号	名称	功能描述
1	燃油计量阀	控制高压油泵进油量，保持共轨压力满足指令需求
2	喷油器电磁阀	精确控制喷油提前角、喷油量
3	继电器	用于空调压缩机、排气制动和冷起动装置的控制
4	指示灯	故障指示灯、冷起动指示灯
5	转速输出	用于整车转速表
6	CAN 总线	用于与整车动力总成、ABS、ASR、仪表、车身等系统的联合控制
7	K 线（ISO K-line）	用于故障诊断和整车标定

二、共轨式电子控制系统失效控制策略

失效控制策略是指电子控制系统故障状态下的运行策略。以博世高压共轨系统为例，其失效控制策略分为以下四级：

一级：缺省值；
二级：减扭矩；
三级：Limp home（跛行回家）；
四级：停机。

一般来说，级别越高，表示系统的失效（故障）程度越严重，ECU 采取的限制措施也越严格。

（一）一级（缺省值）失效控制策略

一级（缺省值）失效控制策略主要是针对发动机过热状态下的保护措施。

1. 水温信号故障下的热保护功能

（1）进入条件：ECU 判断水温信号错误。

①水温传感器损坏；

②水温传感器信号线损坏（断路或短路）。

（2）ECU 处理措施。

①点亮故障灯；

②产生故障码；

③发动机采用缺省水温 100 ℃（依据机型不同而异）；

④外特性油量会减少 40%（依据机型不同而异）；

⑤在限制范围内，油门仍然起作用。

2. 广域的热保护功能

（1）热保护的必要性。

①防止水温过高对发动机的损坏；

②防止进气温度过高对发动机的损坏；

③防止温度过高对喷油系统的损坏。

（2）热保护的种类。

①高水温保护；

②高进气温度保护；

③高燃油温度保护。

（3）热保护策略。限制喷油量，降低发动机功率。

（二）二级（减扭矩）失效控制策略

（1）进入条件。

①环境空气压力传感器损坏或信号线路断路、短路；

②增压压力/温度传感器损坏或信号线路断路、短路；

③轨压传感器信号飘移；

④油轨压力闭环控制故障；

⑤传感器参考电压故障。

（2）ECU 处理措施。

①点亮故障灯，产生相应故障码；

②限制转速小于 1 800 r/min；

③在限制范围内，油门踏板仍然起作用；

④外特性油量会减小一个百分比（目标标定值×80%）。

从上述内容可以看出，无论是一级失效控制策略还是二级失效控制策略，ECU 都对柴油发动机的动力输出进行限制（包括供油量、转速等），但二级失效控制策略对柴油发动机的限制更为严格，柴油发动机的扭矩不但明显降低，而且转速也受到大范围的限制，无论油门踏板的踩踏深度有多大，柴油发动机的转速都被限制在 1 800 r/min 以内。

（三）三级（Limp home——跛行回家）失效控制策略

当发动机处于以下几种情况时，控制策略将进入三级 Limp home 状态：

（1）曲轴位置传感器损坏或信号线路断路、短路；

（2）凸轮轴位置传感器损坏或信号线路断路、短路；

（3）共轨压力传感器损坏或信号线路断路、短路；

（4）油门踏板位置传感器损坏或信号线路断路、短路；

（5）高压油泵调压阀损坏或驱动线路断路、短路。

1. 曲轴或凸轮轴位置传感器失效策略

（1）进入条件：ECU 判断曲轴或凸轮轴位置传感器信号故障。

①传感器损坏；

②信号线损坏（断路或短路）。

（2）ECU 处理措施。

①点亮故障灯；

②产生故障码；

③发动机依靠单传感器继续工作；

④起动时间可能较正常状况稍长；

⑤油门感觉正常；

⑥运行没有明显影响，但油耗和排放可能会变差。

2. 共轨压力传感器失效策略

（1）进入条件：ECU 判断共轨压力传感器信号失效。

①传感器损坏；

②信号线损坏（断路或短路）。

（2）ECU 处理措施。

①点亮故障灯，产生故障码；

②加大高压泵的供油量；

③燃油压力超高，限压阀被冲开；

④实际共轨压力维持为 700～760 bar；

⑤限制发动机转速（小于 1 700 r/min，通过控制喷油量实现）。

（3）其他。

①关闭点火开关后，限压阀关闭，回复正常；

②如发动机起动过程已进入此策略，仍能起动且无明显感觉。

3. 油门踏板位置传感器失效策略

（1）进入条件：ECU 判断油门踏板位置信号错误。

①油门插接件脱落；

②两路油门信号中任意一路信号出现故障；

③两路油门信号不一致；

④油门开度与刹车踏板逻辑关系错误。

（2）ECU 处理措施。

①点亮故障灯，产生故障码；

②油门失效；

③发动机起动后，将维持 Limp home 转速（1 100 r/min）。

4. 高压油泵调压阀失效策略

（1）进入条件：ECU 判断限压阀驱动失效。

①限压阀损坏；

②驱动线路损坏（断路或短路）。

（2）ECU 处理措施。

①点亮故障灯，产生故障码；

②加大高压泵的供油量；

③燃油压力超高，限压阀被冲开；

④诊断仪显示共轨压力为 700～760 bar，并随转速升高而增大；

⑤限制发动机转速（小于 1 700 r/min，通过控制喷油量实现）；

⑥在限制范围内，油门仍然起作用。

（3）其他。

①关闭点火开关后，限压阀关闭，回复正常；

②如发动机起动过程已进入此策略，仍能起动且无明显感觉。

（四）四级（停机保护）失效控制策略

（1）进入条件：ECU 判断出现下述故障。

① A/D（模数）转换功能错误；

②油轨压力持续超高（如持续 2 s 超过 1 600 bar）。

（2）ECU 处理措施。

①点亮故障灯，产生相关故障码；

②发动机停机；

③故障状态下无法再次起动。

一、故障现象分析

大众宝来柴油发动机出现以下故障现象：发动机能起动，加速踏板在小范围起作用，但不能高速行驶，车速只能维持 20 km/h 左右，故障灯亮。很明显，柴油发动机的电子控制系统进入二级减扭矩或是三级 Limp home 保护状态，造成这一故障现象的有共轨压力传感器、高压油泵调压阀、油门踏板位置传感器、空气质量与温度传感器、油水分离器水位传感器等故障有关。

二、故障诊断

（一）共轨压力传感器检修

EDC15 系统共轨压力传感器的端子示意如图 5-3-2 所示。

1. 诊断计算机检修

读取故障码：P0191～P0194 均是共轨压力传感器故障码。

测量实际共轨压力：应符合怠速工况下额定共轨压力的要求。

图 5-3-2　EDC15 系统共轨压力传感器的端子示意

2. 万用表检测

（1）检查共轨压力传感器的电源供应：如图 5-3-2 所示，拔出共轨压力传感器插塞接头，在线束一侧的端子 1 上对应端子 3 进行检测，额定值应为 4.5～5.5 V，如果未达到额定值，应检查电线。

（2）检查信号电压：

①插上共轨压力传感器的插塞接头，在部件一侧的端子 2（+）和端子 1（-）之间进行测量，静态额定值应为 0.3～0.7 V。

②发动机处于热温和怠速运转状态中：额定值应为 0.8～1.2 V。

③踩油门时的额定值：电压上升。

④如果未达到额定值，则部分共轨压力传感器有故障。

（3）其他可能出现的故障：

①电缆断路、正极短路或接地短路。

②插塞接头没有连接或连接处导电不佳。

③尽管已经通过检验，共轨压力传感器仍然有故障。

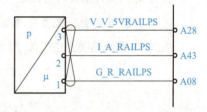

高压共轨传感器检修

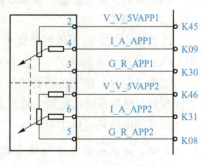

油门踏板位置传感器检修

（二）油门踏板位置传感器检修

EDC15 系统油门踏板位置传感器端子示意如图 5-3-3 所示。

（1）诊断计算机检修。读取故障码：P0122、P0123、P1135、P0222、P0223、P2135 均是油门踏板位置传感器故障码。

（2）万用表检测。

①检查油门踏板位置传感器 1 的信号电压。如图 5-3-3 所示，插上油门踏板位置传感器 1 插塞接头，使

图 5-3-3　EDC15 系统油门踏板位置传感器端子示意

用合适的适配电缆在端子4（信号）和端子3（-）之间测量，触发系统已接通。

处于怠速状态时的额定值：0.7～0.8 V；

处于油门全开位置时的额定值：3.2～3.6 V。

②检查油门踏板位置传感器2的电压。插上油门踏板位置传感器2的插塞接头，使用合适的适配电缆在端子6（信号）和端子5（-）之间测量，触发系统已接通。

处于怠速位置时的额定值：1.2～1.4 V；

处于油门全开位置时的额定值：4.5～5.5 V。

（三）热膜式空气流量传感器检修

EDC15系统热膜式空气流量传感器端子示意如图5-3-4所示。

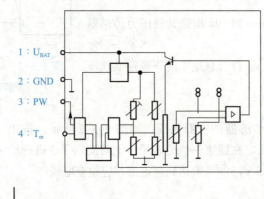

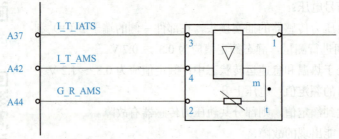

图5-3-4　EDC15系统热膜式空气流量传感器端子示意

1—电源；2—接地；3—温度信号输出；4—空气流量信号输出

（1）诊断计算机检修。读取故障码：P0101是空气流量传感器故障代码。

（2）万用表检测。

①检查电源。拔出传感器接头，如图5-3-4所示，测端子1和端子2之间的电压，应为12 V；测端子3和端子2之间的电压，应为5 V。

②检查信号。插上传感器插接头，使用合适的适配电缆在端子4（信号）和端子2（-）之间测量，触发系统已接通，处于怠速位置时的额定值：1.0～2.0 V。

踩油门电压值应该上升。

（四）油水分离器水位传感器

油水分离器水位传感器位于燃油滤清器下部（图5-3-5）。若燃油中的水分超标，此传感器将输送报警信号至ECU。

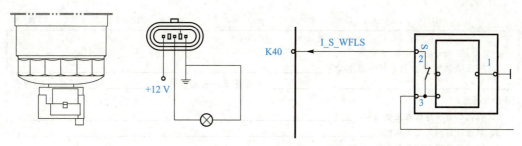

图 5-3-5　油水分离器水位传感器
1、2、3—端子号

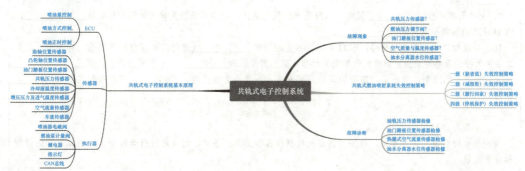

现代汽车的电子控制系统已经越来越精确，越来越可靠。人们在追求更高精度和更高可靠性的同时，并没有忽视极小概率可能出现的电控系统故障状态，故设置了"跛行回家"模式。在设计、制造、维修和生产中应尊重每一位顾客的利益和安全，时刻铭记"以人为本"的理念。

任务工作单 5.3　共轨式电子控制系统

单元名称	共轨式柴油控制系统故障检修	学时	4	班级	
学生姓名		学生学号		任务成绩	
实训设备	大众柴油发动机电控台架、万能工具1套、手电1支	实训场地	柴油发动机电控实训室	日期	
工作任务	大众宝来柴油发动机出现以下故障现象：加速踏板不起作用，发动机能起动，但不能加速，车速只能维持20 km/h左右，故障灯亮				
任务目的	1. 掌握柴油发动机的高压油泵、喷油器、共轨拆装正确流程及操作规范； 2. 掌握喷油器修正码改写				

一、资讯

1. 高压共轨电子控制系统中既包含_____、_____、_____、_____、_____、_____、_____等传感器，也包含以_____和_____为代表的执行器。

2. 共轨压力传感器的主要功能：_____。

3. 燃油计量阀的主要功能：_____。

4. 喷油器电磁阀的主要功能：_____。

5. 发动机起动时的燃油喷射量由_____决定。

6. 发动机起动后基本喷油量由_____和_____决定，最大燃油喷射量由_____和_____计算。

7. 喷油方式控制有_____、_____、_____和_____。

8. 主喷射起始时刻由_____和_____计算，主喷射和预喷射时间间隔由_____和_____计算。

9. 失效策略是指_____策略。一般来说，级别越高，表示系统的失效（故障）程度越_____，ECU采取的限制措施也越_____。

10. 一级和二级失效控制策略，ECU都对柴油发动机的_____进行限制（包括供油量、转速等），但二级失效控制策略对柴油发动机的限制更为严格，柴油发动机的_____不但明显降低，而且_____也受到大范围的限制，无论油门踏板的踩踏深度有多大，柴油发动机的_____都被限制在_____以内。

二、决策与计划

请根据故障现象和任务要求，确定所需要的检测仪器和工具，并对小组成员进行合理分工，制订详细的诊断和修复计划。

1. 需要的检测仪器和工具：_____。
2. 小组成员分工：_____。
3. 诊断和修复计划：_____。

三、实施

大众宝来柴油发动机的加速踏板不起作用，发动机能起动，但不能加速，车速只能维持20 km/h左右，故障灯亮。诊断故障并排除。

1. 共轨压力传感器检修。

（1）读取故障码。

_____
_____
_____

（2）发动机预热，怠速时实际油轨压力值：_____。

（3）检查共轨压力传感器。

电源端子：_____
_____

信号端子：_____
_____

判断故障原因：_____
_____

续表

2. 油门踏板位置传感器检修。 （1）读取故障码。 _____ _____ （2）检查油门踏板位置传感器。 处于怠速位置时的额定值：_____。 处于油门全开时的额定值：_____。 判断故障原因：_____。 四、检查 发动机起动后，进行如下检查。 1. 检查各个管路、接口有无燃油渗漏：_____。 2. 检查发动机运转情况是否正常：_____。 五、评估 1. 请根据自己任务完成的情况，对自己的工作进行自我评估，并提出改进意见。 _____。 2. 教师对学生工作情况进行评估，并进行点评。 _____。 3. 学生本次任务成绩：_____。

 任务四　柴油发动机辅助控制系统

学习目标

◆知识目标

1. 掌握国 6 标准下的柴油发动机排放控制系统的组成与控制方法；
2. 掌握 EGR、DOC、DPF、SCR、ASC 系统的组成与功能；
3. 熟悉柴油发动机的起动控制、怠速控制、进气控制的组成、控制条件及控制内容。

◆能力目标

1. 能运用正确的检测设备对柴油发动机辅助控制内容进行监测；
2. 能通过各种数据分析柴油发动机辅助控制系统故障原因。

◆素质目标

1. 能快速准确收集信息与资料；
2. 养成善于沟通、合作、服从集体的良好习惯；
3. 具有安全与环保意识。

为了应对国6的排放法规要求，大众宝来柴油发动机的后处理系统进行了改革，采用了EGR、DOC、DPF、SCR、ASC等技术，请了解该后处理系统的传感器和执行器，并对有安装位置要求的零部件进行检查。

一、柴油发动机起动控制

（一）起动过程控制

1. 喷油器开始喷油的必要条件

（1）共轨压力超过最小设定值（>200 bar）；
（2）同步信号正常；
（3）判缸、转速传感器信号正常；
（4）相位正常。

2. 判缸过程

ECU根据CKP和CMP的相位关系判断柴油机运行的相位角度（判缸）并计算柴油机转速。只有当判缸成功后才开始喷油。

（1）正常模式（CKP和CMP均正常）：判缸过程准确、迅速。

（2）后备模式1（仅有CMP信号）：ECU依靠CMP的判缸齿确定正确相位，从而按照正确的喷油时序喷油。

（3）后备模式2（仅有CKP信号）：ECU检测到CKP的一个缺齿时，猜测柴油机此时位于1缸压缩上止点前，按照此假定的角度相位，以1－5－3－6－2－4的喷油时序持续一定次数的喷射，当发动机转速超过一定阈值时，可以判定此相位正确，从而判缸成功；若没有转速升高的着火迹象，则重新假定一相位喷油以判缸。

（二）起动预热控制

柴油发动机特有的辅助起动装置主要是为改善低温时的着火条件而采用的起动预热装置。其主要措施有进气预热、燃烧室预热、冷却液预热和柴油预热等。

目前，柴油发动机应用比较广泛的起动预热措施是进气预热、燃烧室预热及冷却液预热。三者的不同之处在于预热装置的安装位置和加热对象不同：进气预热装置安装在进气管内，对进入气缸前的空气进行预热；燃烧室预热装置安装在燃烧室内，对进入气缸的空气和燃油进行预热，这是目前最常见的一种方式；而冷却液预热装置则安装在冷却系统，对冷却液进行预热。

（1）进气预热装置。进气预热装置可分为格栅式预热器和电热管式预热器两种。它们都属电预热装置，均安装在柴油发动机进气口的上方，两种方法原理一致。ECU依据进气温度、冷却液温度等信号控制预热器的通电加热时间，如图5-4-1所示。这两种预热器都只能用于进气预热。

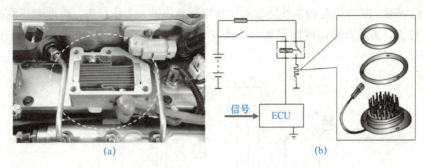

图 5-4-1　进气预热及其控制电路
(a) 格栅式预热器；(b) 电热管式预热器

（2）燃烧室预热控制单元（GCU）。燃烧室预热控制单元用于确保有效的冷起动并缩短暖机时间，这一点与废气排放有着十分密切的关系。预热时间是冷却液温度的一个函数。在发动机起动或实际运转时电热塞的开通时间由其他一系列参数确定，包括喷油量和发动机的转速。

电热塞安装在发动机的燃烧室，主要由电源连接头、壳体和加热端三部分组成，如图 5-4-2 所示。电热塞能够快速达到点火所需的温度（4 s 内达 850 ℃），具有较低的恒定温度，电热塞的温度限定在一个临界值内。12 V 车型的电热塞电阻应小于 1 Ω，24 V 车型的电热塞电阻应小于 3 Ω。

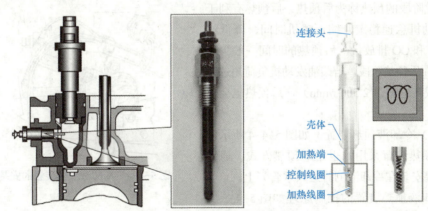

图 5-4-2　电热塞及其安装位置

电热塞起动预热控制系统的组成如图 5-4-3 所示。ECU 根据发动机转速信号、冷却液温度信号和点火开关信号，通过继电器控制电热塞是否通电及通电时间的长短。预热指示灯位于仪表盘上，点亮或熄灭由 ECU 控制；起动预热系统处于工作状态时，指示灯持续点亮；起动预热系统不工作时，指示灯持续熄灭；ECU 接收到反馈信号线返回的故障信号时，指示灯闪亮。

当点火开关接通后，若冷却液温度低于设定值，电热塞通电进行预热，同时预热指示灯点亮；当预热指示灯熄灭时，说明电热塞温度已足够，允许起动。如果起动未成功，则电热塞的保护线路断开，防止电池过度放电。

以一汽大众宝来电控柴油发动机为例，当冷却液温度低于 9 ℃，且点火开关位于"点火接通"位置时，ECU 通过控制线使起动预热控制系统进入工作状态；当点火开关不在"点火接通"位置，或冷却液温度高于 9 ℃，或发动机转速高于 2 500 r/min 时，起动预热控制系统将停止工作。

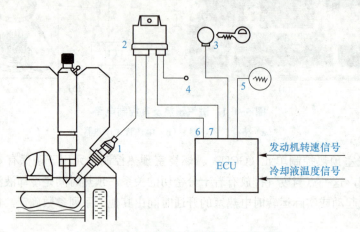

图 5-4-3　电热塞起动预热控制系统组成
1—电热塞；2—电热塞继电器；3—点火开关；4—蓄电池正极线；
5—预热指示灯；6—控制线；7—反馈信号线

当发动机起动着火后，电热塞仍保持通电状态，此阶段的预热称为后预热；后预热有利于柴油发动机怠速稳定、缩短暖机时间、降低噪声及 HC 和 CO 排放量，后预热的时间一般少于 4 min；在后预热阶段，若柴油发动机负荷超过规定值（或转速超过 2 500 r/min），后预热也会立即终止。

（3）冷却液预热装置。如图 5-4-4 所示，冷却液预热装置采用的也是电预热方式，通常将电热塞安装在冷却液的管道（水管）上。

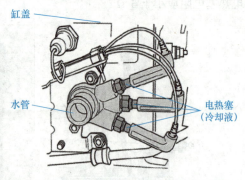

图 5-4-4　冷却液预热装置的安装位置

冷却液预热装置的控制原理如图 5-4-5 所示，ECU 根据进气温度、冷却液温度、发电机负荷等信号，通过预热继电器控制电热塞是否通电及通电时间的长短。

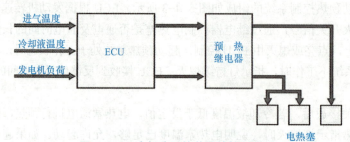

图 5-4-5　冷却液预热装置的控制原理

二、怠速控制系统

柴油发动机怠速是指加速踏板完全松开，发动机对外无功率输出并保持最低稳定转速运转的工况。在汽车使用中，发动机怠速运转的时间约占30%，怠速转速的高低直接影响燃油消耗和排放污染。怠速转速过高，燃油消耗增多，且噪声大；怠速转速过低，CO、HC和颗粒的排放量相对较高。因此，必须对柴油发动机的怠速转速进行控制。

在柴油发动机工作中，影响怠速转速的因素很多，如空调打开、电器负荷增大、自动变速器挂入挡位、动力转向装置工作等，均会增加发动机的负载，若不适当增加循环供（喷）油量，就容易导致发动机运转不稳甚至熄火。柴油发动机的电控系统必须对影响怠速稳定运转的各种因素做出快速反应，并根据实际的运行工况对怠速转速进行调节，使其保持在理想的目标转速。

另外，燃料供给系统调整误差或零部件磨损产生的误差，均会影响各缸供（喷）油量的均匀性，由于怠速工况比较脆弱，更容易导致发动机转速不稳，严重时会产生振动和噪声。因此，柴油发动机怠速时各缸供（喷）油量均匀性控制也非常必要。

综上所述，柴油发动机怠速控制应包括两个方面的内容，即怠速转速控制和各缸供（喷）油量均匀性控制。

（1）怠速转速控制。怠速转速的控制过程是根据发动机负载的变化，通过调节发动机负荷来实现的。由于柴油发动机与汽油发动机的负荷调节方法不同，柴油发动机为混合气浓度（质）调节，汽油发动机为混合气量（量）调节，所以，柴油发动机的怠速转速控制与汽油发动机有着本质的区别，汽油发动机怠速转速控制是通过控制其怠速时的进气量来实现的，而柴油发动机怠速转速控制是通过控制循环供（喷）油量来实现的。

（2）各缸供（喷）油量均匀性控制。各缸供（喷）油量均匀性控制的目的是尽量缩小同一工作循环各缸供（喷）油量的差值，以保持发动机怠速运转稳定和减轻振动。该功能通过对各缸供（喷）油量的瞬时调节来实现，ECU根据各缸怠速工况下做功行程时的转速传感器信号，确定各缸供（喷）油量的偏差，然后进行补偿调节。

三、进气控制系统

随着汽车技术的不断发展。柴油发动机在进气方面的控制也日新月异。目前，应用在柴油发动机上的进气控制系统主要包括进气节流控制系统、进气涡流控制系统和气门驱动控制系统。其中，气门驱动控制系统与电控汽油发动机相同，也都包含了VVT-i（智能可变气门配气正时系统）、VTEC（可变气门升程控制）等不同的类型，控制原理也基本相同，在此不做赘述。

1. 进气节流控制系统

现代柴油电控发动机上，一般都会采用进气节流控制系统。其功能主要体现在以下几个方面：

（1）控制进气量和进气管压力，保证混合气浓度符合不同负荷时的要求。如果没有节流控制，在怠速或小负荷时，会因循环供油量小、进气量大而导致混合气过稀。

（2）保证低转速时能够正常进行废气再循环。如果没有节流控制，在低转速时会因为进气管绝对压力较高（真空度较低）而使 EGR 系统无法正常工作。

（3）保证发动机平稳熄火。柴油发动机具有很高的压缩比，如点火断开时，仍像正常运转时一样吸入空气，发动机将抖动。

2. 进气节流控制方法

柴油发动机实现进气节流控制的方法就是在进气道中安装一个节气门，并由电控执行元件根据 ECU 的指令控制节气门的开度，以控制进气量和进气管压力。进气节流控制系统一般只在低速小负荷工况时才会工作，ECU 根据油门位置传感器和发动机转速传感器信号，直接驱动直流电动机控制节气门的开度（图 5-4-6）或控制电磁阀的开启接通真空，利用气动装置进行控制（图 5-4-7）。

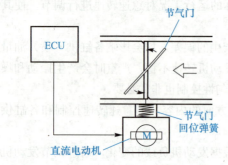

图 5-4-6　直流电动机型进气节流控制系统　　图 5-4-7　电控气动型进气节流控制系统

如图 5-4-8 所示，下面以大众宝来 TDI 柴油发动机的电控气动型进气节流控制系统的工作过程为例进行说明：如果发动机熄火，发动机控制单元 J248 发送一个信号给翻板转换阀，转换阀接通电子真空泵，切断进气。结果只有少量空气被压缩，发动机平稳运转直至停止。节气门只在发动机熄火时关闭约 3 s，然后开启，目的是停止空气供给，使发动机熄火更柔和。如果信号失效或进气歧管翻板转换阀失效，进气歧管翻板将保持在打开状态。

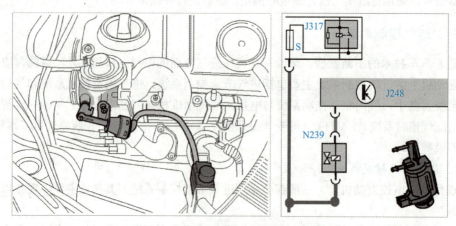

图 5-4-8　大众宝来 TDI 柴油发动机的电控气动型进气节流控制系统

四、排放控制

轻型柴油汽车从 2020 年 7 月 1 日起执行《轻型汽车污染物排放限值及测量方法》(中国第六阶段)(GB 18352.6—2016)。所有销售和注册登记的轻型汽车应符合 6a 限值要求;自 2023 年 7 月 1 日起,所有销售和注册登记的轻型汽车应符合 6b 限值要求。重型柴油汽车从 2019 年 7 月 1 日起执行《重型柴油车污染物排放限值及测量方法》(中国第六阶段)(GB 17691—2018)。随着国 6 标准的采用,用于抑制汽车排放污染的控制技术也变得更加复杂,增加了成本。

1. 柴油发动机排放污染物

车用柴油发动机的排放污染物主要有 HC(碳氢化合物)、CO(一氧化碳)、CO_2(二氧化碳)、NO_x(氮氧化合物)、PM(颗粒物)和 SO_x(硫氧化合物)。

(1) HC:它是未燃烧和未完全燃烧的燃油、润滑油及其裂解和部分氧化的产物。对人体的呼吸道、血液和神经系统等造成间接的危害。

(2) CO:它是发动机内不完全燃烧的产物,是一种无色无味的有毒气体。

(3) NO_x:它是燃料在发动机内高温燃烧而生成的产物,发动机排放的 NO_x 绝大部分是 NO(一氧化氮),少量是 NO_2(二氧化氮)。NO_x 是形成有毒的"光化学烟雾"的主要因素之一。

(4) PM:它是在燃烧过程中生成的颗粒状碳(干碳烟)、硫酸盐及其吸附的可溶性有机物质,直径在 5 μm 以下的 PM 可进入呼吸道,直径在 3 μm 以下的 PM 可沉积在肺细胞内,引起肺病变。

(5) SO_x:它是燃料中的硫燃烧后生成的 SO_2 和 SO_3,能形成污染环境的酸雾,还会毒化催化转换器中的催化剂,降低净化效果。

2. 柴油发动机排放污染物的控制措施

随着国 6 排放法规的出台,各项排放指标纷纷降低一半以上,见表 5-4-1。其中更加严苛的是 NO_x 限值,并且首次提出的颗粒物数量的 PN 限值、NH_3 限值等都对排放控制提出了更高的要求,依靠单一技术同时控制几种污染物是很难实现的,必须采取多样化措施的叠加。其中,DOC、DPF 与 ASC 技术成为达到国 6 标准的必需技术,如图 5-4-9 所示为国 5 与国 6 在排放处理上的差别。

表 5-4-1 国 6 标准下的柴油发动机排放限值

试验循环	柴油发动机标准循环限值					
	CO/(g·kWh^{-1})	THC/(g·kWh^{-1})	PM/(g·kWh^{-1})	NO_x/(g·kWh^{-1})	PN/(#·kWh^{-1})	NH_3/ppm
WHSC	1.5	0.13	0.01	0.4	$8.0×10^{11}$	10
WHTC	4	0.16	0.01	0.46	$6.0×10^{11}$	10

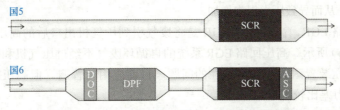

图 5-4-9 国 6 相对国 5 排放后处理技术的改进

控制柴油发动机排放的措施大体可分为两类：一是抑制它的生成；二是对排出的污染物进行后处理。抑制、降低 NO_x 的方法主要有废气再循环 EGR、推迟喷油、冷却进气、延长喷射时间等。降低 PM 的方法多采用增压、多气门技术增加吸入空气量，采用小喷孔喷油器、高压喷射等提高雾化，防止局部混合气过浓，防止液体燃油直接进入气缸，防止曲轴箱窜气等。后处理的典型方法有氧化型催化转化器（DOC）、颗粒过滤器（DPF）、选择性催化还原技术（SCR），以及氨气氧化催化器（ASC）等。如图 5-4-10 所示。

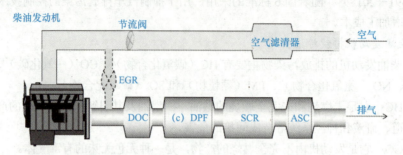

图 5-4-10 国 6 标准下后处理技术的应用

3. 废气再循环（EGR）控制技术

废气再循环（EGR）就是将废气中的一部分引入燃烧室，与新鲜混合气混合后，参与燃烧过程，以降低最高的燃烧温度，同时，再循环的废气对新鲜混合气的稀释，也相应地降低了氧的浓度，从而使 NO_x 在燃烧过程中的生成量受到抑制。

按增压柴油发动机实现 EGR 的途径不同，EGR 可分为内部 EGR 和外部 EGR 两种类型。

（1）内部 EGR。内部 EGR 是指通过排气门或特殊设置阀门的开启来实现废气再循环。以日本日野公司开发的内部 EGR 装置为例，如图 5-4-11 所示，通过修改排气凸轮的形状，增大气门重叠角，使排气门在进气行程中稍有提升，让部分高压废气回流到气缸内，从而实现废气再循环。另外，利用 VVT 技术也可以实现内部 EGR 功能。

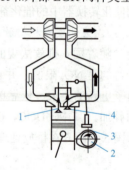

图 5-4-11 内部 EGR 示意
1—进气门；2—排气凸轮；
3—EGR 凸起；4—排气门

（2）外部 EGR。外部 EGR 是指将部分废气经由外部管路引入进气系统来实现废气再循环。按将废气引到进气系统的位置不同，外部 EGR 又可分为低压回路 EGR 和高压回路 EGR 两种类型。

①低压回路 EGR。低压回路 EGR 是将废气引到压气机进口前的低压进气系统中，如图 5-4-12（a）所示。低压回路 EGR 系统很容易获得所需要的压力差，但再循环的废气流经压气机和中冷器使压气机的进气温度高于设计温度，而且中冷器容易阻塞，从而导致压力损失增加。

②高压回路 EGR。高压回路 EGR 是将废气引到压气机出口后的高压进气系统中，如图 5-4-12（b）所示。高压回路 EGR 系统的再循环废气不经过压气机和中冷器，因此，不存在影响增压装置耐久性和可靠性的问题，目前应用较普遍。但高压回路 EGR 要获得所需要的压力差比较困难。

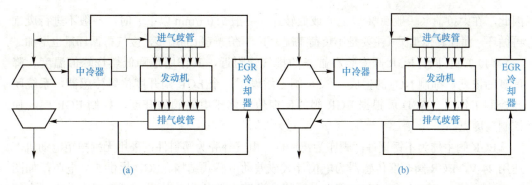

图 5-4-12 增压柴油发动机 EGR 系统进气方式
(a) 低压回路；(b) 高压回路

为保证 EGR 的顺利实现，高压回路 EGR 通常采用进气节流阀技术，如图 5-4-13（a）所示，是利用节流阀对增压空气进行节流的方法，降低进气管内的压力，但这样会增加柴油发动机的进气阻力。另一种结构如图 5-4-13（b）所示，是在进气系统中，安装一个文丘里管，利用文丘里管路喉口的压降，获得 EGR 所需要的压力差，并可通过调节文丘里管路旁通阀的开度，来改变 EGR 的有效压差。也可利用专门的 EGR 泵强制进行 EGR，此方法虽然具有较好的灵活性，但由于泵的流量要求很大，采用机械驱动泵又过于庞大、昂贵，所以，常采用由增压器驱动的 EGR 泵。另外，采用可调叶片式增压压力控制系统，通过调整叶片角度减小废气流经涡轮的有效截面，提高增压器涡轮前排气管内的压力，也是增压柴油发动机实现 EGR 的有效途径。

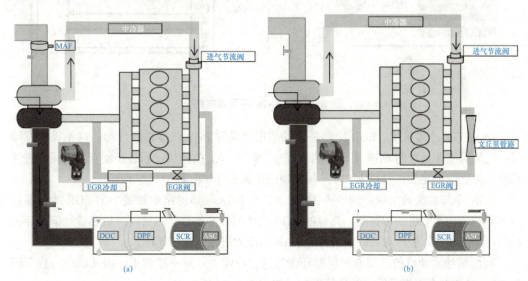

图 5-4-13 增压柴油发动机高压回路 EGR 措施
(a) 进气节流方式；(b) 文丘里管方式

（3）EGR 电控系统的控制原理。EGR 电控系统的功能主要是根据柴油发动机的运行工况控制 EGR 率，将各种工况下的最佳 EGR 率预先储存在 ECU 中。EGR 系统尽管能够有效抑制 NO_x 的生成，但会对发动机的动力性、运转稳定性和燃油经济性等产生负面影响。

因此，在大负荷（一般 90% 以上）或低转速（一般 750 r/min 以下）时，一般不进行废气再循环，而在其他工况（主要是小负荷工况）下，随进气量的增多，废气再循环量也增加。

（4）EGR 阀。EGR 阀安装在缸盖的排气管附近，其作用是降低燃烧峰值温度、降低氧的浓度，抑制 NO_x 的生成。EGR 阀上增设了一个 EGR 阀开度位置传感器，系统闭环控制工作时，ECU 可根据 EGR 阀的反馈信号修正电磁阀的开度，控制 EGR 率，使控制精度更高。

EGR 阀主体为不锈钢件，阀座为铸铝件，电气外壳为塑料件；采用无刷扭矩电动机，适用 24 V，EGR 阀开度传感器为电位计式或差动电感式结构。ECU 提供 5 V 电源，如图 5-4-14 所示；EGR 运行工况：起动、暖机、怠速、低负荷工况下，EGR 阀不动作；中等负荷下，EGR 阀动作；加速工况下，EGR 阀不动作。主要失效形式：传动部件磨损、位置传感器失效、电动机故障、线路故障等。故障表现为动力不足，排放超标。

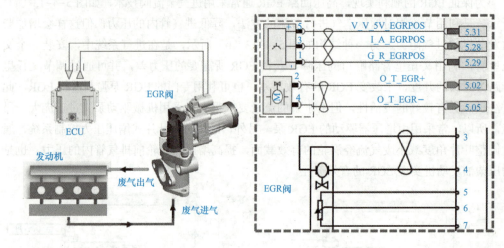

图 5-4-14　EGR 阀及其电路

（5）EGR 冷却系统。EGR 冷却系统的功用就是对 EGR 气体进行冷却，这不仅使发动机的燃烧温度比通常的 EGR 更低，从而进一步减少 NO_x 的排放，而且还能有效地提高进气密度，使燃烧更完全，对减少 PM 等污染物的排放也非常有利。

EGR 冷却系统的组成如图 5-4-15 所示。在 EGR 气体回路中加装一个 EGR 冷却器，冷却器的结构类似机油散热器，高温的 EGR 气体流经冷却器的芯管时，被芯管外部循环流动的冷却液冷却，被冷却后的废气再经 EGR 阀流入进气管进行循环。

利用柴油发动机的冷却液对再循环废气进行冷却，效果不够理想，因此，在一些车辆的 EGR 系统中会直接采用空气进行冷却，如图 5-4-16 所示。

4. 国 6 标准的后处理技术

柴油发动机国 6 标准后处理系统主要由控制单元（可以与 ECU 结合）、催化器单元、尿素供给与喷射单元等组成，如图 5-4-17 所示。

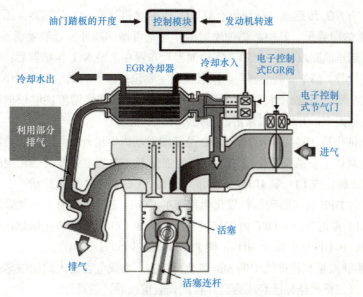

图 5-4-15 采用冷却液冷却的 EGR 冷却系统

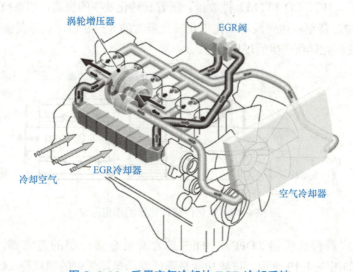

图 5-4-16 采用空气冷却的 EGR 冷却系统

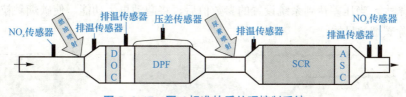

图 5-4-17 国 6 标准的后处理控制系统

DOC 为氧化催化转化器，DPF 为壁流式颗粒捕集器，SCR 为选择性催化还原技术，ASC 为氨气氧化催化器。同时，在排气管上从左至右依次布置了 DOC 上游排温传感器、DPF 上游排温传感器、SCR 上游排温传感器和 SCR 下游排温传感器，共 4 个排温传感器；

另外，还有 2 个 NO_x 传感器，分别为上游 NO_x 传感器和下游 NO_x 传感器；压差传感器用于计算 DPF 捕集的碳载量。其中，燃油喷射的作用是可增加额外的燃油喷射系统（"第 7 支喷油器"，自低压油路取油）；"第 7 支喷油器"布置在上游 NO_x 传感器后；也可借用喷油器的中远后喷代替"第 7 支喷油器"。尿素喷射主要包括尿素的供给与喷射单元：尿素箱、尿素泵、尿素喷嘴、加热组件及尿素管路等，其作用是使尿素溶液能够根据需求定时定量地喷射到排气气流中，并保证尿素溶液的充分雾化和混合。

（1）氧化催化转化器（DOC）。DOC 是柴油发动机中机外净化可燃污染物常用措施。它在蜂窝陶瓷载体上负载贵重金属铂、钯作为催化剂，在一定温度及催化剂的作用下，一是将 CO 和 HC 氧化成 CO_2 和 H_2O，从而降低 HC、CO 和 PM 的排放量；二是将 NO 氧化为 NO_2，NO_2 将 DPF 捕集的碳颗粒氧化为气态的 CO_2；三是氧气喷入排气管的燃油，氧化柴油放热使 DPF 温度升高，DPF 内碳与氧气反应生成 CO_2。采用氧化催化转化器，能够使柴油发动机 HC 和 CO 排放减少 50%，使 PM 排放减少 50%～70%。

DOC 主要缺点是会将排气中的 SO_2 氧化成 SO_3，生成危害更大的硫酸雾或固态硫酸盐颗粒。所以，开发低硫柴油已经成为世界各国普遍重视的发展目标。

氧化催化转化器的作用原理如图 5-4-18 所示。单纯的氧化催化转化器只能减少排气中可燃烧的污染物（HC、CO 和 PM）排放量。随着其转化效率的提高，固态硫酸盐颗粒的生成量也有所增加，甚至可达到没有氧化催化转化器时的 8～9 倍，这种负面影响必然会降低使用氧化催化转化器所产生的环境效益。

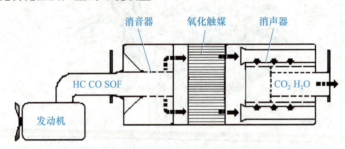

图 5-4-18　氧化催化转化器的作用原理

（2）壁流式颗粒捕集器（DPF）。DPF 是含有贵金属涂层的过滤器，主要功能是过滤 + 氧化，如图 5-4-19 所示。过滤功能是降低发动机尾气中的颗粒物（PM），其原理是通过 DPF 载体过滤收集尾气中的颗粒物，随着载体上沉积的颗粒越来越多，PDF 两端压差会有所增大，当压差达到系统设置的参数值后，将起动再生功能，使碳烟颗粒燃烧，进而达到清除碳烟的目的。

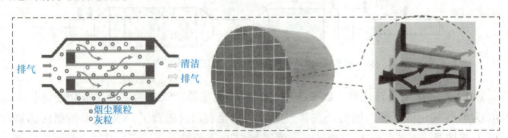

图 5-4-19　DPF 的内部结构

DPF 有两种再生模式,即被动再生和主动再生。

①被动再生:过滤器被动再生是指利用柴油发动机排气本身所具有的能量(热量)进行再生。正常工作条件下,柴油发动机排气温度一般为 200 ℃～ 500 ℃,而颗粒物的燃点一般为 500 ℃～ 600 ℃,因此,依靠柴油发动机的排气温度很难使过滤器再生。国 6 柴油发动机为提高再生效率,将 DOC 与 DPF 结合为一体,它利用安装在滤芯前的氧化催化反应,使排气温度提高,为颗粒物氧化创造有利的温度环境,并利用负载在滤芯上的催化剂降低颗粒物氧化反应所需的温度,温度一增一减都有利于实现过滤器的被动再生。

被动再生:300 ℃;$2NO_2+C \rightarrow CO_2+2NO$(DOC 将 NO 转化为 NO_2)

②主动再生:过滤器主动再生是指利用外加能源使颗粒物过滤器(DPF)内部温度达到颗粒物的氧化燃烧温度而进行的再生。

主动再生:600 ℃;$O_2+C \rightarrow CO_2$

再生条件见表 5-4-2。

由于增加了 DPF 的再生功能,因此,整车上一般都会增加两个开关:DPF 再生开关如图 5-4-20 所示,DPF 再生禁止开关如图 5-4-21 所示。

表 5-4-2 再生条件

再生类型		再生条件
被动再生		时时发生
主动再生	行车再生	碳载量 3.5 ～ 4 g/L,车辆行驶时
	驻车再生	碳载量 4 ～ 4.5 g/L,车辆停止
	服务再生	碳载量＞ 4.5 g/L

图 5-4-20 再生开关

图 5-4-21 再生禁止开关

使用时须注意以下事项:

①当仪表上再生指示灯闪烁或常亮时,则提示:需要驻车再生,需要尽快将车停至空旷、安全的区域,按下 DPF 再生开关,此时发动机自动提高转速进行驻车再生,驻车再生期间,指示灯会常亮;再生结束后,指示灯会熄灭,同时发动机转速回到怠速。

②当再生过程出现排气管漏烟比较严重或 DPM 单元漏油,则需要按下 DPF 再生禁止开关,此时,DPF 再生禁止指示灯会点亮,再生会被临时禁止。维修完成后,再次按下 DPF 再生禁止开关,此时,DPF 再生禁止指示灯会熄灭,发动机会自动触发驻车再生。

(3)选择性催化还原技术(SCR)+氨气氧化催化器(ASC)。"选择性"是指在催化还原转化过程中,利用还原剂的特性优先选择 NO_x 在催化剂作用下被氧化,从而大大提高转化效率(可达 99%),它是近年来比较成功的 NO_x 催化还原技术。该系统需要外加还原剂,例如,能产生 NH_3 的化合物(如尿素等)。

选择性催化还原系统主要由催化转化器和还原剂供给装置组成。选择性催化还原系统所用的催化转化器与传统转化器基本相同，主要采用的催化剂有铂、钯、铑等，主要采用的还原剂有尿素、氨（NH_3）等。

尿素具有水溶性好、储存运输方便、价格低、使用安全等优点，因此一般选用浓度为30%～40%的尿素水溶液做催化剂（因为此浓度下的尿素水溶液凝固点最低，为 $-11\ ℃$）。选择性催化还原技术利用尿素产生氨，再用氨来还原 NO_x。

如图 5-4-22 所示，德国博世公司采用 SCR 催化转化电控系统。由 ECU 控制的尿素还原剂供给系统主要由排放传感器、尿素溶液温度传感器、排气温度传感器、尿素箱、尿素溶液供给模块（电控泵）、尿素计量喷嘴等组成。ECU 从发动机的运行参数中采集到 SCR 催化器温度信号及发动机尾气中 NO_x 的浓度，计算出尿素溶液的喷射量；控制尿素泵从尿素箱中抽取相应量的尿素水溶液喷射到排气管中，尿素溶液遇高温分解成氨气（NH_3）和水，与尾气充分混合后进入 SCR 催化器。在催化器中，NH_3 和 NO_x 反应生成氮气（N_2）和水排到大气中。

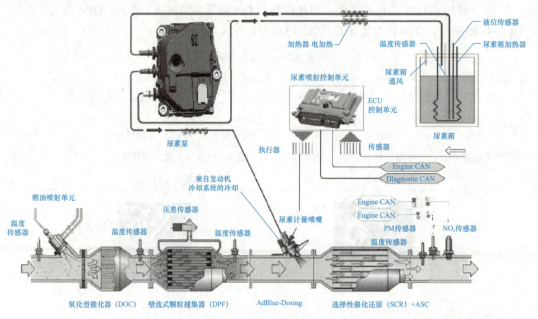

图 5-4-22　博世公司的 SCR 催化转化电控系统

催化器后端为了防止过量的 NH_3 泄漏，一般都结合 ASC 催化器，将多余的 NH_3 转化成氮气和水排到空气中。其作用是将过量的 NH_3 氧化为 N_2、N_2O 和 NO_x；同时再催化 NO_x 和 NH_3 反应为氮气 N_2。

一、NO_x 传感器

NO_x 传感器主要由电子控制单元和感应单元两部分组成，具体结构如图 5-4-23 所示。在后处理系统中共有 2 个 NO_x 传感器，前 NO_x 传感器用于检测发动机尾气中的 NO_x 浓度和氧气的浓度,并将相应的信号传输给ECU,用于控制尿素喷射量和DPF再生;后NO_x传感器用于OBD监控,监控NO_x排放的情况。

调整催化器的轴向安装角度,使NO_x传感器安装孔位于较高的位置,处于催化器或排气管的上半圆位置。禁止将NO_x传感器安装在催化器的最低位置,因为排气中的水汽冷凝形成的液态水容易溅到传感器上的感应单元,或积液浸泡传感器的感应单元,都会造成NO_x传感器的损坏。NO_x传感器安装在催化器上的轴向位置与水平面之间的夹角范围为$-80°\sim 80°$,如图5-4-24所示。

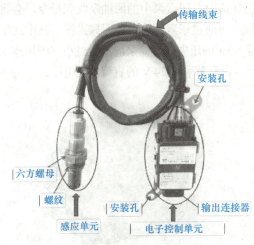

图5-4-23 NO_x传感器的结构

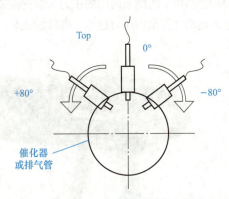

图5-4-24 NO_x传感器的安装位置要求

二、PM传感器

PM传感器主要由电子控制单元和感应单元两部分组成。外形与NO_x传感器相似。PM传感器用于检测发动机尾气中的PM(颗粒物),并将相应的信号传输给ECU来进行OBD和PM的监控,其中,信号是通过CAN传输的。PM传感器与NO_x传感器的安装角度范围一致,安装孔位于较高的位置,禁止将PM传感器安装在催化器的最低位置(原因与NO_x传感器一样)。

三、压差传感器

压差传感器适用于检测催化器中DPF进气口与出气口之间的排气背压,并将相应的信号传输给ECU来进行DPF的功能性控制及OBD的监控,其供电电压为5 V,工作环境温度为$-40\ ℃\sim 130\ ℃$。安装压差传感器时,压力孔需朝下,管道逐渐下降,避免冷凝物堆积在上面。

四、环境温度传感器

环境温度传感器适用于测量环境温度,如图5-4-25所示。当环境温度低于设定值,系统将自动对尿素管路进行加热,防止尿素在尿素管路中结冰;其工作范围为$-40\ ℃\sim 80\ ℃$。若整车上已经安装环境温度传感器,后处理系统可以与其共用,不必再安装单独的环境温度传感器。应避免将环境温度传感器安装于阳光直晒、暴晒及风大的位置,建议安装在尿素泵的周围。

五、尿素泵

尿素泵由外壳覆盖件、滤芯、主泵、回抽泵、压力传感器等部件构成,如图 5-4-26 所示。尿素泵根据控制单元的指令完成尿素溶液的传输及喷射。尿素泵将尿素溶液从尿素箱中吸出,主泵建压后与尿素溶液混合,将尿素溶液通过尿素喷射管路输送到尿素喷嘴,由安装在发动机排气管上的喷嘴进行雾化喷射;当喷射完成时,尿素泵中的回抽泵收到指令,会将尿素喷嘴及尿素喷射管中残余的尿素抽回尿素泵,再通过尿素回液管抽回尿素箱。其中的压力传感器用于监测泵内压的压力(泵内需要保持 5 bar 的压力),如泵内压力过小,则加速主泵的运动;如泵内压力过大,则减缓主泵的运动。尿素泵采用 24 V 的直流供电电压。

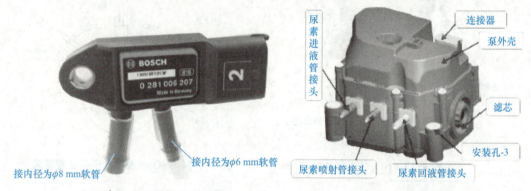

图 5-4-25　环境温度传感器　　　　图 5-4-26　尿素泵

尿素泵不允许在表面进行喷漆。安装尿素泵时,需考虑与尿素箱、尿素喷嘴之间的高度位置。尿素泵参考点(RP)与尿素箱底部之间的垂直距离须小于 1 m;同时,尿素泵参考点(RP)到喷嘴进液口的垂直距离也须小于 1 m,如图 5-4-27 所示。

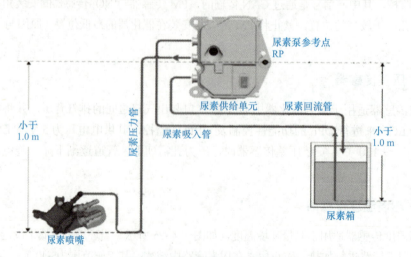

图 5-4-27　尿素泵的安装位置

尿素泵在整车车架上的固定需按图 5-4-28 所示要求，在这两个方向上均应控制在 -45°～45°，同时，泵体安装时滤芯必须向下，以确保尿素泵中的残余尿素能完全抽回到尿素箱。

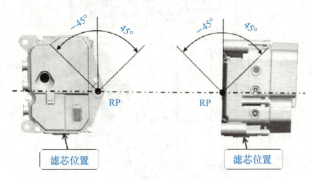

图 5-4-28 尿素泵的滤芯位置

六、尿素计量喷嘴

尿素计量喷嘴主体为不锈钢件，尿素喷嘴上有冷却液进、回液接头，尿素进液管接头，连接器等；尿素计量喷嘴实物如图 5-4-29 所示。其作用是对从尿素泵输送过来的尿素溶液进行均匀雾化，并喷入排气管中。同时，尿素计量喷嘴除具有雾化尿素的作用外，还有计量尿素喷射量的作用，其内部有针阀开关，控制单元接收到发动机尾气中 NO_x 的浓度参数后，根据 NO_x 的浓度参数计算出所需喷射的尿素量，喷嘴通过控制针阀开关来达到计量的作用。

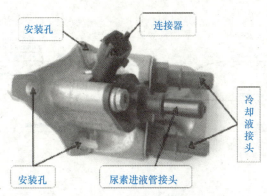

图 5-4-29 尿素计量喷嘴

七、尿素箱

尿素箱主要用于存贮尿素水溶液，尿素箱上面的传感器能准确检测箱内液位高度、尿素温度和尿素浓度。当气温低于尿素冰点温度（-11 ℃）时，由控制单元电压打开加热水电磁阀，控制发动机冷却液进入螺旋管对箱体内结冰的尿素加热，确保尿素溶液的正常供给，尿素箱加热水流示意如图 5-4-30 所示。一般推荐尿素箱容积为油箱容积的 20% 以上。

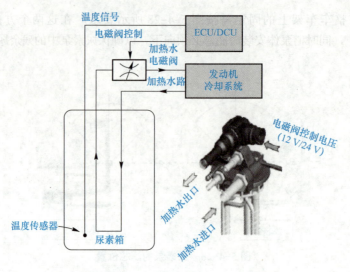

图 5-4-30 尿素箱加热水流示意

八、正确保养

保养须使用国 6 柴油、CK-4 机油、正规尿素，劣质柴油、机油会导致 DOC、DPF、EGR 甚至 SCR 中毒/堵塞，劣质尿素会导致结晶、尿素泵损坏等，更换成本较大（以万元计）。

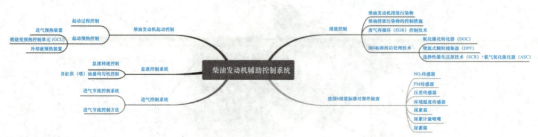

汽车经过 130 多年的发展，虽然在大的系统上已经发展成熟，但是依然可以从小的机构、部件、控制等方面对汽车进行改进，使汽车更加舒适、智能、安全、绿色，同学们可以在日常的生活和工作中，多观察、多动手、多创新，推动汽车技术的发展和进步。

任务工作单 5.4 柴油发动机辅助控制系统

单元名称	共轨式柴油控制系统故障检修	学时	4	班级	
学生姓名		学生学号		任务成绩	
实训设备	大众柴油发动机电控台架、万能工具1套、手电1支	实训场地	柴油发动机电控实训室	日期	
工作任务	为了应对国6的排放法规要求,大众宝来柴油发动机的后处理系统进行了改革,采用了EGR、DOC、DPF、SCR、ASC等技术,请了解该后处理系统的传感器和执行器等,并对有安装位置要求的零部件进行检查				
任务目的	1. 掌握柴油发动机应对国6排放标准采用了哪些新技术; 2. 掌握各系统的作用,主要部件的结构与安装检测要点				

一、资讯

1. 电控进气预热系统中,柴油机经常采用_____位置电热塞。
2. 国6标准中后处理技术主要包括_____、_____、_____、_____等。
3. 柴油机中设置电控 EGR 系统的最主要目的是降低_____的排放。
4. 柴油机中设置电控 DOC 系统全称是_____。其最主要的目的是降低_____的排放。
5. 柴油机中设置电控 DPF 系统全称是_____。其最主要的目的是降低_____的排放。
6. 柴油机中设置电控 SCR 系统全称是_____。其最主要的目的是降低_____的排放。
7. 柴油机中设置电控 ASC 系统全称是_____。其最主要的目的是降低_____的排放。
8. 喷油器开始喷油的必要条件:共轨压力超过最小设定值_____;_____信号正常。
9. 预热的主要措施有进气预热、_____预热、_____预热和柴油预热等。
10. 如果没有节流控制,在怠速或小负荷时,会导致混合气_____。
11. 车用柴油发动机的排放污染物主要有_____、_____、_____、_____、_____和_____。

二、决策与计划

请根据任务要求,确定所需要的检测仪器和工具,并对小组成员进行合理分工,制订详细的诊断和修复计划。

1. 需要的检测仪器和工具:_____。
2. 小组成员分工:_____。
3. 诊断和修复计划:_____。

三、实施

对大众宝来柴油发动机的后处理系统进行了解。

1. NO_x 传感器安装在_____。其安装要点是轴向位置与水平面之间的夹角范围应为 -80°～80°。实际安装位置符合要求_____(是/否),作用是_____。

续表

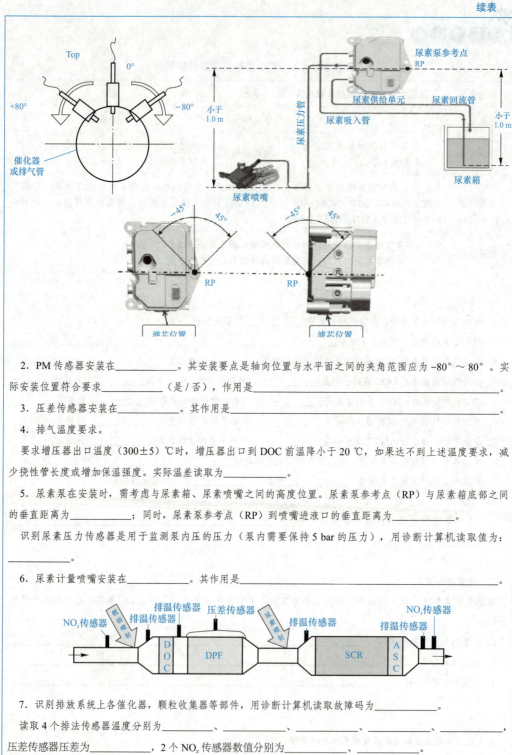

2. PM 传感器安装在_____。其安装要点是轴向位置与水平面之间的夹角范围应为 -80°～80°。实际安装位置符合要求_____（是/否），作用是_____。

3. 压差传感器安装在_____。其作用是_____。

4. 排气温度要求。

要求增压器出口温度（300±5）℃时，增压器出口到 DOC 前温降小于 20 ℃，如果达不到上述温度要求，减少挠性管长度或增加保温强度。实际温差读取为_____。

5. 尿素泵在安装时，需考虑与尿素箱、尿素喷嘴之间的高度位置。尿素泵参考点（RP）与尿素箱底部之间的垂直距离为_____；同时，尿素泵参考点（RP）到喷嘴进液口的垂直距离为_____。

识别尿素压力传感器是用于监测泵内压的压力（泵内需要保持 5 bar 的压力），用诊断计算机读取值为：_____。

6. 尿素计量喷嘴安装在_____。其作用是_____。

7. 识别排放系统上各催化器，颗粒收集器等部件，用诊断计算机读取故障码为_____。

读取 4 个排法传感器温度分别为_____、_____、_____、_____，压差传感器压差为_____，2 个 NO_x 传感器数值分别为_____、_____。

续表

四、检查

发动机起动后,进行如下检查:

1. 检查各管路、接口有无燃油渗漏:_____。

2. 检查发动机运转情况是否正常:_____。

五、评估

1. 请根据自己任务完成的情况,对自己的工作进行自我评估,并提出改进意见。
_____。

2. 教师对学生工作情况进行评估,并进行点评。
_____。

3. 学生本次任务成绩:_____。

参考文献

[1] [德] 康拉德·赖夫（Konrad Reif）. 汽油机管理系统——控制、调节和监测 [M]. 4版. 范明强，范毅峰，译. 北京：机械工业出版社，2017.

[2] 上汽通用汽车有限公司. 汽车发动机控制系统及检修 [M]. 北京：高等教育出版社，2016.

[3] FORD PCED 手册 (控制策略及原理方面)（2011）.

[4] 1ZR-FE_4ZR-FE_ 发动机控制系统维修手册.

[5] 发动机管理系统诊断与维修学员手册.

[6] EA888 发动机原理结构维修手册.

[7] 江铃 T 系列欧三维修手册.